MATRIX
운명

일러두기

1 한글 맞춤법, 표준어 규정, 외래어 표기법 등을 최대한 따랐으나, 내용을 설명하는 과정에서 좀 더 다양한 표현이 필요하다고 판단한 경우에는 규정을 따르지 않았음을 밝혀둡니다.
2 공연, 방송 프로그램, 영화, 책 등의 이름을 표기할 때는 〈 〉로 통일하였습니다.

히틀러에서 오웰까지, 사주명리로 풀어쓴 인생 이야기

MATRIX
운명

정문교 지음

봄꽃여름숲가을열매겨울뿌리

글 앞에

'인간은 ( ) 존재다'라는 문장을 완성해야 한다면 당신은 괄호 속에 어떤 수식어를 넣고 싶은가요? 저는 변하는/변해가는/달라지는, 정도의 낱말로 채우고 싶습니다.

자기 자신을 끝없이 변모시키는 존재, 자기 안에 깃든 욕구를 최대한 펼쳐내려는 존재가 인간이 아닐까 생각합니다.

운명은 어떨까요? 운명도 인간처럼 변해가는 걸까요?

우리가 태어나는 순간 결정되는 운명방정식(연월일시, 사주)에는 한 사람의 개별성과 고유성이 담겨있지요. 운명방정식에는 한 개체를 지탱하는 부호들이 숨 쉬고 있습니다. 그렇다 보니 운명은 변하지 않는 것, 변할 수 없는 것, 바꿀 수 없는 거로 생각하기 쉽습니다.

네. 우리의 운명을 구성하는 연월일시 기호는 쉽게 갈아치울 수 없습니다. 재미있는 건 그다음입니다. 하나의 운명이라고 해서 의미나 가능성이 하나로만 귀결되지는 않는다는 겁니다. 그건 하루하루 生을 밀고 나가는 우리가 시간 속에서 변해가는 존재이기 때문입니다.

내게 주어진 운명코드는 하나지만 의미나 가능성은 하나가 아닙니다. 내 운명 속에는 드러나면 좋을 재주와 능력이 깃들어 있습니다. 발휘되어야 하는 힘도 숨 쉬고 있습니다. 발현되면 안 되는 기운도 고여 있습니다.

운명의 연결성 & 변형성

다양한 가능성을 품고 있는 한 사람의 운명은 당연히 같은 시대를 살아가는 사람들의 운명과 접속하고 접촉합니다. 우리가 어떤 대상과 마주칠 때는 우리의 운명도 상대의 운명과 조우하고 함께 진동합니다. 그러면서 끝도 없는 변주를 일으킵니다. 상황 맥락에 따라 세상에 없던 것을 있게도 하고 있던 것을 완전히 없애버리기도 합니다.

한 개인의 운명이 타자의 운명과 만나 엄청난 파장을 일으킨 사례를 얘기할 때 반드시 언급해야 할 사람이 있습니다. 바로 아돌프 히틀러입니다.

왜 다시 히틀러인가?

히틀러라는 이름을 듣는 순간, 이런 얘기를 할 독자가 있을 겁니다.

"그래, 좋다. 하나의 운명이라고 해서 한 가지로만 해석하면 곤란하다는 건 알겠는데 그렇다고 히틀러까지 끌어올 건 뭐야? 더욱이 히틀러에 대한 자료는 많이 나오지 않았나? 또 근현대사의 중심에 히틀러가 자리 잡고 있다는 건 독서 이력이 웬만큼 되는 사람들은 잘 알고 있을 텐데."

네. 맞습니다. 히틀러에 대한 지식과 정보는 차고 넘치지요.

논문, 책자, 영상물 등 그를 설명하는 자료는 정말 많습니다. 전쟁, 군사, 독일역사, 유럽역사, 역사 전기, 철학사, 사상사, 정치학, 정치지도자 등 여러 갈래에서 언급하고 있습니다.

히틀러라는 인물을 떠올리면 어김없이 이런 연상이 따라붙을 것입니다. 전쟁을 일으킨 절대 악마, 학살에 집착한 정신병자, 종족에 사로잡힌 미치광이... 다 맞는 말이지요. 그의 이력과 행태를 따지면 잘못된 표현이 아닙니다. 그런데 어떤 인물의 이야기를 시작할 때는 괄호를 열어놓아야 합니다. 연월일시에 기초해 운명적 접근을 할 때는 더욱 그렇습니다.

히틀러가 실체적 힘을 발휘했다면, 현실적 권력을 행사했다면 그렇게 된 과정을 세세히 따져야 합니다. 강력한 기운은 어떤 단계로 퍼져나갔는지, 구체적으로 어떻게 구현되었는지 그의 운명을 통해 하나도 남김없이 파헤쳐야 합니다.

이쯤 되면 이런 말을 하고픈 분도 있겠지요.

"아니, 히틀러 혼자 전쟁과 학살을 일으킬 수야 없지. 당연히 독일국민들이 협조했을 테지. 원래 권력은 그저 작동하지 않는 거잖아? 당시 히틀러는 산업관계자, 지식인 집단, 종교 지도자, 공무원 단체 등 각계각층으로부터 후원을 받았었지. 그래서 끔찍한 일을 저질렀던 거잖아?"

네. 그 얘기도 맞습니다.

히틀러가 총통이 되고 2차 대전을 일으키고 유대종족을 처단할 때 독일국민들은 어떤 식으로든 히틀러를 도왔습니다. 강단에서는 히틀러를 위한 이념을 만들었고 민족학과 인종학, 종족학을 들먹이며 인종적 편견의 실마리를 제공했습니다. 교회는 유대인 명부를 관공서에 제출해 유대인 색출을 용이하게 만들었습니다. 자영업을 하는 사람 중 일부는 유대인이 운영하는 크고 좋은 상가나 점포를 빼앗고 싶어 히틀러를 지지했습니다.

괴테와 실러의 문학성, 베토벤과 바그너의 음악성, 칸트와 니체와 쇼펜하우어와 헤겔의 정신성을 보유한 독일국민들 상당수가 있는 자리에서 히틀러를 후원했던 거지요.

예술과 문화를 사랑하는 독일국민은 왜 히틀러의 의지를 꺾지 않았을까요? 무엇 때문에 그가 가려는 방향을 돌려놓지 못하고 열렬히 응원했던 걸까요?

국가에 대한 의무를 이행한다는 명분 때문에? 자신들이 챙길 수 있는 잉여가치 때문에? 히틀러가 더 나은 세상을 제시했기 때문에?

네. 명분과 잉여가치와 더 나은 세상. 다 좋습니다. 그런데 저는 한 가지 덧붙이고 싶은 게 있습니다. 바로 히틀러의 운명성입니다.

지지자의 욕망을 읽어낸 히틀러의 운명성

그러니까 지도자가 국민을 현혹할 수 있었다면 그래서 독일국민이 히틀러라는 한 개인에게 날개를 달아주었다면 그에게는 분명 어떤 운명성이 내장돼있다는 겁니다. 한 개인의 운명이지만 그것이 국가의 운명, 세계사의 운명까지 흔들어놓을 만큼 강력한 영향을 미쳤다면 그 운명에는 분명 무수한 사람들을 끌어들일 수 있는 요소가 있을 겁니다. 비록 상서롭게 전개되지 못하고 불길하게 펼쳐졌을지언정.

히틀러를 둘러싼 인물들의 운명성

이 책을 통해 저는 여러분과 함께 히틀러와 히틀러 이전의 인물과 히틀러 시대의 인물을 찬찬히 뜯어보려 합니다. 그들이 태어난 운명방정식에 근거해 하나하나 따져보려 합니다. 그들 중 누군가는 전쟁을 일으켰고 다른 누구는 살생의 공기를 조성했습니다. 그 기운을 걷어내기 위해 어떤 사람들은 몸을 던졌습니다.

그들은 왜 세계대전이라는 사건을 두고 서로 다른 의미를 부여했던 걸까요? 왜 상반된 태도를 보였던 걸까요? 그건 사건을 겪은 주체들의 운명이 서로 달랐기 때문입니다.

책의 구조

책은 4개의 부로 짜여있습니다.

1부 매트릭스 프로그램 편에서는 〈매트릭스〉 영화를 가져와 영화 공간과 현실 공간을 살폈습니다. 영화에 등장하는 인물을 오행의 속성으로 분석하고 역사 속 인물과 짝을 맞췄습니다.

매트릭스를 설계한 아키텍트는 전쟁과 학살을 기획한 히틀러의 자리에 놓았고 스미스 요원은 독일 제3제국의 보안업무를 장악한 친위대장, 히믈러에 배치했습니다.

예언자 오라클은 소설가, 마르셀 프루스트의 자리에 두었고 저항군 행동대장 모피어스는 역사철학자, 벤야민과 대응시켰습니다.

저항군 소속의 여성 전사 트리니티는 사회주의 혁명가, 로자 룩셈부르크의 위상에 맞추었고 네오(The One)는 저널리스트, 조지 오웰과 일치시켰습니다.

2부 퇴행 편에서는 인류의 꿈을 망친 히틀러와 히믈러의 운명방정식을 출생부터 사망까지 낱낱이 파헤쳤습니다.

넓은 공간을 비추는 태양으로 태어난 히틀러가 어떤 과정을 거쳐 독일국민들과 접속하는지, 지도자의 열망이 지지자의 욕망과 어떻게 뒤엉기는지 운명에 근거해 상세히 추적했습니다.

또 심해의 물로 태어난 히믈러는 왜 패망의 기미가 확실한데도 강제수용소를 자신의 관할 하에 두고 모든 수단을 동원해 유대종족을 완전히 제거하려 했는지 그의 사주를 통해 따졌습니다.

3부 근심 편에서는 마르셀 프루스트와 발터 벤야민의 운명방정식을 분석했습니다.

프루스트는 히믈러와 같은 물로 태어났습니다. 부친은 의대 교수로 병리학과 위생학의 권위자였고 모친은 인문적 교양을 갖춘 사람이었지요. 부모는 자식에게 최상의 조건을 제공해주었음에도 그는 일생을 천식발작에 시달리며 힘겨워했습니다. 이성과의 결혼도 기피하고 동성애자로 살았던 그는 보통사람들은 감각하지 못하는 미세한 현상을 느끼고 감지했습니다. 그런 다음 자신이 감촉한 것을 하나도 흘려보내지 않고 고스란히 글로 풀어냈습니다.

프루스트는 왜 호흡계 질환을 앓았을까요? 병약한 육신으로 어떻게 전체 7권으로 된 〈잃어버린 시간을 찾아서〉라는 작품을 남길 수 있었을까요? 동성애자로 살았던 이유는 무엇일까요? 이런 의문을 생년월일시와 대운(인생의 사계절)을 통해 수식을 풀 듯 하나하나 짚어보았습니다.

유럽이 지리 정치학적으로 대격변을 겪던 시기에 역사철학자, 문예비평가로 살았던 벤야민은 세상 만물을 감싸는 광활한 땅으로 태어났습니다. 그는 자국의 이익만 추구하는 제국주의가 동시대 인간들을 파멸의 진창으로 밀어 넣는 것을 보며 매우 고통스러워했습니다. 그러면서 보편적 인간 삶을 개선할 수 있는 방안에 대해 끊임없이 성찰하고 기록했는데 그런 성정과 행동양식은 그의 운명방정식과 인생의 사계절에 그대로 들어있답니다.

4부 신념 편에서는 로자 룩셈부르크와 조지 오웰의 운명방정식을 들추었습니다.

로자 룩셈부르크는 부드러운 꽃나무입니다. 로자가 살았던 시대는 제국주의가 팽배한 가운데, 인종과 민족을 앞세운 애국주의와 대외팽창이 목적인 군국주의까지 기승을 부리던 때였지요. 폴란드계 유대인에 골수결핵을 앓아 한쪽 다리를 심하게 절었던 로자는 인종이나 민족, 계급에서 비롯된 장벽을 넘어서고 싶어 했습니다. 그래서 사회적 약자나 멸시받는 인종, 가진 것 없는 노동자들이 물질적 궁핍에서 벗어나 자유를 누리고 인간적 권리를 충분히 행사할 수 있는 사회주의 사상에 깊이 매료되었습니다. 그녀는 자본주의의 결함이 교묘하게 뒤엉킨 제국주의는 자본의 문제를 바로잡지 않는 한 절대 사라지지 않을 거라 판단하고 자본축적에 대한 이론을 정립하면서 현실정치에도 깊숙이 개입했습니다.

로자는 왜 불편한 몸으로 태어났을까요? 또 불운한 시절을 무사히 통과하려 하지 않고 왜 깡패 같은 권력집단에 끝까지 맞섰던 걸까요? 그녀는 왜 타협 대신 몰락을 택했을까요? 이런 궁금증을 그녀의 운명방정식과 인생의 사계절을 통해 세세히 분석했습니다.

조지 오웰은 반듯하게 자라는 나무입니다.

영국인이었던 그는 자신의 조국, 영국이 제국주의의 선봉에 서서 정치·경제·군사적으로 힘이 약한 국가들을 착취하고 약탈하는 과정을 지켜보았습니다. 제국주의 대열에 뒤늦게 합류한 국가들이 정치적 세력을 구축하기 위해 서로 다투는 상황도 목격했습니다.

인간의 보편적 삶이 위협받던 시대의 공기를 호흡하며 살았던 오웰은 자신을 위한 삶을 포기하고 보통 사람들의 자유를 확보해내려고 일생 노력했습니다. 행동하는 양심이 되고자 스페인 내전에도 참전했고 2차 대전 중에는 지역방위군에도 합류했지요. 그는 파괴되어가는 인류의 공공선을 지켜내고 이름 없는 개체들이 존중받는 사회를 위해 자신이 가진 재능을 아낌없이 쏟아부었습니다. 생애라는 시간 안에서 자기가 할 수 있는 최선의 것들을 하려고 매 순간 노력했습니다.

조지 오웰은 왜 삶의 목표를 개인의 성공과 평안에 두지 않았을까요? 그는 왜 자국에서 벌어진 전쟁이 아닌데도 참전했던 것일까요? 그의 운명방정식은 어떻게 짜여 있기에 보통 사람들이 하나하나 개체로 존중받으며 살 수 있는 사회를 한평생 갈망했을까요?

조지 오웰의 인생은 연월일시와 인생의 사계절을 통해 속속들이 확인할 수 있습니다.

책의 특징

→ 현미경적 시선으로 운명 해부

인물의 일생을 처음부터 끝까지 전부 실었습니다. 태어나고 자라고 활동하고 사멸하는 과정을 모두 담았습니다. 그렇다고 낱낱의 사실을 그저 열거하지 않았습니다. 연월일시로 직조된 운명방정식을 자연과학이 지향하는 보편성과 법칙성을 염두에 두고 현미경적 시선으로 철저히 해부했습니다.

→ 제로 포인트 시점 견지

행위에 대한 가치판단을 배제하고 관찰자 시점으로 접근했습니다. 우리가 익히 잘 아는 인물의 운명을 분석할 때는 이력을 이미 알고 있으므로 선악의 잣대를 들이대기 쉽습니다. 사주를 냉철하고도 객관적인 시선으로 따져보기가 어렵습니다.

운명을 판단할 때는 관찰자 시점이 필요합니다. 일정한 거리를 두고 냉정하게 분석해야 합니다. 옳고 그름에 대한 평가는 운명을 분석하고 난 다음 해도 늦지 않습니다. 아돌프 히틀러의 운명방정식을 보고 무턱대고 사악한 요소나 악독한 분위기부터 찾으려 하면 곤란합니다. 조지 오웰의 연월일시를 마주하면서 처음부터 올바르고 착한 기미나 낌새부터 발견하려 해서도 안 됩니다. 그건 운명을 탐구하는 사람의 태도가 아닙니다.

하나의 운명에 다가갈 때는 우호적 시선도 색안경도 모두 버려야 합니다. 플러스도 아니고 마이너스도 아닌 그야말로 제로 포인트 지점에서 시작해야 합니다.

당신의 운명

인간은 매 순간 변해가는 존재입니다. 걱정하고 근심하고, 애쓰고 노력하고, 한숨짓고 눈물 흘리면서도 무언가를 이루려 기를 쓰는 존재입니다. 세상 안에서 '자기'라는 영역을 조금이라도 더 넓히려고, 높여보려고 온 힘을 쏟습니다.

자아를 확대하고 확장하는 과정은 필요합니다. 관건은 나아가는 방향입니다. 히틀러와 히믈러는 엉뚱한 방향으로 자아를 팽창한 사람들입니다. 한동안의 승승장구 끝에는 추락과 파멸의 늪이 있었습니다.

당신은 어떤가요?

당신의 운명에는 어떤 능력, 어떤 힘, 어떤 기운이 들어있는지요?

당신은 지금 당신이 가야만 하는 곳, 꼭 당도해야 하는 목적지를 향해 나아가고 있나요? 혹여 엉뚱한 곳에서 어처구니없는 선택을 하면서 자신의 에너지를 탕진하고 있지는 않나요?

히틀러, 히믈러, 프루스트, 벤야민, 로자 룩셈부르크, 조지 오웰의 운명방정식을 보면서 당신의 운명성과 방향과 에너지 총량도 헤아려보시기 바랍니다.

차례

글 앞에

1부 | 매트릭스 프로그램

매트릭스, 영화 : 현실

영화 공간, 매트릭스   37

현실 공간, 운명   39

운명, 체제의 균형에 다가가기   40

오라클과 메인 시스템 A.I(인공지능)의 관계   40

오행으로 살펴본 가상세계 매트릭스   41

아키텍트는 火

오라클은 水

네오는 木

스미스는 金

영화의 해법   44

오행의 작용   44

길항관계를 만드는 木과 金

반전을 일으키는 金生水 관계

기계 로봇을 닮은 우리   46

영화 공간 매트릭스와 현실 공간 매트릭스   46

2부 | 퇴행

히틀러, 선동하는 인간

히틀러 : 매트릭스의 설계자 아키텍트　52
망상과 몽상　52
에티카를 고려하는 시공간과 무시하는 시공간　53
시대의 공기를 읽어낸 히틀러　55
개체의 운명을 넘어서는 지도자 운명　56

히틀러의 운명방정식　58
공적 가치로 접근해야　58
스산한 기운을 타고난 병화　59
히틀러의 가족사　60
구두 수선공에서 관세사가 된 아버지
세 번 결혼한 아버지

운명방정식 해부　62
활기가 없는 연월　62
순환의 두 힘, 木火와 金水　63
생일과 생시의 관계　64

부실한 바퀴로 선로를 달리는 히틀러　65

관세사 부친이 없으면 총통 아들도 없다　65

인생의 사계절　66

대운 행로　67

丁卯 丙寅 생장하려는 초목의 기세가 용수철이 튀어 오르듯 강력해지는 봄　67

정묘(丁卯)대운 (꽃이 봉오리를 열어젖힌 완연한 봄) : 5세~14세 (1894~1903)　69

수 관성(교육기관)의 압박

병인(丙寅)대운 (초목의 새순에 햇살이 비치는 봄) : 15세~24세 (1904~1913)　71

태양 빛을 발산하고픈 일간 병화

빈 미술아카데미 응시

독신자 합숙소 생활

빈을 떠나 뮌헨으로

乙丑 甲子 癸亥 토양은 얼어붙지만 관계망을 넓혀가는 나무가 있는 겨울　78

乙丑대운 (동토에서 만난 반갑고도 고마운 나무) : 25세~34세 (1914~1923)　78

미술교사가 될 수 있었던 시간

징집회피와 자원입대

전쟁터에서 구현되는 식재관의 순환

제국에서 공화국으로 바뀐 독일

대상을 매혹하는 일간 병화

금을 향해 나아가는 이상한 공명심

어설픈 혁명

갑자(甲子)대운 (뿌리를 내리지 못한 불안한 나무) : 35세~44세 (1924~1933)　87

대중의 정서를 간파한 병화

사그라드는 태양 빛

대통령 선거 출마, 대중의 지지 확인

나치당 세력화

계해(癸亥)대운 (시리고 찬 물만 가득한 겨울) : 45세~54세 (1934~1943)　93

국가운명에 영향을 미치는 지도자의 명운

지도자의 광기와 헛된 열망이 지지자들의 욕망과 목표와 부합한다

전쟁과 학살을 불러온 재성

아키텍트의 길을 걷지 않은 지도자

대외 팽창 의지

망상을 현실화하려는 지도자

멈출 수 없는 폭주 기관차

침몰하는 제3제국

임술(壬戌)대운 (수와 토로 이어가는 스산한 가을) : 55세~64세 (1944~1953)　102

되돌아올 줄 모르는 일간 병화

사유능력을 잃은 지도자

유서와 결혼식, 권총 자살

히믈러, 기계를 닮은 인간

인간과 기계   109
진화하는 로봇   110
기계성을 발휘하는 인간, 감성을 내면화한 기계   110
木을 억압하는 기계 인간, 스미스   111

하인리히 히믈러 : 스미스 요원   112

운명방정식 해부   114
프루스트와 공명하는 히믈러 사주   114
유물변증법으로 판단한 계수   115
무력한 을목   116
얼어붙는 기운에 둘러싸인 히믈러   117
히믈러의 사후 세계   118
정서의 두 가지 형태, 아폴론과 디오니소스   119
아폴론과 디오니소스를 연결하는 숲과 木   121
하데스와 접속한 히믈러   122

인생의 사계절   123
대운 행로   123
병술(丙戌)대운 (태양 빛이 약해지는 가을의 막바지) : 1세~10세 (1900~1909)   124

丁亥 戊子 己丑 꽁꽁 얼어붙는 겨울 127

정해(丁亥)대운 (희미한 빛이나마 비치는 겨울) : 11세~20세 (1910~1919) 127
히믈러는 왜 전쟁터를 동경했을까?

무자(戊子)대운 (물이 흙을 적셔 질척거리는 겨울) : 21세~30세 (1920~1929) 130
물에 잠겨 허우적거리는 관성

반유대주의 정서와 접속

인성이 많으면 현상에만 매달린다

히틀러에 매혹된 히믈러

혼인과 승진

기축(己丑)대운 (생명을 위협하는 동토의 겨울) : 31세~40세 (1930~1939) 135
히믈러, 친위대 운영의 적임자

도시 경찰권 장악

비밀경찰권 인수

스미스 요원이 된 히믈러

경인(庚寅)대운 (새싹이 찬 서리에 놀라는 이른 봄) : 41세~50세 (1940~1949) 140
이름을 뺏기고 번호로 죽어간 사람들

無의 세계로 빨려든 스미스

인종 말살을 전담하게 된 히믈러

유대종족 학살작전

제3제국 안팎에서 운영된 강제수용소

무너지는 제국, 흔들리는 지도자

기계 인간의 최후

히믈러는 왜 살해비용까지 계산하는 치밀함을 보였을까? 145

죽임을 당한 사람들 146

3부 | 근심

프루스트, 기억하는 인간

프루스트 : 예언자 오라클   151
매트릭스의 시간 체계   152
火를 관리하는 아키텍트, 水를 주재하는 오라클   153

프루스트의 운명방정식   155
마르셀 프루스트, 병약함이 능력이 된 기이한 인간   155
작품이 무덤이 된 인간   155
향기와 날씨, 소리와 인상으로 다가오며 출렁이는 시간   156
시간의 층위를 읽어내는 시간 해석자   157

운명방정식 해부   159
여름에 태어난 계수   159
모친 집착 & 천식발작   160
부드럽고 유연한 을목   161
쉽지 않은 글쓰기   162
시간의 흐름을 역행하는 프루스트 사주   162
솟구치고 가라앉는 수조 속의 시간   163
방역 전문가 아버지 & 병약한 아들   164

작품이 예술이 되기를 소망했던 프루스트　165

인생의 사계절　166

대운 행로　166

甲午 癸巳 습기를 말려버리는 여름　167

갑오(甲午)대운 (열기가 점점 왕성해지는 한여름) : 1세~10세 (1872~1881)　167
천식 판정
계사(癸巳)대운 (계수 덕에 호흡을 가다듬는다) : 11세~20세 (1882~1891)　169
운명으로 헤아려본 동성애　170
토를 처리할 수 있었던 군대 생활

壬辰 辛卯 庚寅 금과 수와 목이 조화로운 봄　173

임진(壬辰)대운 (호수와 함께 찾아든 봄) : 21세~30세 (1892~1901)　174
살롱을 주유하며 몸으로 기억하는 세상 공부
신묘(辛卯)대운 (예기치 않은 서리로 움츠린 봄) : 31세~40세 (1902~1911)　178
1906~08년 (丙午 丁未, 戊申 35~37세)
경인(庚寅)대운 (겨울 기세가 남아있는 이른 봄) : 41세~50세 (1912~1921)　181
잃어버린 시간을 찾아서 제 1편 스완네 집 쪽으로 출판
프루스트 원고의 1차 독자, 셀레스트 알바레
공쿠르상 수상
기축(己丑)대운 (흙끼리 싸우고 다투는 겨울) : 51세~60세 (1922~1931)　185
임종의 침상
프루스트는 왜 병원을 싫어했을까? | 베르고트의 죽음

발터 벤야민, 발굴하는 인간

발터 벤야민 : 모피어스   193
벤야민, 정신성을 지키려 한 시대의 투사   194
파사젠 베르크, 도시 탐사보고서   195
판타즈마고리아   195
파사주passage 시간관   196

벤야민의 운명방정식   199
역사철학자의 특성을 드러내는 구조   199
생명을 배양하고픈 땅   200
나무가 없어 황폐해진 토양   200

운명방정식 해부   201
돈이 돌아가는 경로에 밝았던 아버지   201
현실적 결과물을 원하는 아버지   202
木이 부족해 결실이 빈약한 아들   202
파사젠 베르크, 자연사에 대응하는 인간역사   203
자기 시대와 미래 세대를 걱정한 지적 방랑자   203

작품으로 접근한 벤야민의 운명   205
제 3의 영역   205

난쟁이 꼽추　206
시대의 주인이 되지 못한 난쟁이 꼽추　211
난쟁이 꼽추를 품고 있는 벤야민 사주　212

발터 벤야민의 출생시간　213
나무를 위태롭게 만드는 시간　213
학문에 대한 열정을 방해하지 않는 시간　214
아케이드 프로젝트를 내장한 시간　214
겨울대운과 접속해 생명에게 고통을 가하는 시간　216

인생의 사계절　217
대운 행로　217
월주가 만들어준 행복한 유년　217

戊申 己酉 庚戌 서늘함이 감도는 가을　219

무신(戊申)대운 (열기가 남아있는 이른 가을) : 8세~17세 (1900~1909)　219
발터 벤야민의 제수, 힐데 벤야민

기유(己酉)대운 (무르익은 가을) : 18세~17세 (1910~1919)　222

경술(庚戌)대운 (막바지 가을) : 28세~37세 (1920~1929)　224
관성 없이 교수가 될 수 있을까?

벤야민의 여인, 관계의 재성　226
아샤
도라

관성이 없어 재성을 끝없이 찾아다니는 운명
방송과 출판

辛亥 壬子 만물이 얼어붙는 싸늘한 겨울 230

신해(辛亥)대운 (이른 겨울) : 38세~47세 (1930~1939)　230
반복되는 자살시도
밝고 환한 기운을 기다리며 이어가는 글쓰기 작업
시민권 박탈과 수용소 억류

임자(壬子)대운 (겨울의 한복판) 48세~57세 (1940~1949)　236
토금수가 에워싼 시절

모르핀을 삼켜야 했던 벤야민의 마지막 순간　237
발터 벤야민의 죽음에 대한 의혹

4부 | 신념

로자 룩셈부르크, 몰락을 선택한 인간

여성 전사 트리니티 : 로자 룩셈부르크 244

운명방정식 247
사회주의 혁명가 로자 룩셈부르크 247
생장 의지가 강한 을목 248
나무를 위협하는 운명구조 249

로자의 출생시간 250
나무가 손상을 입는 시간 250
저술활동과 박사학위를 지원하는 시간 251
로자의 생애를 마무리하는 申금 지장간 251

인생의 사계절 253
대운행로 253

辛卯 壬辰 눅눅한 기운이 감도는 봄 253
신묘(辛卯)대운 (생명이 자라기에는 뭔가 부족한 봄) : 1~10세 (1872~1881) 254
임진(壬辰)대운 (물을 만날 수 있는 봄) : 11~20세 (1882~1891) 256

癸巳 甲午 乙未 바짝 마른 여름　260

계사(癸巳)대운 (간간히 비가 뿌리는 초여름) : 21세~30세 (1892~1901)　260
민족주의를 불신할 수밖에 없는 로자의 운명　261
나무의 역량을 드러내는 시간
빼어난 논문을 쓸 수 있는 시간
갑목의 속성을 표출하는 을목
시대의 공기를 바꾸고픈 나무
공적 식상과 사적 식상

갑오(甲午)대운 (태양빛이 강렬한 여름) : 31세~41세 (1902~1911)　268
연결하고 접속하고 표현하는 나무
혁명의 바람에 몸을 맡기는 로자
냉철함을 압도하는 식상 에너지
흔들리는 입지

을미(乙未)대운 (木과의 연대가 일어나는 여름) : 41세~50세 (1912~1921)　278
재주와 능력도 족쇄가 되는 시절
구타당하는 루마니아 야생 물소
벼랑 끝으로 내몰리는 로자
괴테의 파우스트를 챙겨든 로자
로자 룩셈부르크의 마지막 순간

로자의 기대와 다르게 전개된 독일의 상황　287
보수정치세력과 군부의 입김이 작용한 바이마르 공화국
예정돼 있었던 로자의 추락
타협 대신 몰락을 선택해 시대를 증명한 로자

조지 오웰, 도덕을 신뢰한 인간

The One 네오 : 저널리스트 조지 오웰 292
미지의 진실 앞에서 드러나는 도덕적 성정 293
공공선을 내면화한 조지 오웰 294

조지 오웰의 운명방정식 296
음과 양의 균형 296
수와 화, 금과 목
토의 상황
음양의 균형에서 나온 결론

운명방정식 해부 299
직선으로 곧게 뻗어 나가고픈 나무 299
척박한 운명구조 299
숲과 木의 관계 300
水의 역량 300
나무의 생장 의지 301
土와 숲의 작용 301
곧은 나무로서의 결단 302

인생의 사계절　303

대운행로　303

대운 진입 전 : 출생~6세 (1903~1908)　304

정사(丁巳)대운 (열기가 느껴지는 초여름) : 6~15세 (1909~1918)　305

丙辰 乙卯 甲寅 성장의 기세가 맹렬해지는 봄　307

병진(丙辰)대운 (늦은 봄) : 16~25세 (1919~1928)　307
경찰 간부 시절
식민지 경찰을 그만둘 수밖에 없었던 운명적 기운

을묘(乙卯)대운 (만물이 성장하는 봄의 한복판) : 26~35세 (1929~1938)　310
단자적 개인을 넘어선 공적 시선 견지
책의 가지와 줄기를 만드는 시간
운명적 호출
결혼과 참전
덤벼드는 열기에 쇠약해지는 나무

갑인(甲寅)대운 (이른 봄) : 36~45세 (1939~1948)　319
불멸하는 작품과 병약한 육신
부딪히는 운세에 입양한 아이
나를 순환시킬 수 없는 돈
오웰은 왜 폐결핵을 앓았을까?
생명권을 포기한 시간

癸丑 壬子 辛亥 휴식과 저축, 채무변제가 일어나는 겨울대운   328
계축(癸丑)대운 (만물이 얼어붙는 늦겨울) : 46~55세 (1949~1958)   328
운명이 알려주는 에너지 총량   329
시대의 한복판으로 투신한 사람   330
상승과 하강의 이원성
연월의 기운을 개선하기 위한 선택?
오웰의 유서
임종의 침상, 절대고독의 침상
떠나지 못한 스위스 여행

오웰 명식의 특유성   336
뛰어난 언어 감수성   336
고통 감수성   336
떠돎의 정서가 만드는 연대성   337
더 나은 세상을 향한 정치 감수성   337
간단히 확인하는 10간 12지   339
참고 문헌

체제의 안정성을 확보하고픈 우주의 마음

1부 | 매트릭스 프로그램

MATRIX

매트릭스, 영화 : 현실

태양으로부터 세 번째 행성인 지구에는 무수한 존재들이 저마다의 삶을 살고 있다. 원시 생명체부터 인간에 이르기까지 여러 단계의 생명뿐 아니라 낱낱의 사물도 우주의 오묘한 섭리(프로그램)에 따라 다채로운 움직임을 뿜어낸다. 생명 단계에서 높은 지위를 점한 인간도 우주가 창조한 프로그램에 맞게 하루하루 살아가고 있다.

사유능력을 가진 인간이기에 우리는 일상에 휘둘려 허겁지겁 삶을 이어가다가도 어느 날 문득 우주의 섭리를 구성하는 힘은 대체 무엇인지, 어떻게 작동하는지 궁금해 한다. 깊이 궁구하면 조금이나마 다가갈 수 있는 이치인지 아니면 미약한 인간으로서는 도저히 알아낼 수 없는 초월적 기운인지 의문을 품는 것이다.

존재를 에워싸는 그 힘은 木火土金水로 드러나는 오행이다. 하나의 견해를 이처럼 단정적으로 이야기하는 것에 의아해할 독자가 있을 것이다. 이제 잘 알려진 영화 〈매트릭스〉를 끌어와 오행이 왜 존재를 담아내는 프레임인지, 어떻게 움직이는지 함께 생각해보려 한다.

〈매트릭스〉에는 가상현실 프로그램에 완벽하게 제어 당하는 인간들이 등장한다. 그들은 보고 듣고 만지고 냄새 맡는 감각작용뿐 아니라 인식의 기반인 기억작용까지 통제받으며 1999년이라는 가상현실에 갇혀 있다. 진짜 세계가 따로 있다는 걸 알아채려면 프로그램(프레임) 밖으로 나가야 한다.

흥미로운 건 이 매트릭스 프로그램이 인간의 운명을 구성하는 오행과 비슷하다는 거다. 매트릭스가 오행과 유사하다면 영화 속 인물을 운명 담론으로 불러들일 수 있다는 얘기일까? 그렇다. 영화에 등장하는 인물과 역사 속의 인물을 나란히 배치해 운명 이야기를 펼칠 수 있다. 시간을 경험하고 공간을 체험했던 현실의 인물을 영화 캐릭터와 대응시키면 이상하지 않겠느냐고?

그렇지 않다. 영화 속 인물과 현실의 인물을 함께 얘기하면 운명 이야기에 쉽게 빠져들 수 있으니 어떤 인물의 행동뿐 아니라 내면까지 깊이 이해할 수 있다. 인물의 생애만 나열하면 자칫 밋밋해질 수 있는 이야기도 영화와 함께 살피면 훨씬 역동적이고 흥미진진한 구성이 될 수 있다.

영화 공간, 매트릭스

매트릭스는 인공두뇌를 가진 기계 로봇이 만들어낸 가상세계(virtual reality)로 인간과 컴퓨터 사이에 구축되었다. 고도로 발달한 과학기술에 의해 기계 로봇이 탄생했고 이 기계 로봇[01]은 인간의 지능을 훌쩍 뛰어넘는 존재가 되었다. 인간이 기계를 가혹하게 부리는 과정에서 자의식을 가지게 된 로봇들은 인간과 전쟁을 벌이고 인간은 불리한 입장에 처한다. 인간은 최후수단으로 로봇들의 에너지원인 태양을 구름으로 차단하며 맞서려 하지만, 전세는 갈수록 불리해져 결국 지하세계 시온으로 도피한다.

사라진 태양 에너지를 대체하기 위해 인간의 생체에너지가 필요했던 기계 로봇은 인공 자궁인 인큐베이터에서 인간을 배양하고 인간의 생체에너지를 슈퍼컴퓨터로 관리한다. 슈퍼컴퓨터가 인간 생체에너지를 조절하고 통제하면 인큐베이터 속에 갇힌 인간은 실제 물리세계에 있다고 착각하는 것이다.

매트릭스 바깥, 지하세계의 인간들은 저항군을 만들어 매트릭스 세계에 갇힌 인간들을 구하려 한다. 저항군의 행동대장 모피어스는 프로그램의 빈틈을 알아내 외부 광케이블로 침투한다. 그리고는 인큐베이터에 갇힌 사람들에게 그들의 세계가 허상임을 알리려 한다.

01   그냥 기계로 부를 수도 있지만 어떤 작업을 자동적으로 하는 기계 장치라는 의미에서 기계 로봇으로 지칭했다.

이 사실을 감지한 인공지능은 시스템 안정을 위해 보안 조직을 가동하고 보안 대장인 스미스 요원과 그의 부하들은 저항군이 매트릭스 내부로 진입해오는 것을 차단하려 애쓴다. 매트릭스의 사고나 위험을 방지하기 위한 대비책은 드러난 스미스 요원 외에 비밀스럽게 운영되는 예언자 오라클도 있다.

오라클은 그리스 신화에 등장하는 인물이다. 태양과 예언의 신인 아폴론 신전에서 인간에게 신의 말씀을 대신 전한 사제로 알려져 있다. 오라클이라는 이름에는 예언과 신탁의 의미가 담겨있다. 인간이 사제를 통해 전해 받은 신탁은 반드시 일어나는 미래의 사건, 어떤 운명이었을 거다. 영화에 등장하는 오라클도 역할과 성격을 따져보면 신화에서와 비슷하다.

여기서 잠시 영화의 장면을 떠올려보자. 모피어스는 처음 만난 네오에게 "자네는 운명을 믿나? 네오." 하고 묻는다. 그 말을 듣자마자 네오는 운명이라는 말에 무의식적 거부감이 있었던지 고개를 젓는다. 자기가 통제할 수 없는 인생은 별로 관심 없다고 하면서. 그랬던 네오가 시간이 흐르면서 자신이 어떤 예정된 방향으로 점점 빠져들고 있다고 느낀다. 또 운명이라는 것이 단순히 신비한 능력을 가진 자가 미래에 일어날 사건들을 미리 내다보고 예언하는 것이 아님을 이해한다. 나아가 자신에게 특별한 운명이 부여된 이유까지 깨닫게 된다.

현실 공간, 운명

운명은 신(神)이나 형이상학적 절대자가 확정하는 것이 아니라 존재 자체의 구조에서 발생한다. 세상 만물은 공간 3차원에 놓여 있다. 생명체는 공간 3차원에서 변화를 유발하는 시간에 반응하는 존재다. 생명이 시간을 민감하게 호흡하는 존재라면 예언이나 운명도 다시 생각해 보아야 한다. 예언이 맞나? 틀리나? 운명이 길한가? 흉한가? 하는 것에 연연해하기보다는 시간 속에서 어떤 길을 걸을 것인지 고민하는 자세가 필요하다.

1편에서 오라클이 한 이야기가 2, 3편에서 조금씩 달라지는 것도 시간 안에서 고뇌하고 좌절하고 갈등하면서도 결정적 순간[02]을 만나면 결단을 내리는 존재들이 있기 때문이다.

매트릭스에서 유추해볼 수 있는 운명은 신탁이 실현되거나 신비로운 능력자가 도래할 사건을 예견하는 것이 아니다. 대단히 우월한 존재라 하더라도 자신이 창조한 시스템의 안정성을 장담할 수는 없기에 초조한 마음으로 예측하고 대비하며 전체 체제의 균형을 살펴야 하는 것, 그것이 운명이다.

---

02 오라클은 네오에게 이런 말을 했다. "너는 the one이 아니야. 그러나 너는 선택하게 될 거야. 모피어스는 네가 구원자라고 믿기 때문에 너를 살리기 위해 자신을 희생할 거야. 선택은 너에게 달렸어. 모피어스를 선택할지, 너를 선택할지." 이후 네오는 스미스 요원들에게 붙잡힌 모피어스를 구하러, 더 분명히 얘기하면 모피어스 대신 자신이 죽으러 매트릭스 세계로 들어간다.

운명, 체제의 균형에 다가가기

우주 시공간 속에서는 모든 것이 서로 연결되어 순환하며 존재한다. 순환시스템에서는 존재의 위상이 높은 절대자 혹은 완벽한 창조력에 운영능력까지 겸비한 신이라 하더라도 독자적으로 존재할 수는 없다. 이것은 신이 가동한 시스템이라고 하더라도 오류는 발생할 수 있고 그 결과, 전체 체제는 불안정할 수 있다는 말이다.

오라클과 메인 시스템 A.I(인공지능)의 관계

A.I는 매트릭스를 총괄적으로 관리하는 시스템이다. A.I는 기계 로봇의 우두머리인 아키텍트(창조자)에게서 나왔다. A.I와 아키텍트는 동일한 실체로 볼 수 있다. 이 인공지능은 자연과학적 논리체계에는 완벽하게 대응하지만, 인간의 감성은 헤아리기 어려우며 특히 사랑이라는 감정을 이해하지 못한다.

A.I는 예측이 불확실한 인간의 심성 때문에 오라클의 도움이 필요하다. 이것은 오라클이 A.I의 뜻을 전하기만 하는 예언자가 아니라 인간의 내면 깊숙이 침투해 독자적으로 인간의 정서와 심성을 헤아릴 수 있음을 의미한다. 나아가 전체 시스템이 무너지지 않도록 어떤 방향을 유도하고 피드백까지 하는 독립적 프로그램이다.

오행으로 살펴본 가상세계 매트릭스

이제 영화 속 인물들을 오행의 속성에 맞게 배치해보자.

먼저 가상세계 매트릭스를 창조한 아키텍트는 어디에 놓을까? 매트릭스의 모든 정보는 빛(전자파)으로 전달된다. 빛의 세계를 거머쥐면 매트릭스의 전체 정보체계를 조정할 수 있다. 정보의 흐름은 아키텍트가 장악하고 있다.

아키텍트는 火

2편에서 네오는 정보의 원천이 흘러나오는 문의 열쇠를 구해야 아키텍트를 만날 수 있었다. 네오가 열쇠 제작자를 만나기 위해 들른 레스토랑에서는 케이크를 먹는 여인이 등장하고 여인은 미세한 감각으로 쾌락을 만끽하는 것 같은 표정을 지었다. 그 쾌락은 빛(전자파 신호)이 뇌에 전달되면서 발생한다.

레스토랑의 주인 메로빈지언은 빛신호로 나타나는 매트릭스 세계는 자연의 인과관계에 의한 것일 뿐 선악이 따로 없다고 한다. 매트릭스에서 일어나는 모든 일은 빛을 장악한 자의 뜻이 표현된 것이라는 얘기다. 그의 주장대로면 매트릭스 가상세계에서 절대 권위를 가진 아키텍트, AI가 빛의 세계를 장악한 주인공이고 세상을 지배하는 자이다.

오행으로는 火에 해당한다.

오라클은 水

다음은 오라클이다. 드러난 힘만 보면 오라클이 아키텍트를 따라잡기는 어려워 보인다. 그래도 아키텍트는 결코 도달할 수 없는 인간의 마음을 침투할 수 있다. 오라클은 존재의 깊숙한 내면인 무의식까지 파고든다. 덕분에 시스템의 일정 부분에 대해서는 독자적 판단도 할 수 있고 예언자적 능력도 발휘하게 되었다. 개체의 내면 깊은 바다까지 도달할 수 있는 오라클은 어떤 오행에 어울릴까?

오라클은 이중적 속성을 지닌 두 얼굴의 여인이다. 인간들로서는 벗어나고 싶은 매트릭스 프로그램이다. 문제는 그런 그녀가 인간의 의식과 무의식에까지 동행하며 인간들이 마주하게 될 미래사건을 현재 시점에 말해준다는 거다. 때에 따라 그녀의 예언은 매트릭스 바깥의 인간들이 기대할 만한 메시지가 되기도 한다.

존재의 심층을 파고들어 압축된 정보와 무의지적 기억과 욕망까지 알아채는 오라클은 오행의 水에 해당한다.

네오는 木

이제 영화에서 서사를 끌고 나가는 네오를 보자. 낮이면 회사에서 컴퓨터 프로그래머로 근무하는 토머스 앤더슨은 밤이 되면 네오라는 이름으로 컴퓨터 해킹에 나선다. 그는 세상을 구원할 만한 대단한 잠재력을 가지지도 않았고 위대한 사상이나 지혜를 갖고 있지도 않다. 자신의 관심사에 따라 하루하루 그저 자유롭게 살고 싶은 인물에 불과하다. 다만 특별한 것이 있다면 긴박한 상황에 처할 경우 자신만 생각하지 않고 동료들을 위해 목숨도 내놓을 수 있는 순박함은 있다는 점이다.

타자를 떠올리고 염려하는 네오에게서는 서로 긴밀하게 얽히며 관계망을 형성하는 木의 속성을 읽을 수 있다.

스미스는 金

네오를 쫓는 스미스 요원과 그의 부하들은 어디에 배치할까?

보안체제를 담당한 그들은 매트릭스 속에서 행동하는 프로그램이다. 인간들을 감시하고 억제하는 일이 그들의 임무다. 이것은 명백한 金의 속성이다. 금은 목과 달리 전체 체제의 균형과 안정을 중요하게 여긴다. 금은 자유롭게 관계를 확장하려는 木을 통제 대상으로 삼는다.

아키텍트는 火, 오라클은 水, 네오는 木, 스미스는 金으로 영화 속 인물을 오행 속성에 맞게 배치하였다. 목화금수의 기질을 드러내는 인물들이 모두 나왔다. 이제 서로 다른 속성과 기질을 내장한 인물들이 부딪치고 충돌하며 새로운 균형점을 찾아가는 이야기를 펼칠 수 있게 되었다.

土를 뺀 것은 이유가 있다. 토는 어떤 특성을 고수하는 하나의 존재라기보다는 4행의 활동무대에 가깝다.

영화의 해법

1편에서는 사건이 시작되고 인물들의 관계가 드러난다.

2편과 3편에서는 갈등이 구체화되다가 전쟁에 이른다. 인간은 기계 로봇과의 전쟁에서 위기에 처한다. 한편 스미스 요원의 세력은 막강해져 인공지능에게도 위협이 된다. 이 점을 간파한 네오는 매트릭스 바깥에 있는 아키텍트, 로봇 왕을 찾아가 협상한다. 결국 로봇 왕은 부하였던 스미스를 제거하기로 마음먹고 네오와 스미스의 대결을 허락한다.

오행의 작용

길항관계를 만드는 木과 金

오행에서 정반대 속성을 가진 목과 금은 서로를 필요로 한다. 목과 금은 자신이 온전히 존재하려면 정반대 기운도 반드시 있어야 하는 특수한 관계(길항관계)를 형성한다.

목은 생명성이 강해 끊임없이 뻗어 나가려 하며 자신의 생각이나 욕망을 외부로 표출하고 구현하기를 바란다. 금은 물질성이 강해 외형을 단단하고 굳게 유지하려 하며 흐트러지는 것을 경계한다. 금은 목이 표현하는 욕망이 지나치다 싶으면 통제하고 관리하려 든다. 이처럼 이질적 성정들이 한정된 시공간에서 맞부딪치는 경우, 해결책은 없을까?

어떤 시점에서 금과 목의 세력이 비슷하다면 그다음 이야기는 대체로 木에게 불리한 방향으로 흘러간다. 인간의 구원자로 나선 네오가 최선을 다하지만 결국 스미스의 힘에 밀려 죽는 것(金克木 현상)에서도 확인할 수 있다.

그러나 목의 패배만 있었다면 우리가 사는 이 세상은 돌처럼 굳어버린 채 활동의 흔적은 그 어떤 것도 남아있지 않아야 한다. 현실은 목의 거동이 다채롭게 이어지고 있다. 영화의 마지막, 네오가 죽는 장면에서도 분위기를 바꾸는 국면 전환의 요소가 있었다. 단서는 오라클의 비밀스런 특성에 있다.

반전을 일으키는 金生水 관계

네오와 스미스가 겨룰 때 오라클이 하는 역할은 상당히 미묘하다. 오라클은 스미스 요원에게 제압되지만 그냥 사멸하지 않는다. 제거 당하면서 복사된다. 이 과정이 반전의 단초다.

水의 속성을 가진 오라클은 자신의 본성을 최대한 활용하여 스미스 속으로 들어가 그의 정보를 읽는다. 오라클이 곧 정보의 통로다.

스미스는 딱딱하고 거친 金의 속성을 가졌다. 금은 木에게는 규제와 압박을 가할 수 있다. 水와의 관계에서는 양상이 다르다. 수는 금을 힘으로 다스리지 않는다. 수는 금의 내부로 들어가 경직돼 있는 금을 진단하고 금의 스트레스를 풀어준다. 이렇게 되면 단단하게 굳어있던 금의 구조가 허물어지면서 금은 정체성을 잃고 물에 녹아내린다.

오행으로 판단하면 금생수(金生水) 과정이다. 이 단계를 거치면 매트릭스 가상세계도 아키텍트의 말처럼 프로그램의 재시동이 일어나 새로운 세계가 열린다. 우주도 운행을 계속할 것이다.

기계 로봇을 닮은 우리

영화는 욕망에 있어 한계를 모르는 인간이 자연의 법칙인 순환체계를 무너뜨리면 무슨 일이 벌어지는지 넌지시 경고한다. 여기서 기계 로봇들은 그냥 로봇이 아니다. 이 사회의 무수한 군상으로 읽을 수 있다. 기득권 세력에 내몰려 삶의 터전에 뿌리를 내리지 못한 존재, 사유능력은 약화되고 감수성마저 소진된 채 노동하는 기계로 전락한 우리들의 모습으로 읽을 수 있다.

영화 공간 매트릭스와 현실 공간 매트릭스

지금까지 영화에 등장하는 인물들을 오행의 관점에서 따져보았다. 이제 영화 속 인물들과 맥을 같이할 역사 속 실재 인간들, 아돌프 히틀러, 하인리히 히믈러, 마르셀 프루스트, 발터 벤야민, 로자 룩셈부르크, 조지 오웰을 소개하겠다.

그들의 운명을 오행[03] 코드로 분석해보자.

시공간적 배경은 20세기 초반 제1, 2차 세계대전이 발발했던 유럽이다. 매트릭스에 배치할 6명의 조합[04]은 다음과 같다.

아키텍트(A.I) : 정치가, 아돌프 히틀러 선동하는 인간

스미스 요원 : 친위대장, 하인리히 히믈러 기계를 닮은 인간

오라클 : 문필가, 마르셀 프루스트 기억하는 인간

모피어스 : 문예 비평가, 발터 벤야민 진단하는 인간

트리니티 : 사회주의 혁명가, 로자 룩셈부르크 몰락을 선택한 인간

네오 : 저널리스트, 조지 오웰 도덕을 신뢰한 인간

---

03 음양에서 오행(木火土金水)이 나오고 오행은 10간과 12지로 전개된다. 10간은 甲乙(木), 丙丁(火), 戊己(土), 庚辛(金), 壬癸(水)로 짜여있다. 12지는 寅卯(木) 辰(土), 巳午(火) 未(土), 申酉(金) 戌(土), 亥子(水) 丑(土)으로 구성된다. 10간과 12지가 만나 60갑자를 만든다. 10개의 천간과 12개의 지지가 서로 어울려 60개의 기운을 뿜어내는 것이다. 60갑자라고 하니 복잡해 보이지만 따지고 보면 오행(木火土金水)의 변화과정을 세세하게 표현한 것일 뿐이다.
04 발터 벤야민과 로자 룩셈부르크는 木의 번성을 돕는 캐릭터로 이해하면 된다.

목화와 금수의 균형을 무시하고 나아가는
지도자의 행동양식

2부 | 퇴행

HITLER, ADOLF,

히틀러, 선동하는 인간

그는 이미 자신이 게임에서 졌다는 것, 이제는 그것을 감출 힘조차 없다는 것을 알고 있었다. 신체적으로 매우 두려운 모습을 보였다. 힘들고 무겁게 상체를 앞으로 내밀고 두 다리를 질질 끌면서 거실에서 회의실로 몸을 옮겼다. 그는 균형 감각이 없어졌다. 그 짧은 거리 도중에 (20~30미터) 멈출 때면 이런 경우에 대비해 벽 양쪽에 마련해 둔 벤치에 앉거나 아니면 대화 상대자를 꼭 붙잡았다…. 눈은 벌겋게 충혈되었다. 모든 문서가 그를 위해 글자를 3배로 확대하는 '총통 타자기'로 작성되어 있었지만 그래도 도수 높은 안경 없이는 글을 읽지 못했다. 입 가장자리로는 자주 침이 흘러내렸다.

〈히틀러 최후의 14일〉 41쪽 / 요아힘 페스트 지음, 안인희 옮김 / 교양인 2005

히틀러 : 매트릭스의 설계자 아키텍트

영화 속 매트릭스는 가상세계다.

현실에서 매트릭스와 유사한 분위기의 공간을 찾는다면 어떤 것이 있을까? 쉽게 떠올릴 수 있는 건 전쟁이나 학살의 현장일 것이다. 특히 1933년부터 1945년 사이 제3제국(독일)에 의해 치밀하고도 악랄하게 진행된 참사는 오늘날까지도 인류를 경악케 한 사건으로 남아있다. 이제 매트릭스를 고안한 아키텍트에 제3제국의 수장이었던 히틀러를 배치해 이야기를 해보자.

망상과 몽상

히틀러는 재임 기간 동안 지나친 민족주의와 인종 우월주의를 내세워 유럽의 대부분을 장악해가면서 상상할 수 없는 야만성을 드러냈다. 인종을 정화해 민족의 고결함과 우수성을 지켜내자는 지도자의 비이성적 선동에도 정치동지와 독일민족은 열렬히 환호했다. 그들의 지지에 힘입어 망상에 사로잡힌 독재자는 이상세계를 건설하려 했다.

나치가 가졌던 최고의 신념은 게르만 민족의 우월성인데 이것은 바그너의 음악에 심취했던 히틀러의 청년기와도 관계가 있다. 그는 바그너의 오페라에 자주 등장하는 게르만 신화적 요소인 신과 영웅, 투쟁과 암투, 승리와 구원 같은 웅장하고 거대한 이야기에 열광했다.

기대했던 화가의 길은 열리지 않고 그렇다고 안정적인 직업인이 되는 것도 거부하며 홀로 방황하던 시기에 그는 자꾸 쌓여만 가는 내적 울분을 바그너 음악을 들으며 다스렸다. 이후 그는 군인과 정치인의 길을 걷게 되면서 게르만 민족을 신성성을 부여받은 탁월한 민족으로 격상시킨다.

이런 신념이 위험한 것은 겨냥하는 대상 집단이 있기 때문이다.

히틀러의 생각에 동조하는 무리들은 사이비 과학인 우생학을 동원해 그들이 정한 인간으로서의 표본에 미달한다고 판단되는 사람들 이를테면 유대인, 장애자, 사회주의자, 여호와의 증인을 믿는 신도, 동성애자, 집시 등을 제거하려는 음모를 꾸몄다.

잔혹성으로 따지면 히틀러 시대의 독일은 인간의 생체에너지를 사용한 매트릭스 제국을 압도한다.

에티카를 고려하는 시공간과 무시하는 시공간

영화는 1편에서 매트릭스에 갇혀 지내는 인간들의 끔찍함을 보여주었다. 1편만 보면 매트릭스는 없애야 할 체제 혹은 세계다. 2편과 3편으로 가면 관점이 조금씩 바뀐다. 가상세계는 제거되어야 할 요소가 아니라 인간과 공존할 수 있을 것처럼 묘사한다. 이야기가 그렇게 흘러간

이유는 무엇일까?

　매트릭스와 제3제국의 가장 큰 차이점은 에티카(윤리)에 있다. 이해관계가 다른 타자와 대립하는 상황일 때 매트릭스는 마땅히 지켜야 할 도리를 고려할 수 있는 시공간이다. 제3제국은 타자의 권익을 철저히 부정하고 존재성마저 박탈하는 시공간이다.

　가상세계 매트릭스는 과학문명을 누려오던 인간들이 점점 과도해지는 욕망을 다스리지 못해 필연적으로 생겨났다. 한계를 모르는 인간의 욕망이 기계 로봇들의 반란을 불러왔고 로봇들이 인간 생체에너지를 이용하는 과정에서 매트릭스가 나왔다.

　가상세계가 인간 육체를 억압하고 있지만 인간과 기계가 갈등을 넘어서고 평화를 도모할 가능성은 잠재해있다. 영화에서도 이야기가 진행될수록 매트릭스 체제를 완전히 없애버려야 하는 악으로 규정하는 대신 인간과 기계 로봇의 충돌을 어떻게 대처해나가야 하는가에 초점을 맞춘다.

　반면 제3제국은 한 시대를 두려움과 공포로 물들이면서 끔찍한 악행을 저지르고 말았다. 제3제국의 수장인 히틀러는 주특기인 선전과 선동의 위력을 발휘해 대중의 절대적 신임을 얻었다. 권좌에 오르자 2차 대전을 일으켰고 유대종족 수백만을 절멸시켰다.

시대의 공기를 읽어낸 히틀러

1차 대전을 치르는 동안 독일국민들은 전후방 할 것 없이 혹독한 시간을 보내야 했다. 물자는 부족하고 식량배급도 원활하지 않았다. 영양실조로 사망한 사람이 70만을 넘었고 전쟁이 한창이던 1916년 겨울은 가축에게 먹이던 순무를 식량으로 받았다. 석탄도 부족해 한겨울에도 난방 없이 지내며 정부가 요구하는 전쟁 물자를 지원했는데 전쟁에서 패해 영토도 상실하고 배상금까지 물어내야 한다니 대중들의 불만과 울분은 극에 달했다.

더욱이 참전했으나 챙긴 것 없이 퇴역한 군인들, 소규모 자영업자와 직급이 낮은 사무원이나 노동자들은 패전의 원인을 유대인 집단과 사회주의자, 공산주의자에게 돌렸다. 극우적 민족주의 색채가 가미된 반유대주의 정서는 범게르만동맹 같은 단체를 통해 전쟁 중에도 여론에 영향을 미치고 있었다.

히틀러는 그런 시대분위기를 누구보다도 먼저 간파했다. 또 자신의 예민한 감각을 이용해 대중의 무의식에 도사린 정서까지 포착해냈다.

개체의 운명을 넘어서는 지도자 운명

　한 개인의 운명이지만 그것이 국가의 운명, 세계사의 운명까지 흔들어놓을 만큼 강력한 영향을 미쳤다면, 개체의 길흉에 맞춰 명식을 판단하는 것에서 그치면 안 된다. 당대 사회 전체를 운명적 요소로 끌어들여 해석할 필요가 있다. 즉 절대적 권위를 행사했던 정치지도자의 세계관이 독일민족을 구원하겠다는 관념적 이상과 어떻게 접속할 수 있었는지 또 그것이 어떻게 독일사회에 먹혀들었는지도 함께 살펴야 한다.
　이제 히틀러 명식을 통해 지도자의 운명과 국가의 명운은 어떤 관계가 있는지 차근차근 따져보기로 하자.

히틀러

1889년 04월 20일 18시 30분 출생

시	일	월	연
丁	丙	戊	己
酉	寅	辰	丑

| 火 | 火 | 土 | 土 |
| 金 | 木 | 土 | 土 |

| 비겁 | 일간 | 식상 | 식상 |
| 재성 | 인성 | 식상 | 식상 |

대운

辛	壬	癸	甲	乙	丙	丁
酉	戌	亥	子	丑	寅	卯

금	수	수	목	목	화	화
금	토	수	수	토	목	목
65	55	45	35	25	15	05

히틀러의 운명방정식

공적 가치로 접근해야

　운명을 분석할 때는 일간을 중심으로 재성(財星)과 관성(官星)의 관계를 살핀다. 한 개인이 일생을 살아가는 동안 결코 무시할 수 없는 것이 재물과 명예이기 때문이다. 그런데 공적 업무를 수행하는 인물의 명식을 해석할 때는 공동체 구성원과 관계있는 공공의 의미도 고려해야 한다.

　히틀러(Adolf Hitler, 1889~1945)는 20세기에 활동한 정치 지도자 중 세계사적으로 가장 크게 영향을 미쳤던 인물이다. 물론 그가 남긴 흔적이 참혹한 상처라는 사실은 유감스럽다. 하지만 한 시대를 뒤흔들어 놓고 떠난 인물이니만큼 개인의 길흉보다는 사회와의 관계를 고려한 운명 분석은 반드시 필요하다. 일간 丙화가 어떤 과정으로 권력의 실세에 접근했는지, 또 지역사회와 국가를 넘어 어떻게 세계를 위협할 수 있었는지 따져보는 것은 역사를 이해하는 색다른 경로가 될 수 있다.

　히틀러의 일간은 늦은 봄에 태어난 丙화다. 흔히 병화는 태양 빛에 비유한다. 1초에 30만 km로 움직이는 빛은 순식간에 대상을 감싸고 주변을 환히 밝히며 공간을 지배한다. 봄의 병화가 겨울을 견디고 나온 어린 초목들과 맺는 관계는 특별하다. 병화는 온기를 바라는 초목들이 넓고 밝은 공간에서 마음껏 자랄 수 있게 따뜻한 빛을 선사한다.

스산한 기운을 타고난 병화

봄날의 병화는 언제나 환영받을까? 꼭 그렇지는 않다.

병화를 둘러싼 주변 오행에 따라 상황은 달라진다. 겨우살이에 지친 산천초목에게 따스함을 선사하는 보배로운 병화가 되려면 목이 있어야 한다. 만약 병화가 베푸는 은혜가 생명을 향하지 않고 엉뚱한 요소에 닿게 되면 세상인심을 기만하는 선동가가 될 수 있다.

히틀러의 연월 천간은 기토와 무토가 차지했고 지지는 축토, 진토가 있다. 운명의 전체 분위기는 연월이 좌우한다. 그의 연월에서 사람이 사는 건물이나 구조물의 분위기를 느끼기는 어렵다. 여기에 환하게 비추는 일간 병화와 해질 무렵의 생시까지 더해보자. 초목도 없이 넓기만 한 나대지에 태양이 빛을 보내고 있다. 다행히 일간과 가까운 일지와 시의 천간이 인목과 정화여서 생기와 발랄함이 아주 없지는 않다. 그래도 시지 유금이 일지 인목을 金克木하고 있어 병화가 느끼는 고충은 일생 이어질 거다. 이런 분위기를 기억하면서 히틀러의 가족사를 살펴보자.

히틀러의 가족사

구두 수선공에서 관세사가 된 아버지

히틀러의 아버지 알로이스는 1837년 6월 오스트리아의 삼림 지역인 스트로네스라는 작은 시골 마을에서 사생아로 태어났다. 가난한 자작농의 딸이었던 히틀러의 할머니는 아이를 홀로 힘겹게 키우다 1842년 제분소에 다니던 게오르크 히들러와 결혼한다. 1847년 할머니가 죽고 그로부터 10년 뒤 게오르크 히들러도 사망한다. 알로이스는 모친이 세상을 떠난 후부터 의붓아버지인 게오르크의 남동생 네포무크가 맡아 키웠다.

산골 마을에서 초등학교만 마친 알로이스는 구두 가게에서 일을 배우다 빈으로 떠난다. 대도시 빈에서 지내던 그는 1855년 재무부의 하급직 공무원이 되었다. 착실히 근무하며 승급 시험에 합격해 1865년에는 관세 공무원이 되었고 1875년에는 관세관까지 됐다.

가문에서 가장 성공한 인물이 된 알로이스가 39세가 되었을 때 네포무크는 그 지역의 목사를 찾아가 알로이스를 게오르크의 아들로 출생기록부에 올렸다. 간혹 히틀러의 진짜 할아버지는 게오르크가 아니라 유대인이라는 주장도 제기되었지만 근거가 될 만한 자료는 발견되지 않았다. 결국 히틀러의 할아버지가 누구인지 정확히 밝혀진 것은 없다.

세 번 결혼한 아버지

알로이스는 직무에서는 신임을 얻었지만 사생활은 문제가 많아 결혼도 하기 전에 사생아가 있었다. 그는 세 번 혼인했다. 1873년에 한 첫 결혼에서는 자기보다 열네 살이나 연상인 돈 많은 여자를 아내로 맞았다. 두 번째, 세 번째 결혼에서는 자식뻘 되는 어린 여자를 얻었다.

그는 첫 번째 아내가 앓고 있을 때 이웃집 하녀와 교제하며 임신을 시켰고 아내가 죽자 임신한 여자와 혼인했다. 두 번째 아내와 함께 살면서도 자신과 육촌 관계인 클라라를 임신시켰다.

두 번의 결혼에서 얻은 자식과 혼전의 사생아까지 합해 자식이 아홉이나 되었지만 넷은 죽고 만다. 알로이스의 세 번째 아내이자 히틀러의 친모인 클라라 또한 히틀러를 낳기 전에 3명의 자식을 낳았다. 1885~1888년 사이에 모두 죽는다.

다시 그녀는 1889년 4월 20일 부활절 저녁에 네 번째 출산을 하게 되는데 그 아이가 바로 히틀러다. 남동생과 여동생이 또 태어나지만 남동생은 죽고 결국 여동생 파울라가 히틀러와 함께 자란다.

오스트리아와 독일 남부를 가로질러 흐르는 인(Inn) 강 근처, 브라우나우 마을에서 태어난 히틀러는 세 살도 되기 전에 고향을 떠났고 이후에도 공무원인 아버지의 발령지를 따라 자주 이사를 다녀야 했다.

운명방정식 해부

활기가 없는 연월

　연월에 배치된 오행을 보면 조부모와 부모가 살아온 삶의 터전과 분위기를 알 수 있다. 히틀러의 연월은 己丑과 戊辰이다. 복잡하게 뒤얽힌 그의 가족사를 어느 정도 짐작해볼 수 있다.

　12지에서 丑토는 겨울 기운이 응집된 곳이다. 지장간은 辛금과 癸수, 己토가 들어있다. 축토가 유용한 자원으로 잘 쓰이려면 천간에 밝은 기운을 품은 木火가 와야 한다. 히틀러의 경우 己土가 와서 己丑이 되었다. 기축에서는 낙후된 산간 마을이나 가난한 농촌의 분위기를 읽을 수 있다. 월에서도 다시 토(戊辰)가 왔다.

　실제로 그의 선조들은 척박한 삼림지대에서 살았다. 땅이 있어도 소산물이 시원찮고 가진 땅마저 없으면 소작인 신세니 궁핍함은 불을 보듯 뻔하다. 더욱이 외부와의 접촉도 많지 않아 혼인도 근친간의 결합이 대부분이었다.

　히틀러의 연월에서는 거친 환경에서 생의 활기를 느껴보지도 못한 채 하루하루 힘겹게 삶을 이어 나갔던 고단한 조상들을 떠올릴 수 있다. 그나마 월지 辰의 지장간에 乙목이 있어 세대를 이어가면서 가문의 사회적 지위가 조금씩 나아졌을 것이다. 그러나 일간 입장에서 보면 연월 천간을 己토와 戊토가 덮고 있어 일간 丙화가 진토 속에 숨겨진 생명의 기운을 꺼내어 쓰는 것이 쉽지는 않다.

순환의 두 힘, 木火와 金水

명식의 순환은 木火와 金水가 결정한다.
목화 기운은 상승하고 팽창하며 금수 기운은 하강하고 수축한다.
이 두 힘이 土를 중심으로 회전하면서 연월일시를 가지고 태어나는 모든 존재들의 운명을 만들어간다. 큰 공동체를 책임지는 지도자의 경우 그 영향력이 개인의 길흉에만 그치지 않기에 木火와 金水가 조화로워야 한다.

시	일	월	연
丁	丙	戊	己
酉	寅	辰	丑

시	일	월	연
火	火	土	土
金	木	土	土

히틀러 운명에서 木火 기운은 일의 丙寅과 시간의 丁화다.

金水 기운에서 金은 시지의 酉로 분명히 보인다. 水는 연의 丑토와 월의 辰토 속에 많이 숨어 있다. 얼핏 봐도 위를 향하는 木火 힘보다 낮게 가라앉는 金水 힘이 우세하다. 그렇다면 숨어 있는 水를 어떻게 이해하면 좋을까? 위치로 보아 연월 지장간에 있으니 앞선 세대의 기운 혹은 히틀러를 지배하는 무의식 정도로 해석해볼 수 있다. 이런 분위기를 고려하면 그가 지향해야 하는 삶의 방향은 木火의 길로 들어서서 金水의 에너지를 해소시키는 것이 된다.

생일과 생시의 관계

이제 일지 인목과 시지 유금의 관계를 따져보자.

일간 丙화에게 木은 인성이고 金은 재성이다. 가족관계에서 인성은 어머니, 재성은 아버지를 나타낸다. 가정이라는 울타리 안에서는 木과 金이 어머니와 아버지의 영향력 정도를 의미할 뿐이다. 그런데 울타리의 범위가 가족에서 머물지 않고 확장되어, 한 사회나 국가의 구성원들을 포괄해버리면 무슨 일이 벌어질까?

그가 공동체의 운영을 떠맡은 지도자가 된다고 해보자. 이때 일지와 시지의 관계는 도로나 선로를 달리는 차량에서 좌우균형을 책임지는 바퀴에 비유할 수 있다. 차량이 안전하게 주행하려면 왼쪽과 오른쪽의 바퀴가 한 쪽으로 기울거나 치우치는 일 없이 평형을 이루어 잘 굴러가야 한다.

부실한 바퀴로 선로를 달리는 히틀러

히틀러의 차바퀴는 상당한 문제를 안고 있다. 기댈 데 없는 일간 병화가 그나마 의지하는 인목을 유금이 克하고 있어 병화의 신경을 건드린다. 히틀러의 심리상태가 극도로 불안정한 건 인목과 유금의 관계에서 나온다.

그의 삶에서 모친의 자애와 사랑은 절박한 것이었다. 특이한 건 그렇게 중요한 인성에 위협을 가하는 역할을 부친이 하고 있다는 거다. 실제로 히틀러의 아버지는 모친에게 자주 손찌검을 했고 욕설도 퍼부었다. 귀한 목을 금이 압박하는 모습을 일상에서 구체적으로 보여준 셈이다.

관세사 부친이 없으면 총통 아들도 없다

히틀러 사주에서 금극목의 관계만 보면 폭군 같은 남편, 무섭고 엄한 아버지인 금을 치워버리고 싶을지 모른다. 약한 나무를 괴롭히는 금만 없애면 사주가 문제없이 잘 돌아갈 것 같지만 그게 그렇지 않다. 일간과 인성을 부담스럽게 하는 존재지만 그래도 그 아버지가 관세사까지 진출해 사회적 위상을 확보해 놓았기에 이후 아들이 나라의 지도자가 될 수 있었다.

재성은 부친의 사회적 역량을 의미한다. 이 재성은 자식이 성장해 사회로 나가 활동 기반(field)을 마련할 때도 영향을 미친다. 그가 총통의 지위에까지 오를 수 있었던 건 눈에 쉽게 드러나지는 않지만 부친이 넓혀놓은 어떤 기운이 작용했다고 보아야 한다.

그러나 목화가 취약한 히틀러의 운명적 한계는 어쩔 수 없었던지 그가 남긴 흔적은 끔찍한 광기 그 자체였다. 이제 현실감 없는 망상과 자아도취에 사로잡힌 히틀러가 어떻게 군중과 얽혀 가는지 이해하기 위해 인생의 사계절에 해당하는 대운을 분석해보자.

인생의 사계절

연월은 앞선 세대가 조성한 환경이다. 10년씩 이어가는 대운은 월에서 시작한다. 남자가 양간의 해에 태어나면 대운은 순행하고 음간의 해에 태어나면 역행한다. 여자의 경우는 정반대다. 음간 해에 태어나면 순행하고 양간 해에 나면 거꾸로 흐른다.

대운 행로

히틀러가 태어난 해는 음간이므로 대운은 역행한다.
5세가 되는 봄(정묘대운)에서 시작된 대운은 겨울을 향해 흘러간다.

대운
辛 壬 癸 甲 乙 丙 丁
酉 戌 亥 子 丑 寅 卯

금 수 수 목 목 화 화
금 토 수 수 토 목 목
65 55 45 35 25 15 05

丁卯 丙寅 생장하려는 초목의 기세가 용수철이 튀어 오르듯 강력해지는 봄

5세부터 24세까지 걸쳐있는 봄대운은 히틀러의 유아기에서 청년기에 해당한다. 재성 金과 관성 水가 장착된 명식에 봄대운의 木火 기운이 찾아들었다. 그의 사주는 병화를 지탱해줄 목이 부실해 목화와 금수의 균형이 어긋나 있다. 그런 처지에 햇살이 따스하게 비치고 아지랑이도 살랑거리는 봄을 맞았다. 일간 병화는 무엇이든 이룰 수 있을 것 같은 희망과 기대로 한껏 부푼다.

木火는 생의 의미와 가치를 탐구하는 인문적 기운, 예민한 감각을 발휘해 아름다움을 표현하려는 예술적 동기와 연관이 있다. 탁 트인 공간에서 환히 비치는 밝은 丙화와 야단스럽지 않으며 은근하고 그윽한 丁화를 함께 상상해보자. 순식간에 확산되고 널리 퍼질 수 있는 영상물이나 전파매체, 선과 색채로 구현해낸 조형물을 연상할 수 있다.

히틀러의 사주는 연월에 토가 지나치게 많다. 이것은 일간 병화를 부담스럽게 하는 것에서 그치지 않는다. 중첩된 토(戊己辰丑)끼리도 매우 불편하다. 겹쳐있는 흙이 편하지 않다는 것은 선조들이 품었던 꿈과 욕망이 제대로 발휘되지 못한 채 갇혀 있음을 의미한다. 이럴 때 병화가 할 수 있는 가장 바람직한 선택은 어떤 것일까? 자신이 원하는 직업을 갖되 그것이 토의 답답함도 해결해줄 수 있는 것이면 좋다. 그렇게 생각하면 히틀러의 조상들은 히틀러의 무의식에 출몰해 자신들의 꿈도 살펴봐 달라고 울부짖었는지도 모른다.

만약 인성인 목이 좀 더 보강되었다면 병화는 조상들의 못다 피운 꿈을 펼쳐냈을 것이다. 그 꿈이 나아간 방향도 생명을 살리는 쪽이었으리라. 그랬다면 히틀러는 어떤 삶을 살았을까? 아마도 무의식이나 이면의 심리를 세심하게 포착해내는 소설가가 되거나 빛을 자유자재로 낚아채는 인상파 화가가 되었을지 모른다. 또 돌과 금속을 깎고 다듬는 조각가, 도시공간을 설계하고 운영하는 도시 계획가가 되어 인류의 꿈을 망치는 인물이 아니라 창조성을 확장한 사람으로 기억되었을 거다.

정묘(丁卯)대운 (꽃이 봉오리를 열어젖힌 완연한 봄) : 5세~14세 (1894~1903)

천간은 정화, 지지는 묘목이 이어가는 봄대운이다.

화초는 꽃을 활짝 피우고 나무는 가지를 뻗어 둥치를 단단히 만든다. 나비가 날아들고 새까지 지저귄다. 시절도 평안하고 한가롭다. 일지의 인목과 대운의 묘목이 힘을 합해 시지의 유금에 맞서며 일간 병화를 지키고 있다. 목이 유약한 사주를 보완해주는 대운이다.

1895년 (甲午 6세)

연운에도 인성 목이 왔다. 배우고 익힐 수 있는 행복한 시간이다.

린츠의 초등학교에 입학한다. 학교공부도 곧잘 하고 행동도 비뚤어지지 않아 똑똑하고 반듯한 아이로 자란다. 연운이 갑오 을미 병신으로 이어져 목화 세력을 형성하기 때문이다.

1900년 (庚子 11세)

금수 연운이 덮쳤다. 금과 수는 재성과 관성인데 일간 병화는 이 기세가 몹시 부담스럽다. 재성 금은 아버지와의 관계를 의미하고 관성 수는 자신을 압박하고 제어하는 기운이다. 가장 이상적인 그림은 목화와 금수가 서로 팽팽한 균형을 이루는 거다. 지금처럼 연운에서 금수가 덤벼들면 무슨 일이 생길까? 금도 감당하기 벅차 헉헉거리는 병화에게 수까지 달려들어 불길을 꺼버리겠다고 위협한다. 일간은 자기를 둘러싼 주변 상황이 답답하고 짜증스럽기만 하다.

수 관성(교육기관)의 압박

평소 전쟁 이야기나 흥미진진한 모험소설을 즐겨 읽고 그림 그리는 것을 좋아했던 아들은 화가가 되고 싶어 했다. 아버지는 아들이 실업학교를 나와 자기처럼 공무원이 되기를 원한다. 아버지 뜻을 거역하지 못해 어쩔 수 없이 실업학교에 진학하지만 성적은 형편없었다. 입학한 첫해부터 수학과 자연에서 낙제점을 받는다. 이듬해인 신축년에는 학교를 유급하고 집에서 뒤처진 공부를 하면서 지낸다. 금수 기운이 도사리고 있어 변화의 발판을 기대하기는 어렵다.

지식이나 기술을 가르치고 학생들의 인격형성에 도움을 주는 교육기관도 관리와 제제를 통해 기관의 목적을 달성하므로 관성의 속성을 갖고 있다. 그런데 일지 인목이 튼실한 나무 역할을 하지 못해 금과 목의 조화가 깨진 히틀러는 관성의 통제를 감내하며 교과과정을 마치는 것이 쉽지 않다.

1902년 (壬寅 13세)

정묘대운 막바지에 목이 왔다. 특히 지지로 온 인목은 일지와 같아 더욱 반갑다. 게다가 임인에서 시작된 목의 기세가 계묘 갑진 을사 (1903~05년)로 강하게 연결된다. 일간 병화와 일지 인목은 자신들을 압박하던 시지 유금의 위력에서 벗어날 수 있다.

　겨울(양력 1903년 1월)에 아버지가 사망한다. 야무지게 이어지는 목 기운에 유금이 무릎을 꿇은 셈이다. 부친과 사이가 좋지 않았던 히틀러는 아버지가 퇴직하고 집에 머무는 시간이 많았던 1896년부터는 더욱 자주 부딪쳤다. 권위적인 데다 고집도 세고 행동 또한 거칠고 난폭했던 아버지와 그런 아버지에게 사사건건 맞서는 아들 때문에 집안은 늘 긴장감이 감돌았다. 그러다 부친이 떠나고 말았으니 히틀러는 이제 하기 싫은 공부도 팽개칠 수 있게 되었다.

병인(丙寅)대운 (초목의 새순에 햇살이 비치는 봄) : 15세~24세 (1904~1913)

　정묘에서 시작된 목화 기세가 병인대운에도 지속된다.
　일간 병화는 자신의 포부를 한껏 펼쳐 보이려는 욕망으로 부푼다. 대운과 연운(1904~1907)에서 일간을 억압하는 요소가 없어 병화가 해방감을 만끽한다. 어떻게 생각하면 자신이 화가가 되는 것을 허락하지 않고 잔소리만 하던 부친이 없으니 이제부터 그림공부를 찬찬히 해 예술가의 길을 걸을 것도 같다.
　명식에 없는 기운이 운에서 확보되는 것을 무조건 반길 수는 없다. 목화가 허약한 운명인데 운에서라도 그 결함을 보완했으니 다행스럽기는 하다. 문제는 그동안 잔뜩 주눅 들어있던 일간 병화가 이제 보복이라도 하듯 마구 설쳐댄다는 거다. 이것이 운에서만 잠시 들어온 기세라는 것을 날뛰는 병화가 알아차리지 못한다. 병인대운 중에도 연운에서 토금수 기운이 다시 습격할 수 있다는 사실은 생각하지 않는다.

1904~05년 (甲辰 乙巳 15~16세)

형편없는 성적 때문에 린츠 실업학교를 포기하고 스타이어 학교로 옮긴다. 새로 간 학교도 얼마 다니지 않고 아프다는 핑계로 모친을 졸라 결국 1905년 9월에 학교를 그만둔다.

화가가 되려면 우선 사물의 형태를 그리는 소묘 과정부터 충실히 연마해야 하지만 아무 것도 하지 않고 세월만 보낸다. 그러다 바그너의 오페라를 보기위해 드나들던 린츠의 극장에서 쿠비체크를 만난다. 자신의 이야기를 들어줄 친구가 필요했던 히틀러에게 조용하고 온순한 성격의 쿠비체크는 안성맞춤이었다. 쿠비체크는 처음 만난 날부터 히틀러의 훌륭한 청중 역할을 성실히 수행했다. 이후 둘은 단짝이 된다.

태양 빛을 발산하고픈 일간 병화

히틀러는 친구를 상대로 미술, 음악, 건축에 대한 설익은 생각을 거침없이 쏟아낸다. 관공서의 행정정책이 잘못되었다느니 공공단체가 세금을 낭비한다느니 시설물 운영이 문제가 많다느니 하면서 불평불만을 마구 토해낸다. 여기서 잠시 그가 지적한 분야를 살펴보자. 학식과 견문을 충분히 갖추지도 못한 열다섯 살짜리 애송이가 논의할 만한 영역은 아니다. 그럼 사춘기 소년이 친구 앞에서 부리는 겉멋 정도로 이해하고 지나가면 될까?

히틀러의 명식은 목화에 비해 금수가 우세하다. 일간 병화는 재성 금과 관성 수에 대한 근원적인 피해의식이 있다. 그런데 대운과 연운에서 목화가 왕성하게 이어진다. 이렇게 되면 식상이 강한 병화는 이제 분풀이라도 하듯 재성을 건드리고 자신을 압박하는 관성에도 엉겨 붙으며 한바탕 대결을 펼치려 든다.

그가 지금은 친구 하나를 앉혀놓고 정신없이 주절거리고 있지만 병화의 빛이 닿는 범위는 때가 되면 얼마든지 확장될 수 있다. 이것은 엄청난 빛의 줄기를 따라 모여드는 청중 또한 한없이 확대될 수 있다는 말이다.

소년기의 사소한 사건에 불과해 보이는 이 장면이 히틀러라는 인물을 이해하는 데 매우 중요한 열쇠가 된다.

1906~07년 (丙午 丁未 17~18세)

대운의 병화와 연운의 병오 정미, 여기에 명식의 일시를 차지한 병화와 정화도 함께 떠올려보자. 세차게 타오르는 불길이 그려진다. 연월의 무거운 토금수를 간단히 제압해버릴 기세다. 일간 병화는 자신과 닮은 비겁이 잔뜩 에워싸고 있어 무서울 게 없는 듯 설쳐댄다.

관건은 목에 달렸다. 화만 불러들인다고 균형을 회복할 수 있는 명식이 아니다. 목의 응원이 없으면 치솟은 열기는 꺼져버린다.

더욱 우려스러운 건 일지의 상황이다. 이미 연월의 과다한 토에 맞서는 역할(목극토)만으로도 고단한 인목이다. 여기에 화까지 몰려들어 인목에게 목생화를 요구한다. 인목의 에너지가 고갈될 수밖에 없다.

빈 미술아카데미 응시

히틀러는 쿠비체크와 함께 오스트리아의 수도 빈을 드나든다.

미술관과 박물관을 둘러보고 황실 오페라극장에서 공연도 보며 빈이라는 도시에 매혹된다. 그러다 본격적인 화가의 길을 밟기 위해 1907년 빈 미술아카데미 입학시험에 응시했으나 떨어진다. 대운과 연운을 보면 일간을 위협하는 비겁 천지다. 인성이 약한 일간 병화가 비겁과의 경쟁인 입학시험에서 밀려 나가떨어졌다고 이해할 수 있다.

살아갈 방도를 찾고 돈 벌 궁리를 해야 하는 나이에 화가가 되겠다며 빈둥거리는 아들이 걱정스러웠으나 그래도 믿고 지지해주던 모친이 1907년 12월에 유방암으로 사망한다.

히틀러 사주의 연월을 차지한 많은 토, 대운과 연운의 달아오른 열기, 무신 기유 경술로 이어지는 연운 등이 모친의 사망을 재촉했다.

1908년 (戊申 19세)

병인대운 중에 토금 연운이다.

지지 신금이 일지 인목 뿐 아니라 대운의 인목까지 불편하게 만든다.

혼자 남은 여동생은 이복 누나가 돌봐주기로 해 린츠에서 지낸다. 히틀러는 빈에 정착한다. 모친이 남긴 돈, 이모가 빌려준 돈, 부족하지만 매월 정부로부터 받는 고아연금, 아버지의 유산에서 나오는 이자까지 생활비로 충당한다.

음악공부를 하는 쿠비체크와 지내며 미술아카데미 시험에 도전하지만 또 떨어진다. 히틀러는 따로 집을 구해 나간다. 일간 병화를 가로막는 비겁도 없는데 왜 합격하지 못했을까?

이번에는 연운의 토금이 인성을 건드린다. 게다가 무신년의 申은 대운과 일지의 寅을 동시에 가격한다. 일시적이나마 木의 기운을 끊어버려 일간의 소망을 방해한다.

1909~10년 (己酉 庚戌 20~21세)

목도 부실한 상황에 토금의 연운이 이어져 화의 기세마저 위축된다. 오갈 곳 없이 길바닥으로 내몰릴 형편이다.

히틀러는 싸구려 여인숙과 월세 방을 전전하다 가진 돈이 바닥나자 노숙자 숙소를 찾는다. 그곳에서 체코 출신의 막노동꾼 하니슈를 만나 그의 제안으로 동업을 한다. 히틀러는 그림을 그리고 판매는 하니슈가

하고 돈은 나눠 갖는 방식으로 한동안 생계를 이어간다. 그러다 이모에게 돈을 얻어 동업자와 함께 좀 더 쾌적한 독신자 합숙소로 거처를 옮긴다.

1911~1913년 (辛亥 壬子 癸丑 22~24세)

금수의 연운이다. 여전히 힘겹지만 토금 연운에 비하면 좀 낫다.

일지와 대운의 인목에 기대어 그런대로 버틸 수 있다. 개인 사물함과 도서실, 휴게실을 겸한 작업실까지 갖춘 독신자 합숙소에서 3년 정도 지내며 안정감을 얻는다.

독신자 합숙소 생활

히틀러의 그림은 인기가 있었고 하니슈가 받아오는 주문량도 날이 갈수록 늘었다. 히틀러는 더 많은 그림을 그리라고 독촉하는 하니슈와 자주 다투다 결국 그림 일을 접는다. 이 시기에 히틀러는 숭배하는 바그너의 공연이 있는 날이면 입석표라도 구해 관람하는 열성을 보였다. 방에 틀어박혀 그림만 그릴 수 없었던 거다. 바그너 작품 중 히틀러가 좋아한 이야기는 이런 것이었다. 자격을 갖춘 뛰어난 영웅이 불의와 사악함에 맞서 싸우는 이야기, 순수하고 고결한 혁명가가 낡고 오래된 기성 권력을 타파한다는 식의 몽상적 내용에 열광했다.

당시 히틀러는 신문이나 잡지를 보며 합숙소의 동료들과 정치와 예술에 대한 이야기도 자주 나누었다. 여기서도 자신의 견해를 일방적으로 쏟아내는 습관은 여전했다.

빈에서 지내는 동안 그는 범 게르만 민족주의자인 쇠네거로부터는 반유대주의 정서를 호흡했고 빈 시장인 카를 뤼거에게서는 대중을 자극하는 선동가적 전략을 배웠다. 하지만 이때만 해도 유대종족에 대한 극단적 혐오감은 없었다. 그에게 유대인들은 도움이 되었다. 자신이 그린 그림에 값을 후하게 쳐준 사람도 유대인이었고 궁핍할 때 돈을 빌려준 사람도 유대인들이었다.

빈을 떠나 뮌헨으로

1913년 4월, 그동안 이자만 받고 있던 아버지의 유산을 상속받는다. 한 달 뒤에는 짐을 꾸려 독일 뮌헨으로 떠난다. 오스트리아에서 병역의무를 치르지 않은 그가 린츠 병무청에 연락도 하지 않고 독일로 간 것을 보면 징집을 회피할 목적도 있었을 거다.

뮌헨에 정착한 후, 허름하고 작은 월세 방을 구해 그림을 그리고 책을 읽고 신문도 챙겨 보며 도시 분위기에 적응해간다. 간간히 카페와 맥주홀에 들러 시국 이야기도 듣고 국제 정세에 대해 토론도 하며 지낸다.

乙丑 甲子 癸亥 토양은 얼어붙지만 관계망을 넓혀가는 나무가 있는 겨울

乙丑대운 (동토에서 만난 반갑고도 고마운 나무) : 25세~34세 (1914~1923)

천간은 을목이 보이고 지지는 축축한 축토가 왔다.

일간 병화에게 을목은 분명한 인성이지만 축토는 복잡하다. 병화의 재주와 능력을 직접적으로 나타내는 식상은 맞지만 지장간을 따지면 관성인 수도 들어있고 재성인 금도 있다.

이제 히틀러의 명식을 을축대운에 대입해 보자. 일주는 밝고 명랑한 병인이지만 약한 인목이 일간 병화가 드러내려는 빛을 거뜬히 지지해 줄 수 없었다. 병화로서는 좀 답답한 시간을 지내왔다. 그런데 현실적으로는 모친이 떠나고 없는 이 시점에 묘하게도 대운에서 을축과 갑자로 이어가며 인성이 보인다.

이 정도 대운이면 명식의 흠을 어느 정도 보완할 수 있다.

만약 세계사적 사건인 1차 대전만 발발하지 않았다면 뮌헨으로 간 히틀러는 25~6세인 甲寅 乙卯년에 뮌헨 미술아카데미에 응시, 좋은 성적으로 합격했을 거다. 재학 중에도 연운에서 탄탄한 목화가 들어오니 겉멋만 든 얼치기 예술가로 빠지지 않고 자신의 진가를 제대로 발휘할 수 있었을 거다.

미술교사가 될 수 있었던 시간

을축대운이 끝나갈 즈음은 미술교사로 아이들을 가르치다가 갑자대운 중, 연운에서 재성과 관성이 있는 壬申 癸酉년에는 대학교수가 되었을지 모른다. 명식에 인성 목이 취약해 그동안은 자신에게 도움이 되는 교육기관의 관리와 제제를 받아낼 수 없었다. 그러던 차에 이제 목이 비치는 대운이 왔으니 균형을 회복한 셈이다. 당연히 관성 수의 통제도 감당해내면서 병화의 역량을 만 천하에 드러낼 수 있다.

남아있는 행로를 고려하면 엽서만한 종이에 누군가의 그림을 베껴 그리던 수준에서 완전히 벗어나 자신만이 표현할 수 있는 미적 세계도 구축했을 거다. 하지만 히틀러는 자신의 운명을 엉뚱한 공간에서 펼쳐 보인다. 린츠와 빈에서 지낼 때만 해도 군대를 싫어해 징집되는 것을 회피했던 그가 1차 대전이 발발한 1914년에는 자진해서 입대한다.

대운과 연운에서 일간에게 힘을 실어줄 강력한 목들이 배치되자 이제 병화는 연월의 토금수 기운이 부담스럽고 불편하기는커녕 그 기운들을 끌어들여 한바탕 일을 벌이고 싶어 한다.

1914년 (甲寅 25세)

천간과 지지에 인성이 가득하다. 세상 일이 병화의 뜻대로 굴러간다.

2월에 몸이 허약해 군대에 갈 수 없다는 이유로 독일의 잘츠부르크 지방법원으로부터 병역의무를 면제받는다. 규정대로라면 린츠 지방법원에 가야 했지만, 뮌헨의 오스트리아 영사관이 나서서 독일 법원에서 판결을 받을 수 있게 도와준다. 만약 린츠 지방법원이 그에게 징집을 강제하는 판결을 몇 달 전에 내렸다면 꼼짝없이 오스트리아 제국 군대의 군인이 되었을 것이다.

1914년 갑인년이 되자 병화는 인성 목에 의지해 당당히 버틴다. 명령을 내리고 따르지 않으면 잡아 가두는 관성 수의 기운이 병화의 기세에 눌려 어쩔 수 없이 조용히 물러난 것으로 이해할 수 있다. 그러다 8월에 1차 대전이 발발하자 이번에는 독일 바이에른 육군에 입대를 자청하고 제16 예비보병연대에 배치된다.

그동안은 사력을 다해 징집을 회피하더니 전쟁이 터지자 느닷없이 전선에 나가겠다고 달려든다. 불과 몇 달 사이에 무슨 일이 벌어진 것일까?

징집회피와 자원입대

자원입대는 어떻게 설명할 수 있을까?

병역을 기피할 때는 평상시였지만 이제 전쟁이 발발했으니 없던 의무감이라도 발동한 것일까? 아니면 쇠락해가던 오스트리아의 군대가 아니라 거대한 제국의 군대라 제 발로 찾아간 것일까?

을축대운은 연운이 갑인 을묘 병진 정사로 흘러간다. 연운의 진행방향이 명식의 결핍도 해결하고 나아가 일간 병화를 바쁘게 만든다. 여기저기서 병화를 필요로 하는 곳이 많아진다. 세계대전이 터지고 세상이 어지럽게 돌아가는 때에 그는 좋은 운세를 만났다.

히틀러의 연은 기축이고 월은 무진이며 시지는 유금이다. 목을 위협하는 토금의 분위기는 전쟁터를 닮았다. 어쩌면 이런 토금이 부담스러워 징집을 회피해왔는지 모른다. 그러다 대운과 연운에서 인성이 병화를 후원하니 연월의 기운도 감당할 수 있을 것 같고 묘한 호기심까지 생겼을 수 있다.

군사훈련을 무사히 마친 그는 11월에 연대사령부의 지시를 전달하는 연락병이 되고 성실함을 인정받아 철십자 이등 훈장을 받는다. 임무를 수행하는 중에 총탄도 맞고 폭발물도 밟았다. 목숨을 잃을 위태로운 상황도 있었으나 자신을 호위하는 운세 덕에 히틀러는 큰 어려움 없이 군대생활에 적응해나갔다.

전쟁터에서 구현되는 식재관의 순환

일간이 병화인 히틀러에게 土는 자신이 가진 놀라운 능력과 잠재력을 뽐낼 수 있는 식상이다. 金은 병화가 다스릴 수 있는 영역이고 활동 반경을 의미하는 재성이다. 그렇다면 병화의 빛을 꺼버릴지도 모르는 관성 水는 어떨까? 인성 木이 있으니 이제 水는 木을 향해 흐를 수 있어 일간 병화의 활약을 간접적으로 돕는다. 상급자나 상위 조직에서도 일간을 인정해주는 분위기가 되었다.

관성 수가 인성 목을 향하고 인성 목은 일간을 지지하고 일간 병화는 식상인 토로 자신의 실력을 드러낸다. 식상 토는 재성 금으로 나아가고 금은 다시 관성 수를 응원해주니 모처럼 오행 순환이 매우 순조롭다.

기묘한 것은 식상과 재성, 관성의 순환이 전쟁을 통해서도 구현된다는 점이다.

1916년 (丙辰 27세)

목 대운에 화토 연운이다. 지지로 온 식상 진토는 일간이 세운 혁혁한 공로를 나타내니 부담스러울 이유가 없다.

10월(무술월), 맡은 일을 처리하다 왼쪽 다리에 부상을 입어 베를린에 있는 적십자병원에 입원한다. 몸을 사리지 않고 임무를 완수하려 노력했다며 상관의 신임을 얻는다. 사고는 연의 진토와 월의 술토가 부딪혀 생긴 것으로 유추할 수 있다.

1918년 (戊午 29세)

연운에서 건조한 토와 화가 들어와 상대적으로 목의 기운이 빠진다. 예측하지 못한 사건이나 사고로 일간 병화가 일시적인 갑갑함을 느낄 수는 있다. 그래도 대운 천간에 인성 을목이 있어 시간이 지나면 자연스레 문제가 해결된다.

8월 초에는 그동안 중대한 임무를 차질 없이 수행한 공로를 인정받아 철십자 일등 훈장을 받는다.

10월에는 영국군이 쏜 겨자탄에 맞아 시력을 잃고 파제발크 육군병원에 입원한다. 그는 병상에서 독일이 전쟁에서 완전히 패했다는 사실과 함께 혁명이 일어났다는 청천벽력에 가까운 소식을 접한다.

11월 중순, 퇴원과 동시에 갑자기 할 일이 없어진 그는 동료들의 제대를 지켜보면서 착잡해 한다. 자신의 능력을 알아보고 인정해준 군대였는데 더는 버틸 수 없게 돼 낙담한다. 군대는 만족스러운 집이자 직장이었다. 그는 제대를 최대한 미루면서 군에 남을 수 있는 길을 모색했다. 우선 뮌헨으로 돌아와 포로수용소의 감시병 일부터 맡는다.

제국에서 공화국으로 바뀐 독일

독일이 연합군에 휴전을 요청했다는 소식이 들리던 10월 초순부터 사회는 무척 혼란스러웠다. 10월 말에는 수병들이 선상에서 반란을 일으켰다. 혁명은 독일 전역으로 퍼져나갔다.

11월 초 황제 빌헬름 2세가 물러나면서 독일은 제국에서 공화국으로 바뀌었고 사회민주당의 에베르트가 새 총리가 되었다.

12월에는 독립사회민주당의 소수파인 스파르타쿠스단이 독일공산당을 만든다. 이듬해 1월에는 안톤 드렉슬러가 독일노동자당을 만든다. 이후 독일노동자당은 국가사회주의독일노동자당(나치당)으로 당명을 바꾼다.

1919년 (己未 30세)

식상의 연운이라 병화의 잠재력이 드러난다. 경신 신유로 흘러가는 연운을 감안하면 병화가 내뿜는 에너지가 생명을 살리는 기운과는 완전히 배치된다.

6월 초에 군대 내부에서 진행한 반 볼셰비키 강좌에 참석하고 과정을 수료한다. 히틀러는 자신의 능력을 높이 평가한 주최 측의 요청으로 강좌가 끝나자마자 강사로 나선다. 이제 카페나 맥주홀에서 뜨내기들을 상대로 한 공허한 외침이 아니라 부대원들을 상대로 민족의식을 일깨우고 사회주의와 공산주의에 대한 경각심을 불어넣는 정식 교육을 할 수 있게 되었다.

대상을 매혹하는 일간 병화

9월에는 정당이나 단체의 동태 파악을 위해 독일노동당 집회에 참석한다. 모임이 끝난 다음 벌어진 즉석 토론에서 히틀러의 웅변술을 지켜본 당 의장 드렉슬러는 그에게 입당을 강력히 권한다.

당시 독일노동당은 신생 정당이라 당의 규모도 작고 대중적 지지도 얻지 못하고 있었다. 히틀러는 당의 그런 약점이 정치적 기반이 없는 자신에게 오히려 도움이 될 것이라는 계산에서 결국 입당한다.

1920~21년 (庚申 辛酉 31~32세)

재성의 연운이다. 병화에게 호기심을 자극하고 승부욕을 불러일으키는 대결의 장이 마련되었다.

1920년 2월, 뮌헨의 맥주홀에서 자본가와 유대인을 겨냥한 정치연설로 군중을 사로잡는 위력을 드러낸다. 점차 당에서 무시할 수 없는 영향력을 행사한다. 당 지도자들이 독일사회주의당과 합당을 결정하자 1921년 7월 11일 탈당을 선언하며 강력히 반발한다.

히틀러가 없으면 청중도 끌어 모을 수 없고 당연히 기부금도 모이지 않을 거라는 사실을 감지한 지도부가 당 의장직을 주고 그를 다시 불러들인다. 갑자기 당의 실세 자리를 꿰찬 히틀러는 10월에 경호 조직의 이름을 육체단련대에서 돌격대로 바꾼다. 1922년 1월(음력 1921년)에는 집회장에서 난동을 부려 3개월 형을 선고받는다.

금을 향해 나아가는 이상한 공명심

입당 2년 만에 대표가 되었으니 초고속 승진을 한 셈이다. 병화가 보여주는 순간 폭발력이 얼마나 대단한지 짐작할 수 있다. 우려스러운 건 재성을 만난 병화 불길은 자신의 한계를 잘 알 수 없다는 것, 또 형세가 바뀌면 언제든 재성으로부터 역습을 당한다는 거다. 더욱이 재성 금이 공격해오면 병화만 위태로운 것이 아니다. 인성 목도 위협을 느낀다.

결국 일간 병화는 자신의 공명심을 위해 재성 금의 영역을 자꾸 넓혀나가지만 긴 흐름에서 보면 생명의 기운을 고갈시키는 것이 된다.

1922~23년 (壬戌 癸亥 33~34세)

 재성 연운이 지나고 관성 연운이다. 한껏 달아오른 병화를 단숨에 제압할 만한 위력도 지녔다. 어쩔 수 없이 불길이 위축된 일간 병화는 잠시 뒤로 물러나 반격의 순간을 기다린다.

 선고받은 난동죄가 2개월 감형돼 1개월이 된다.

 1922년 여름, 히틀러는 슈타델하임 감옥에 수감된다.

 1923년 1월, 전후 배상문제 처리(독일이 목재를 공급하기로 하고 이행하지 않았음)에 불만을 품은 프랑스와 벨기에가 독일 루르 지역을 침범해오자 자연스레 정치 노선이나 계급적 이해관계를 넘어서는 거국통일전선이 결성된다.

어설픈 혁명

 1923년 9월, 애국투쟁을 위해 나치당은 '오버란트동맹'과 '제국깃발'까지 끌어들여 독일투쟁동맹을 만들고 히틀러를 지도자로 앉힌다. 적정한 시기에 군사력을 동원해 정권을 탈취하려는 음모를 꾸민다.

 히틀러가 쿠데타 일정을 11월 8일로 앞당기는 바람에 뮌헨 맥주홀에서 거행한 바이에른 혁명은 어설프게 끝난다. 군대와 경찰을 완전히 장악한 다음, 군중이 구름떼처럼 모이면 베를린까지 진격하려던 계획은 물거품이 되었다. 히틀러는 중앙광장에서 벌어진 총격전으로 하마터면 목숨까지 잃을 뻔했다. 폭동이 실패하면서 히틀러를 포함한 음모자들 대부분이 체포되고 나치당은 모든 활동이 금지된다.

갑자(甲子)대운 (뿌리를 내리지 못한 불안한 나무) : 35세~44세 (1924~1933)

인성과 관성의 대운이 왔다.

천간의 갑목을 떠받치는 지지가 자양분이 깃든 촉촉한 땅이 아니라 차가운 물이다. 인성의 상태가 이럴 때 일간 丙화는 어떤 방향으로 나가야 할까? 관성 수와 인성 목을 함께 사용하면서 그것이 편안한 기운을 형성하려면 교육자의 길이 가장 알맞다. 더욱이 갑자대운이 가고 나면 태양 빛은 고사하고 木도 없는 쓸쓸한 癸亥대운이 온다. 그런 시기를 보람 있게 잘 통과해내려면 병화는 가르치고 배우는 직업에서 자신의 능력과 열정(식상)을 발휘해야 한다.

대중의 정서를 간파한 병화

히틀러는 엉뚱하게도 자신의 역량을 재성 금과 관성 수를 상대로 펼쳐 보이려 하는데 이것이 독일의 국민 정서와 기묘하게 맞아떨어진다. 당시 독일은 1차 대전 패전국이 되면서 영토도 축소된 데다 정치 상황도 불안정하고 경제도 형편없었다. 살길이 막막해진 민중들은 불투명한 미래를 떠올리며 분노와 좌절 속에 빠져 있었다. 이런 상황에서 누군가 무능한 정부를 몰아내고 안정된 일자리를 제공해주겠다며 나타난다면 그의 손을 잡을 것이다. 비록 그가 독재자가 된다 하더라도.

그런데 이때만 하더라도 히틀러가 누구인지 알고 있는 사람들은 그렇게 많지 않았다. 그의 연설을 듣고 열광했던 사람이라고 해봐야 바이에른 지역민들 중에서도 일부에 불과했다. 베를린에 사는 사람들은 그의 존재 자체를 알 수 없었다.

하지만 寅목에 뿌리를 둔 일간 丙화가 시의 丁화까지 동원해 뭇 대중을 선동하기 시작하면 상황은 달라진다. 머지않아 병화를 보기위해 모여드는 군중은 헤아릴 수 없을 정도로 불어날 거다. 어쩌면 히틀러를 지지했던 독일국민은 火 기운에 현혹된 것인지도 모른다.

사그라드는 태양 빛

그가 권력을 얻고 총리와 대통령을 겸한 총통이 되었던 때는 1933년 癸酉에서 1934년 甲戌 사이다. 金水木이 재성 관성 인성으로 이어져 사회적 지위와 권력을 획득했다. 그렇지만 명식의 분위기와 대운을 따져보면 지위든 권력이든 안정감을 느끼기는 어렵다. 일주 丙寅이 金水의 기세를 제압해 권좌에 오른다 하더라도 갑자에서 계해로 향하는 대운을 감안하면 히틀러가 재성과 관성을 온전히 장악하는 건 불가능해 보인다.

1924년 (甲子 35세)

　　대운도 갑자, 연운도 갑자다. 인성과 관성이 대운과 연운에서 중첩되었다. 일간 병화로서는 손해 볼 것이 없다. 이어오는 을축 병인 정묘의 연운을 고려하면 갑자년은 자신의 존재감을 부각시킬 수 있는 해다.

　　2월~3월, 재판이 진행되는 동안 히틀러는 수많은 취재진과 지지자들, 독일국민에게 강렬한 인상을 남겼다. 재판과 직접 관계된 인사들에게서는 동정까지 얻어냈다. 반역죄가 적용되었지만 예상했던 것보다는 다소 가벼운 5년 형을 선고받고 란츠베르크 감옥에 수감된다.

　　10월, 바이에른 대법원으로부터 사면령을 받아 결국 9개월만 복역하고 12월에 출소한다. 감옥에서 지내는 동안 히틀러는 교도관을 포함한 많은 사람을 자신의 추종자로 만들었다. 덕분에 온갖 편의를 누렸다. 기르던 개를 데려와 함께 지냈고 밤늦도록 불을 환히 밝혀 놓고 책을 읽을 수 있었다. 그가 출소할 때 교도관들은 눈물을 흘리며 아쉬워했다.

1925년 (乙丑 36세)

　　천간의 을목 인성이 대운의 갑목과 함께 일간 병화를 돕는다. 심리적 안정을 얻은 히틀러는 계획한 일을 꼼꼼히 추진할 수 있다.

　　무력을 동원해 한시라도 빨리 목적을 이루려던 이전의 성급함에서 벗어난다. 자신을 지지하는 세력이 제대로 구축될 때까지 조직을 정비하며 기다리기로 한다.

2월, 흩어진 세력을 규합하고 당을 재건한다. 집회를 열고 대중적 지지를 호소한다.

3월, 바이에른을 비롯한 여러 도시에서 히틀러가 편견에 가득 찬 연설로 대중을 선동한다는 비난이 일자 연설 금지령이 떨어진다.

7월, 자서전 〈나의 투쟁〉 1권이 출간된다.

1926~28년 (丙寅 丁卯 戊辰 37~39세)

천간은 병화와 정화가 불길을 이어가고 지지의 인묘진은 나무의 뿌리를 찬찬히 보살핀다. 당장은 눈에 보이는 성과물이 없는 듯해도 때가 되면 일간 병화가 기대하는 무성한 가지와 튼실한 열매를 가진 아름드리나무의 모습을 드러낼 것이다.

〈나의 투쟁〉 2권이 출간된다. 작센 주를 시작으로 대부분의 도시에서 연설금지령이 풀린다.

1930~31년 (庚午 辛未 41~42세)

천간에 강한 재성이 보인다. 일간 병화의 세력범위가 점차 확대된다.

30년, 나치당을 지지하는 당원이 급격히 늘어 20만을 돌파한다. 일부 돌격대원들이 내부 반란을 일으켰으나 소득 없이 끝난다. 9월에 실시한 제국 의회 선거에서 나치당은 국민적 단결을 내세우며 지지를 호소해 득표율 18.3 %, 의석 107을 얻어 제2당이 된다.

31년 9월, 히틀러가 연정을 품었던 조카, 겔리 라우발이 자살한다. 잠시 충격에 휩싸였으나 이내 잊고 나치당의 조직 강화에 힘을 쏟아 붓는다. 11월, 헤센 주의회 선거에서 나치당은 공산당과 사민당을 합한 것보다 더 많은 지지를 얻어내 의회에서의 발언권이 강화된다.

1932년 (壬申 43세)

관성과 재성의 연운이다. 일간 병화가 감당해내기에는 상당히 버거운 기운이다. 희한하게도 현실에서는 승승장구한다. 인묘진에서 뿌려 놓은 씨앗이 열매로 돌아온 거다.

문제는 그것의 귀결점이다. 병화가 식상 토를 발휘해 재성 금을 지배하고 그것은 다시 관성 수를 불러온다. 결국 토금수 영역만 확장시켜 생명의 기운인 목을 억압한다.

당시 독일제국 대통령은 힌덴부르크였고 그는 1차 대전에 참전한 장군이었다. 힌덴부르크는 의회와 자주 부딪혔고 민주주의를 짓밟는 행위도 일삼았다. 이런 상황은 히틀러가 자기 세력을 불리는 데 유리하게 작용했다.

대통령 선거 출마, 대중의 지지 확인

3월, 대통령 선거에 출마해 결선투표까지 오른다. 1차 대전에서 공을 세운 힌덴부르크가 재선에 성공했지만 히틀러도 소기의 성과를 얻었다. 정치인으로서의 입지도 굳혔고 자신에 대한 대중의 지지도 확인했으니 얻은 것이 많은 선거였다.

4월, 프로이센 주의회 선거에서 나치당은 사회민주당보다 더 많은 지지를 얻어 제1당으로 부상한다.

7월, 총선에서도 의석을 230석이나 확보해 제1당이 된다.

1933년 1월(음력 1932년)에는 제국 총리가 된다.

1933년 (癸酉 44세)

관성과 재성의 연운이 계속된다.

병화의 욕망은 더욱 위험스럽게 치닫는다.

2월, 의회를 해산하고 군부를 강화하는 재무장정책을 꾀한다. 긴급명령을 발동해 언론, 집회, 결사의 자유를 제한하고 제국 정부가 지방정부를 구속할 수 있는 조항을 만든다.

3월, 총선에서 나치당은 지난해보다 더 많은 의석을 확보해 전체 의석 647에서 288석을 차지했다. 이어서 의회의 고유권한인 법률제정권을 행정부도 가질 수 있게 수권법을 통과시킨다.

나치당 세력화

　4월, 모든 공직에서 유대인을 축출하고 정부 정책에 반대하는 인물도 색출해 공직을 박탈한다. 유대인의 재산은 몰수 대상이 되었고 1차 대전에 참전한 유대계 퇴역 군인들은 연금도 받을 수 없게 되었다. 유대계 학생들은 공립학교에서 쫓겨난다.

　6~8월, 신당 창당을 할 수 없도록 한다. 결과적으로 나치당만 정당 활동을 한다. 이후 유전병을 예방한다는 명목으로 불임법을 만든다.

　10월에는 군대를 증강할 욕심으로 국제연맹을 탈퇴하고 의회를 해산한다. 11월에 실시한 선거에서 나치당은 압승을 거두고 제국 의회를 나치당 의원으로만 채운다. 1934년 1월(음력 33년)에는 폴란드와 불가침조약을 맺는다.

계해(癸亥)대운 (시리고 찬 물만 가득한 겨울) : 45세~54세 (1934~1943)

　겨울대운이 끝나는 마지막 10년은 水가 지배한다. 이 대운은 두 가지 해석이 가능하다. 얼핏 생각하면 일지에 인목이 있고 계해대운의 해수 속에 갑목이 있으니 목의 생명성이 강화되지 않을까, 하고 기대할 수 있다. 명식에 탄탄한 木이 있고 안정된 불길이 확보되어있다면 당연히 그럴 것이다.

　정반대의 설명도 가능하다. 계해대운은 수의 기세가 무척 강하다. 해

수 속의 갑목은 일간에 도움이 된다. 하지만 그 정도로는 어림도 없다. 전체적으로는 수가 쥐락펴락한다. 수는 가뜩이나 약한 일간 병화를 덮쳐 불씨마저 없애버릴 수 있다.

히틀러는 1934년 힌덴부르크가 사망하자, 대통령직을 넘겨받는다. 목이 부실한 사람이 한 국가를 책임지게 되었다. 목을 키워도 부족할 상황인데 그는 목화를 위태롭게 하는, 토금수를 강화시키는 일을 추진한다. 독일국민은 어떻게 될까?

국가운명에 영향을 미치는 지도자의 명운

같은 명식이라도 단자적 개인의 위치에 있을 때와 국가를 대표하는 국가수반의 자리에 있을 때는 미치는 파장의 범위가 다르다. 히틀러의 운명은 당시 전쟁에도 패하고 영토도 뺏긴 데다 배상금까지 물게 되어 열패감에 젖어있던 독일국민의 울분과 기묘하게 접속하면서 멈출 줄 모르고 달려가는 기관차가 되었다.

지도자의 광기와 헛된 열망이 지지자들의 욕망과 목표와 부합한다

기관차가 계속 나아가려면 철로가 끊어지지 않고 잘 이어져야 한다. 철길이 확보돼있지 않다면 달리던 기관차는 길이 끝난 지점에서 산산이 조각날 것이다.

정상적인 시대였다면 독일국민들이 목화와 금수의 균형이 깨진 히틀러를 지도자로 선택하지는 않았을 거다. 그러나 당시 상당수의 국민들은 히틀러를 필요로 했다. 히틀러에 도취한 사람들은 한 치의 망설임도 없이 열렬히 지지했고 그에게 완전히 빠져들었다. 지도자의 광기와 헛된 열망은 지지자들의 욕망과 목표와도 일치하는 부분이 많았기 때문이다.

전쟁과 학살을 불러온 재성

시지의 재성 酉金은 국가의 생산력을 나타내는 각종 산업과 도시기반시설, 유형무형의 자원을 의미한다. 일지의 인성 寅목은 酉金이 형성해놓은 자산을 운용해나갈 사람들이나 그들이 빚어내는 가치관, 문화, 제도를 의미한다. 일지와 시지가 조화를 이루려면 재성보다는 인성에 비중을 두어 일을 추진해야 한다.

히틀러는 이미 오래전부터 금을 좇았고 그것은 시대 상황과도 잘 맞아떨어져 더욱 불길한 결과를 낳고 말았다.

계해대운은 관성이 작동한다. 히틀러에게 관성이 바람직하게 작용하려면 튼튼한 木이 있어야 한다. 그런데 수 관성을 이끌어줄 목이 부실하다 보니 일간 병화는 시의 酉金에 사로잡혔을 거다. 그래서 어쩔 수 없이 목을 위협하고 죽이는, 전쟁과 학살로 치달았을 것이다.

아키텍트의 길을 걷지 않은 지도자

　현실의 히틀러와 달리 영화에서는 정반대 선택을 하는 인물이 있다. 아키텍트이자 로봇의 왕이기도 한 그는 네오(木을 상징)의 조언을 받아들여 자신의 통제를 벗어난 스미스(金을 상징)를 제거하기로 결심했다.

　히틀러가 일찌감치 이런 지혜를 발휘했다면 어땠을까?

　애초에 기피하던 군대였으니 그냥 영영 멀리하고 살았다면 얼마나 좋았을까. 그랬다면 일주 병인과 시간의 정화를 잘 활용해 신문·잡지·라디오·텔레비전 등에서 활동하는 매체 종사자가 되거나 미술이나 영화 쪽에서 뛰어난 역량을 펼쳐 보였을 것이다.

　그러나 그는 너무도 황당한 金의 길을 택해 군대를 키우고 군수산업을 팽창시키고 히믈러 같은 기계적 인간에게 힘을 실어주었다. 金克木으로 약한 생명들을 아예 짓이겨버리면서도 선동과 선전으로 대중을 홀리는 히틀러의 수법은 금과 목의 균형을 잃은 癸亥대운에는 더욱 잘 먹혔다.

1934~37년 (甲戌, 乙亥 丙子 丁丑 44~47세)

　천간에 목과 화가 연이어 들어온다. 명식의 결함을 보완하는 측면이 있으니 결실이 있다. 그렇지만 토금 영역에서 거두는 성과다 보니 결과적으로는 목을 피폐하게 만든다.

　34년 6월, 히틀러는 자신이 권력을 행사하는데 방해가 될 것 같은 돌격대 지휘관들 일부와 나치당 내부에서 자신을 비판하는 세력을 포함한 200명 정도를 숙청한다. 8월에 힌덴부르크가 사망하자, 대통령직을 승계한다. 곧바로 대통령이 전권을 행사할 수 있게 헌법 조항을 만들어 국민투표에 부치고 90%의 지지를 얻어낸다.

35년, 징병제를 도입하고 영국과 해군 협약을 맺는다. 독일인과 유대인의 혼인을 금하는 뉘른베르크법을 제정하고 유대인의 시민권도 박탈한다.

대외 팽창 의지

1차 대전이 끝나고 나서 독일과 연합국은 1919년에 베르사유 조약을 체결했다. 이 조약은 독일군대가 프랑스나 벨기에와 인접한 독일의 국경지대에 주둔하는 것을 금지하고 있었다. 이런 사실을 잘 알고 있었지만, 히틀러는 상대가 어떻게 나올지 떠볼 심사로 군부의 반대를 무릅쓰고 36년 3월, 서부의 라인란트 지역에 25,000명의 독일 병사를 배치한다. 당사자인 프랑스가 공격해올 줄 알았는데 대응을 하지 않자 라인란트 재무장 건으로 다시 국민투표를 하고 98%의 찬성표를 얻는다.

6월, 친위대장 히믈러에게 국가경찰 조직을 맡긴다(히믈러 편에서 자세히 다루겠지만 끔이 지나치게 많은 히믈러를 등장시킨 것은 매우 잘못된 결정이다).

8월, 베를린에서 개최한 제11회 올림픽을 성공적으로 치른다.

1938~40년 (戊寅 己卯 庚辰 49~51세)

천간은 토 식상과 재성 금이 있고 지지는 천간의 기운에 짓눌린 목이 보인다. 일간 병화의 탐욕이 구체화되는 시기다.

38년, 군의 고위간부가 복잡한 사생활 때문에 사임하자, 히틀러는 군 통수권을 직접 행사한다. 이후 오스트리아를 합병하고 영토 확장을 위해 군대를 강화한다.

11월, 유대인 소년이 독일 관료를 저격한 사건이 발생한다. 나치당 내 과격분자들과 돌격대원들은 독일 전역에서 유대인 교회 수백 채와 유대인이 운영하는 상점 수천 개를 파괴하고 무덤까지 파헤치는 만행을 저지른다. 수용소로 끌려간 유대인이 수천 명이나 되고 살해당한 사람도 수백 명에 이른다.

39년 3월, 독일군대가 체코슬로바키아를 침공한다. 루마니아로부터는 원유와 곡물을 얻어낸다.

4월에는 폴란드와 맺은 불가침조약을 일방적으로 파기하더니 5월에는 이탈리아와 군사동맹을 맺는다. 8월에는 독일과 소련이 불가침조약을 체결하면서 동유럽의 영토를 나누어 갖자는 비밀문서도 교환한다.

망상을 현실화하려는 지도자

　39년 9월 1일, 독일군대가 폴란드를 공격하면서 2차 세계대전이 일어난다. 이틀 뒤 영국과 프랑스가 독일에 선전포고한다. 그로부터 2주 후에 소련군은 폴란드 동부를 점령하고 9월 28일에는 독일과 소련이 우호조약을 체결한다.

　40년 3월~6월, 독일군은 노르웨이와 덴마크, 베네룩스 3국을 잇달아 침공한다. 네덜란드, 벨기에, 노르웨이가 항복한다. 그 사이 영국은 노르웨이 전투 패배를 이유로 내각이 교체되고 처칠이 총리직을 맡는다. 이후 영국군 34만 명이 무사히 생환한다.

　6~9월, 이탈리아가 독일을 지원하기 위해 영국과 프랑스에 선전포고하고 지중해의 몰타를 공격한다. 독일은 프랑스로 진격해 비시 정부를 수립한다. 이후 독일은 영국 상륙을 수월하게 하려고 항공전부터 펼쳤으나 제공권을 장악하지 못한다. 양국의 공습으로 베를린과 런던을 포함한 몇몇 도시들이 파괴된다. 독일군은 득보다 실이 많은 항공전을 중지하고 영국 본토로 진격하려던 계획을 보류한다. 독일과 이탈리아, 일본이 3국 군사동맹을 맺는다.

　11~12월, 독일과 소련이 영토 분할 건에서 타협점을 찾지 못하고 서로의 견해가 엇갈린다. 히틀러는 소련이 먼저 공격해오기 전에 독일이 소련을 무력화시켜야 한다며 영국과의 전투에 앞서 소련 원정에 나설 것을 시사한다.

1941~43년 (辛巳 壬午 癸未 52~54세)

천간은 금과 수, 지지는 화와 토가 있다. 대운과 연운에서 인성 목이 비치지 않는다. 짓눌린 목이라도 있을 때는 측근의 말을 헤아리고 이치에 합당하면 받아들이기도 한다. 하지만 지금처럼 인성 기운이 아예 보이지 않으면 히틀러는 억지를 부리고 의심만 많아진다. 중대한 결정의 순간에도 다른 사람의 의견을 수용할 수 없다. 고집과 오판만 늘어갈 뿐이다.

멈출 수 없는 폭주 기관차

1941년 4월, 발칸반도의 유고슬라비아와 그리스를 점령한다.

6~9월, 독일군대가 소련을 침공해 남서부 지역까지 진입한다. 그 사이 영국과 소련은 조약을 맺고 독일에 공동대응하기로 한다. 또 영국 총리 처칠과 미국 대통령 루스벨트는 전쟁이 마무리되고 난 이후 상황을 논의한다. 그 결과로 세계 각국의 자유와 평화에 관한 조항을 담은 '대서양 헌장'을 발표한다.

12월, 히틀러는 독일군대가 모스크바 근처까지 이르렀으나 결국 입성하지 못하고 패퇴하자 책임자를 해임하고 자신이 육군 총사령관직을 겸한다. 양력 12월은 금수로 가득 찬 경자월이라 병화의 판단력이 제대로 작동하기 어렵다.

42년 1월(음력 41년), 소련군이 반격의 발판을 마련하고 공격을 개시한다. 베를린 근교에서는 나치 장교들이 모여 유대종족을 멸절시키기 위한 최종해결책을 논의한다.

침몰하는 제3제국

　1942년 4월, 히틀러는 제국 의회를 소집해, 공직에 있는 자가 법률이나 규칙에 위반하지 않아도 마음대로 직위를 박탈할 수 있는 권한을 얻어낸다.

　7~11월, 군 수뇌부의 만류에도 불구하고 히틀러는 소련과의 전투에서 설득력 없는 작전을 계속 지시한다. 스탈린그라드 전투에서는 철수를 요청하는 참모들의 건의도 묵살해 독일군대의 사기가 떨어진다. 결국 25만에 가까운 병사가 소련의 포로가 된다. 스탈린그라드에 남아있던 군대도 오래 버티지 못하고 모두 항복하고 만다.

　우크라이나에서는 유대종족의 홀로코스트가 자행된다.

　1943년 2월, 전세가 불리해지는데도 전면전을 선포한다. 독일의 주요 도시에서는 승산 없는 전쟁을 비판하고 나치당에 저항하는 조직이 결성된다. 한편 뮌헨대학에서는 1년 전부터 나치당에 반대하는 학생들과 교수들이 '백장미단'을 구성해 활동하고 있었다. 그러던 중 잘못된 전쟁과 히틀러의 책임론을 제기한 전단을 배포한 이유로 조직의 핵심 인물들이 처형되는 사건이 발생한다.

　5~12월, 함부르크를 포함한 독일의 여러 도시가 파괴된다. 히틀러를

지지하던 이탈리아의 무솔리니는 국왕에 의해 해임되고 이탈리아는 연합군과 휴전협정을 맺는다. 독일군대는 로마로 진격하고 무솔리니를 앞세워 꼭두각시 정권을 수립한다.

이 시기에 폴란드계 유대인 150만가량이 강제수용소 가스실에서 학살당한다. 크리스마스를 전후로 소련은 공격을 강화한다.

임술(壬戌)대운 (수와 토로 이어가는 스산한 가을) : 55세~64세 (1944~1953)

겨울대운 30년이 가고 임술 신유 경신으로 이어가는 가을대운을 맞았다. 임술대운은 천간에 수를 이고 찾아온 가을이다. 水와 土로 뒤엉겨 엉망진창이 될 수 있다. 혹 임술을 무사히 지나간다고 하더라도 신유와 경신이 기다리고 있다. 대운의 흐름이 이런데도 히틀러는 인성인 목의 기운을 제쳐두고 재성 금을 좇아왔으니 시기만 정해지지 않았을 뿐 파멸은 이미 예정되어있었다.

1944~45년 (甲申 乙酉 55~56세)

대운도 어수선한 마당에 연운이 甲申과 乙酉다. 허약하나마 일간 병화를 지지해주던 寅목마저 申酉 금에 손상될 수 있다. 만약 丙화가 추구하는 방향이 木이었다면 생명까지 위태로운 지경으로 내몰리지는 않았을 거다. 정반대 행로인 전쟁을 선택해 달려와서 보니 결국 그 길 끝, 낭

떠러지에는 자신이 서 있다.

되돌아올 줄 모르는 일간 병화

44년 3월, 헝가리가 소련과 내통하려던 계획을 알아채고 헝가리를 공격한다. 이후 두세 달 사이에 헝가리에서 학살된 유대인 수는 43만을 넘는다.

4월~6월, 우크라이나를 포함한 크림반도 지역을 소련군이 차지한다. 연합군이 로마를 탈환하고 노르망디 상륙작전에 성공해 프랑스로 진입한다. 동부전선으로 진격해오는 소련군에 맞서는 것이 불가능하다고 판단한 독일 중앙집단군의 사령관이 전선의 일부는 포기하자고 제안했으나 히틀러가 묵살한다. 결국 전투에서 패하자 사령관을 해임한다.

7월~9월, 일부 장교들이 폭탄을 설치해 히틀러 암살을 추진했으나 실패하고 독일은 전쟁총동원체제로 돌입한다. 연합군은 파리를 점령하고 벨기에의 수도 브뤼셀을 탈환한다.

사유능력을 잃은 지도자

독일군은 서부전선에서 겨우 한 차례 승리했을 뿐 이후 모든 전투에서 소련군과 연합군에게 밀린다. 이미 신경쇠약과 위염을 앓고 있던 히틀러는 이제 혈관성 질환에도 시달리고 위경련까지 일으킨다.

10월, 후방에 있는 일반 국민들까지 전쟁에 동원시키기 위해 16세에서 60세에 해당되는 남자들을 모아 국민돌격대를 구성한다.

12월, 독일군은 반격을 위해 영국해협까지 진출하려는 작전을 개시하지만 얼마 못가 포기한다.

45년 1월, 소련군에 의해 동부전선이 대부분 무너진다.

유서와 결혼식, 권총 자살

45년 2월, 연합군에 의해 서부전선이 완전히 무너지고 베를린의 주요 관공서도 미군의 폭격으로 파괴된다. 미국과 소련, 영국의 대표가 얄타에서 독일을 무장해제시키고 전쟁배상금을 물리기로 합의한다.

3월, 히틀러는 독일 내 산업기지와 병참시설물을 전부 없애라는 명령을 내리지만 군수장관은 집행하지 않는다.

4월, 소련군이 베를린으로 진격해오자, 독일군대가 미군에 항복한다. 베를린의 함락이 임박한 29일 히틀러는 유서를 작성하고 지하 벙커에서 에바 브라운과 조촐한 결혼식을 올린 뒤, 이튿날 벙커의 작은 서재에서 함께 권총 자살한다.

5월 7일, 독일이 항복하면서 제3제국에 의해 벌어진 2차 세계대전이 모두 끝난다.

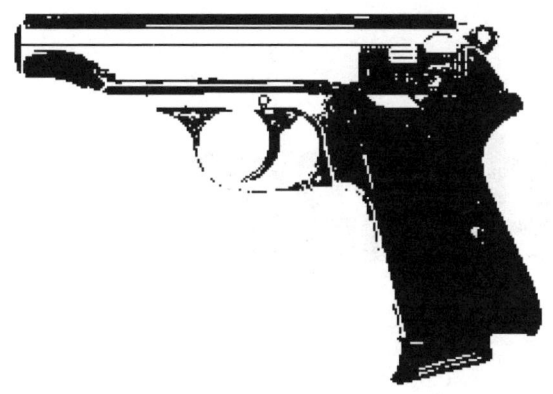

Himmler Heinrich

히믈러, 기계를 닮은 인간

이상하게 느껴지겠지만 내 생각으로는 이 사람이 아주 무시무시한 일을 직접적으로 시작한 사람이었다. "그의" 총통이 시작한 것이 아니었다는 것이다. 총통은 나와 가진, 성격이 다른 두 번의 회합에서 항상 약한 모습과 광기에 사로잡힌 듯한 모습을 보여주었다. 히믈러에게서는 광기 어린 모습을 찾아볼 수 없었다. 그는 주어진 임무에만 투철했고 성실했지만 융통성이 없었으며 그의 일처리 방식은 비인간적이어서 기계적으로 움직였다. – 카를 야콥 부르크하르트, 1938년

반유대주의는 이를 잡는 것과 똑같은 것이다. 이를 없애는 것은 세계관하고는 전혀 상관이 없다. 이것은 위생의 문제인 것이다. 우리는 즉

각 이름 없앤 것이다. - 히믈러, 1943년

러시아 사람들을 무더기로 해치워야 한다. 무자비하게 살육해야 하는데, 돼지처럼 아주 잔인하게 도살해서 서서히 피를 다 쏟아내고 죽게 만들어야 한다. - 히믈러, 1942년

히믈러의 연인인 포트하스트 여사는 우리에게 흥미 있는 것을 보여주겠다고 말했다. 그것은 특수하게 만들어진 이중 물매 지붕의 다락방에 히믈러가 모아 놓은 특별한 수집품들이었다. 그녀는 우리를 다락방으로 데리고 갔다. 그녀가 문을 열고 안으로 들어갔을 때, 처음에는 우리가 무엇을 보고 있는지 이해가 안 되었다. 그녀가 그에 대해 설명을 하자 그것들이 무엇인지 알게 되었는데, 매우 과학적인 수집품들이었다. 인간의 신체 일부로 만든 의자와 탁자들이었다. 의자 표면은 인간의 골반으로 만들어지고 다리는 인간의 다리뼈로 만들어져 있었다. 그리고 나서 그녀는 히틀러의 물건 더미에서 〈나의 투쟁〉 한 부를 집었다. 그리고 그녀는 우리에게 그 책을 만들었을 다하우 수용소 죄수들 등살이 표지로 사용되었을 것이라고 설명했다.
- 마틴 보어만(히틀러의 대자)

〈히틀러의 뜻대로: 히틀러의 조력자들〉 '집행인: 히믈러' 중에서 발췌

귀도 크놉 지음/ 신철식 옮김/ 울력 2003

인간과 기계

기계는 인간이 사용하는 연장이나 도구가 점차 개선되면서 나온 산물이다. 이것은 기술향상이나 기계의 진화가 인간의 두뇌에서 비롯되었음을 뜻한다. 그렇다면 인간은 당연히 기계보다 우월한 위치에 있고 기계는 인간의 통제 속에 놓이며 인간은 기계를 제 뜻대로 조종할 수 있다는 의미일 것이다. 또 인간과 기계는 명확히 구분되고 그 경계가 뒤섞이는 일은 발생하지 않을 거다.

그런데 영화 속 매트릭스처럼 과학기술이 첨단을 넘어 극한에 이르면 인간과 기계의 관계도 달라질 수 있다. 서로를 구분할 수 있는 분명한 경계선[05]도 사라질지 모른다. 영화에서도 이야기가 진행될수록 인간과 기계를 가르는 기준은 조금씩 흔들린다. 마치 인간과 기계를 구분하는 새로운 시선이 필요하다는 듯이.

만약 미래 어느 시점에 인간과 흡사한 단계까지 나아간 기계장치가 나온다고 해보자. 인간을 빼닮은 로봇인간이 등장해 인간의 고유한 정신영역에 속하는 기억까지 하면서 인간만 할 수 있다고 믿었던 일을 능숙하게 대신한다고 해보자. 그러면서 자신이 가진 자유의지를 인정해 달라고 요청해 오면 우리는 별로 내키지는 않지만 그 요구를 수락해야 하지 않을까?

---

05 물론 인간과 로봇(기계, 기계 로봇)을 구분하는 확실한 특징은 있다. 로봇은 늙지 않고, 자손을 낳을 수 없다. 인간만이 생로병사의 과정을 겪으며 세대를 이어간다.

진화하는 로봇

원래 인공로봇은 공상과학영화가 즐겨 다루는 소재다. 흥미로운 건 과학기술의 발전을 반영하듯 영화에 등장하는 로봇도 진화하고 있다는 것이다. 처음에는 인간과 로봇을 구분할 때 감성이 하나의 경계선이 되었다. 인간이 느끼는 정서나 감정을 로봇은 경험할 수 없다고 보았다.

인공지능 관련 기술이 급격히 발전한 이후에는 양상이 바뀌었다.

로봇도 어느 정도의 판단 능력은 있고 인간이 느끼는 감정도 이해할 수 있다는 식의 이야기들이 나왔다. 또 인간은 인간의 본성과 품위를 잃어가는 데 반해 로봇은 인간보다 더한 인간성을 발휘하는 이야기도 있었다.

기계성을 발휘하는 인간, 감성을 내면화한 기계

그럼 여기서 공상과학영화가 로봇에게 부여하는 감성, 인간과 로봇의 경계를 허무는 수단으로 자주 사용하는 감성에 대해 생각해보자.

인공지능을 장착한 기계들 중에서 기계의 본성을 초월해 인간의 감성을 내면화한 기계들이 나올 수 있다. 반대로 인간들 중에도 정서나 감정이 퇴화해버려 기계적 본성을 갖게 된 인간들이 등장할 수 있다.

세상은 서로 다른 기량과 성질을 가진 무수한 사람들이 함께 살아가는 시공간이다. 그 시공간에는 대다수 보통 사람은 느끼기 어려운 자극에도 매 순간 섬세한 감수성으로 민감하게 알아채고 적절히 반응하는 예민한 사람도 있다. 또 어떤 사람은 자신의 느낌이나 생각보다는 정해진 법규나 규칙에 따라 살아가는 것이 오히려 자유롭고 편하다고 생각한다. 이것은 인간이라는 점에서는 모두 같지만, 행동방식을 보면 감성이 중요한 사람이 있고 기계처럼 규율과 규정에 맞추어 살아가는 사람도 있음을 의미한다.

물론 우리들 대부분은 처한 환경이나 마주치는 상황에 따라 정서적 인간이 되기도 하고 법칙적 연관을 따지고 계산하는 인간이 되기도 하면서 어느 한쪽으로 쏠리는 일 없이 살아간다.

木을 억압하는 기계 인간, 스미스

매트릭스의 보안요원 스미스는 전형적인 기계 인간이다. 그는 A.I로부터 체제 안전을 위한 보안업무를 위임받고 시스템의 안정을 방해하는 요소들을 찾아내고 없앤다.

스미스 요원이 드러내는 기계성은 金의 속성과 일치한다.

木이 시선을 밖으로 향하고 활동영역을 넓혀가는 것에 비해 金은 시선을 내부로 돌리고 반경을 좁혀간다. 새로운 것에 관심을 두기보다는 기존의 가치를 고수하는 편이다. 주어진 임무는 규정과 절차에 따라 무슨 일이 있어도 완수하려 든다.

매트릭스 가상공간에서 네오와 모피어스를 추적하는 스미스 요원은 금의 특성을 고스란히 표출한다.

하인리히 히믈러 : 스미스 요원

근현대 유럽에서도 보완요원 스미스 역할을 한 인물이 있다.

히틀러의 최측근에서 그의 수족이 되었던 하인리히 히믈러(Heinrich Himmler, 1900~1945)다. 그는 히틀러의 절대적 신임을 얻어 친위대 대장이 되더니 이후 새롭게 정비한 게슈타포(나치스의 비밀경찰)의 지휘권과 일반경찰조직 통제권까지 넘겨받아 제3제국의 보안업무를 완전히 장악했다.

특히 패망의 기미가 확실한데도 강제수용소를 자신의 관할 하에 두고 모든 수단을 동원해 유대인들을 완전히 제거하려는 계획에 집착한다. 그의 이런 행적은 자신은 결코 알 수 없었겠지만 내면에 기계적인 잔혹함(金)이 있었다고밖에 볼 수 없다. 그게 아니라면 이미 쇠락해가는 제3제국에서 생명의 기운(木)을 무참히 멸절시키는 학살 임무를 끝까지 수행해낼 수는 없었을 거다. 이 점에 주목하면서 그의 명식을 분석해보자.

하인리히 히믈러

1900년 10월 7일 오후 3시 30분 출생

시	일	월	연
庚	癸	乙	庚
申	丑	酉	子

金	水	木	金
金	土	金	水

인성	일간	식상	인성
인성	관성	인성	비겁

대운

辛	庚	己	戊	丁	丙
卯	寅	丑	子	亥	戌

금	금	토	토	화	화
목	목	토	수	수	토
51	41	31	21	11	01

운명방정식 해부

시	일	월	연
庚	癸	乙	庚
申	丑	酉	子

시	일	월	연
金	水	木	金
金	土	金	水

프루스트와 공명하는 히믈러 사주

히믈러의 일간은 癸수다. 히믈러 명식은 프루스트(3부에서 다룬다)와 비슷한 요소가 많다. 일주를 포함해서 월간 乙목과 연지의 子수까지 8개 중에 4개나 일치한다. 명식에서 일간이 같은 경우는 60명 중에 1명 정도는 되니 별로 놀랄 일이 아니지만 여덟 개 요소 중에 절반이 같은 경우는 흔치 않다. 두 사람의 운명을 비교해보면 10간 12지의 다양한 작용뿐 아니라 성품의 미세한 차이까지도 깊이 이해할 수 있다.

10간 중에 음의 기질이 가장 강한 癸수는 운동성이 약하고 성향도 예민하다. 물의 양이 부족하면 민감함의 정도는 더욱 심해진다. 그래서 여름에 태어난 프루스트는 계수의 근원이 마를까 봐 끊임없이 인성인 辛

숲을 찾았다. 대운도 물이 부족한 여름과 봄으로 펼쳐져 있었다.

병약하게 태어나 어린 시절부터 모친의 보살핌을 충분히 받고 있으면서도 그는 늘 불안해했고 어른이 되어서도 어머니에 집착하는 습관은 나아지지 않았다. 병리학과 위생학의 권위자였던 의사 부친과 인문적 교양을 갖춘 모친이 자식에게 부모가 할 수 있는 최상의 조건을 제공해주었음에도 그는 일생을 천식발작에 시달리며 힘겨워했다.

그러면 같은 일간이면서 가을에 태어난 히믈러는 어땠을까?

개인의 운명에서 일간의 강하고 약함은 길흉을 판단할 때 중요한 척도가 된다. 그러나 세계사적 반향을 일으킨 인물의 운명은 일간의 강약이나 운세의 좋고 나쁨보다는 인물의 행적이나 심성의 근거를 따지는 것이 더욱 중요하다.

유물변증법으로 판단한 계수

유물변증법에는 '양의 변화가 질의 변화를 일으킨다.'는 중요한 명제가 있다. 이것은 10간의 강약 차이를 설명할 때에도 매우 유용하다. 원래 계수는 10간 중 가장 유약한 요소지만 주변 상황에 따라 얼마든지 달라질 수 있다. 癸수의 양과 질을 생각해보자. 일간의 강약에 따른 기질의 변화는 예상 밖의 결과를 초래한다.

프루스트와 히믈러의 차이 또한 강하고 약함으로 설명할 수 있다.

히틀러가 태어난 가을은 금이 작동하는 서늘한 계절이므로 癸수라 하더라도 그렇게 약하지 않다.

더욱이 연간과 시간의 庚금은 계수를 담아두는 역할을 한다. 연의 지지를 차지한 子수는 申금과 합해 물이 고일 수 있는 환경을 조성한다. 여기에 차가운 丑토가 바닥까지 만들어주면 癸水 물은 그냥 수조에 담겨 있는 차원이 아니라 깊은 바다가 된다.

같은 물이라도 수심이 얕은 해안가의 물과 심해의 물은 정도나 깊이에서 다를 수밖에 없다. 이런 차이를 이해하면 '양의 변화가 질의 변화를 유발한다.'는 유물변증법 개념은 히틀러의 심성을 파악하는 데에도 도움이 된다.

무력한 을목

히틀러 명식은 금이 부담스러울 정도로 많다.

일간 계수로서는 금을 더 이상 바라지 않는다. 인성 金을 대하는 마음이 프루스트와는 상당히 달랐으리라 짐작해볼 수 있다. 인성은 그렇다 치고 월간에 식상인 乙목이 있으니 癸수가 그쪽으로 스며들면 괜찮을 것 같다. 하지만 이 나무는 뿌리도 부실하고 火가 없어 꽃을 피울 수도 없다. 이 을목은 계수가 바라는 밝고 쾌활한 기운을 생성해줄 수 없다.

얼어붙는 기운에 둘러싸인 히믈러

대운

辛 庚 己 戊 丁 丙
卯 寅 丑 子 亥 戌

금 금 토 토 화 화
목 목 토 수 수 토
51 41 31 21 11 01

히믈러의 대운은 가을 끝에서 시작해 겨울을 통과하고 봄을 향해 간다. 그는 가을 10년과 亥子丑으로 이어지는 30년의 겨울을 보내고 경인(庚寅)대운 초반에 죽었다. 45년 정도 살았으니 봄과 여름을 제대로 느껴보지도 못한 채 서늘하고 추운 계절만 잔뜩 호흡하고 그냥 사라졌다.

메마른 운명으로 태어났다면 당연히 차가운 계절이 반갑다. 히믈러는 따뜻한 기운이 너무도 간절한데 불길을 나타내는 火가 명식에는 없다. 대운에서는 희미하게만 비쳤을 뿐이다. 사는 내내 얼어붙는 기운이 그를 휘감았다.

히믈러는 자신에게도 부담스러운 기운, 즉 생명체의 활기를 박탈하는 시린 공기를 잘못 사용한 인간이다. 그는 전쟁 기간 내내 유대인, 집시, 공산주의자, 기독교도, 환자, 동성애자 등 무수한 사람들의 생사여

탈권을 쥐고 흔들었다. 히틀러의 최측근이자, 나치 권력의 2인자로 엄청난 권력과 지위를 행사하면서.

히믈러의 사후 세계

권세를 갖는 것, 그 자체를 나쁘다 말할 수는 없다. 문제는 그것이 어떻게 전개되고 또 무슨 결과를 불러오는가에 달렸다. 살아서 권세를 누리는 동안 그는 죄 없는 사람들을 잔혹하게 처단했다. 울부짖는 영혼을 지하세계, 하데스[06]로 밀어 넣었다.

여기서 히믈러의 사후 세계를 생각해보자. 죽음 이후 만나는 세계에서 그는 편치 않을 거다. 아니 몹시 불편할 거다. 물론 아직은 그 누구도 죽음 이후의 세계가 있다고 장담하기는 어렵다. 또 그 세계를 경험한 사람이 있다 하더라도 다른 이에게 정확하게 설명할 수도 없다.

그럼 어떻게 히믈러의 사후가 불편할 것으로 생각하느냐고?

그건 연월일시를 채우는 오행 때문이다. 명식에 있는 오행의 역할과 성정을 보면 한 개체의 죽음 이후를 그려볼 수 있다. 살아있는 동안 사악한 행위를 일삼았으니 당연히 죽어서는 평안하지 않을 거라 판단한 게 아니다.

06　그리스 신화에서 죽음을 관장하는 신, 혹은 그가 다스리는 지하세계를 지칭한다

정서의 두 가지 형태, 아폴론과 디오니소스

히믈러의 사후 상황을 추론하기 전에 잠시 인간 정서의 두 가지 측면부터 살펴보자. 아폴론과 디오니소스로 구분되는 두 정서는 니체가 그리스 신화에서 원용해온 것이다. 그는 예술의 본질을 탐구한 〈비극의 탄생〉을 쓰면서 아폴론과 디오니소스를 적극 활용했다.

아폴론은 밝고 환한 빛의 신이고 디오니소스는 어둠과 암흑의 신이다. 빛이 비치는 곳은 이성과 진리, 조화와 질서, 균형을 갖춘 세계다. 빛이 사라진 곳은 광기와 무질서, 균형을 잃어버린 몽환과 도취의 세계를 의미한다. 니체는 〈비극의 탄생〉에서 미다스 왕과 실레노스가 등장하는 흥미로운 일화도 소개한다. 내용은 이렇다.

미다스왕은 손에 닿는 모든 것을 황금으로 변하게 만드는 사람으로 알려져 있다. 그 미다스가 어느 날 디오니소스의 스승이자 양육자인 실레노스를 찾아가 인간에게 가장 귀하고 좋은 것이 무엇인지 알려달라고 부탁했다. 실레노스는 이야기하고 싶지 않은 듯 시간을 끌었다. 왕이 다시 정중히 요청하자 하는 수 없이 "가련한 하루살이 같은 인생이여, 우연과 고통의 자식이여, 정령 모르는 것이 복된 것인데 왜 내게 답변을 강요하는가? 가장 좋은 것은 세상에 태어나지 않는 것, 無로 있는 것이다. 하지만 그것은 이미 불가능하니 차선으로 좋은 것은 되도록이면 빨리 죽는 것이다."하고 말했다.

최선의 삶이 무엇이지 알고 싶어 하는 인간에게 지혜가 충만한 존재가 건넨 전언이 희망이나 위안, 행복이 아니라 하루라도 빨리 죽는 것이라니? 그렇다면 인간은 행복할 수 없다는, 아니 행복을 누리려고 해서는 안 된다는 뜻일까?

어쩌면 실레노스는 인간 정서의 가장 깊은 바닥에는 無의 세계에 이르는 디오니소스적 요소가 내재해 있다는 말을 하고 싶었는지 모른다. 물론 우리의 정서나 마음이 아래로 가라앉는 디오니소스적 측면으로만 구성되지는 않았다. 생기와 활력을 보장하는 아폴론의 정서도 있다.

아폴론적 요소(火)	디오니소스적 요소(水)
빛	어둠
위로 향하는 힘	아래로 향하는 힘
가벼운 것	무거운 것
밝음, 쾌활함	두려움, 공포
천상계, 질서	지하계, 혼돈
환희, 환상	몽상, 도취

정반대 요소들이 빚어내는 작용을 이야기하고 싶을 때 변증법을 동원하는 경우가 많다. 아폴론과 디오니소스도 변증법으로 설명할 수 있다. 상반된 두 정서가 서로 길항작용을 일으키면서 인간 성정을 구성하

는 것으로 이해할 수 있다. 흥미로운 건 변증법으로 해석할 수 있는 요소들은 오행으로 접근할 수 있다는 점이다.

아폴론과 디오니소스를 연결하는 金과 木

아폴론과 디오니소스는 오행의 火와 水에 정확히 대응된다.

水火는 순환한다. 디오니소스적 어둠(水)이 극한에 이르면 아폴론적 광명(火)을 향한다. 그렇다고 대척점에 있는 두 요소가 느닷없이 접속할 수는 없다. 누군가 중간에서 다리를 놓아주어야 한다. 수에서 화로 가는 사다리는 木이 제공한다.

마찬가지로 아폴론이 극에 달하면 디오니소스의 세계를 지향하게 되고 이때 내려가는 통로는 金이 담당한다. 이런 중간과정이 있기에 아폴론적인 것과 디오니소스적인 것은 서로 대립하면서도 두 개의 연결 장치를 통해 오르락내리락할 수 있다. 정반대의 것들이 연결장치 덕분에 교통하고 교류하며 순환을 이어간다.

변증법으로는 상승하는 木火의 과정을 정(正), 하강하는 金水의 과정을 반(反), 대립과 갈등을 조정한 다음에 생성된 결과를 합(合)으로 설명할 수 있다.

하데스와 접속한 히믈러

한 개체의 사고방식을 온전히 이해하려면 오행 순환에 기초한 운명, 사주를 분석하면 된다. 어떤 사람의 기질이나 성향을 파악하려면 연월일시로 구성되는 네 기둥 중, 일간을 꼼꼼히 살피면 된다. 그런데 명식에 일간을 무력화시킬 정도로 강력한 힘을 발휘하는 요소가 있으면 일간은 자신의 정체성을 포기하고 강한 대상을 따라가는 경우가 있다. 히믈러의 운명에서도 일간 계수가 인식의 주체이기를 포기할 만큼 강력한 존재가 따로 있다. 문제는 그 대상이 하필이면 庚금이라는 거다.

경금에 비중을 두면 히믈러의 영혼이 닿을 곳은 지하세계, 하데스[07]가 된다.

주의할 것이 있다. 운명을 살필 때는 어떤 인물이 생전에 수행한 행위에 대한 가치판단은 잠시 보류해야 한다. 가령 하데스에 머물게 된 히믈러의 영혼이 木火의 기운과 접속하기 어렵다고 한다면 그 이유가 그가 저지른 행위 때문이라고만 생각하면 곤란하다.

히믈러가 어둠에서 벗어나려면 중간 통로 역할을 할 木이 튼튼해야 한다. 그의 명식에서 木 기운은 월간을 차지한 乙목이 유일하다. 그런데 이 을목은 뿌리가 너무도 약해 생명의 기운이 거의 닫혀버렸다. 그 와중에 일간은 金 기운과 밀착해 오래 지내다 보니 운에서 木火의 기운이 찾아온다 하더라도 그것을 받아들일 생각을 하기 어렵다. 그래서 반드시

---

07 하데스의 지하세계를 무조건 피해야 하는 어둡고 나쁜 세계로 받아들일 독자는 없을 것이다. 만약 상승의 움직임만 가득한 우주라면 이미 오래전에 순환을 멈추고 말았을 테니까.

접속해야만 하는 목화 단계를 그냥 지나치기 쉽다. 그에게 친숙한 하데스의 기운만 빨아들이면서.

이제 대운까지 넣어 히믈러의 운명을 추적해보자.

인생의 사계절

대운 행로

월주 을유(乙酉), 대운 진입 : 1세
히믈러는 양간의 해에 태어나 대운이 순행한다.
가을대운 병술(丙戌)에서 시작해 겨울로 흐른다.

대운

| 辛 | 庚 | 己 | 戊 | 丁 | 丙 |
| 卯 | 寅 | 丑 | 子 | 亥 | 戌 |

금	금	토	토	화	화
목	목	토	수	수	토
51	41	31	21	11	01

병술(丙戌)대운 (태양 빛이 약해지는 가을의 막바지) : 1세~10세 (1900~1909)

무겁고 어두운 기운을 잔뜩 가지고 태어난 히틀러가 처음 마주친 대운은 저물어가는 가을, 병술이다. 무성함을 자랑하던 초목도 어느새 앙상해져 쓸쓸함이 감도는 때에 천간에 반가운 병화가 비치니 그나마 다행이다.

밝고 환한 기운이 절대적으로 부족한 히틀러지만 그래도 열기가 확보된 병술대운과 따스함은 유지되는 정해대운까지는 그런대로 보호를 받으며 무난하게 자랄 수 있다.

일간이 계수인 히틀러에게 화는 재성에 해당한다.

처음 맞는 대운의 천간에 병화가 보이는 것은 보호가 필요한 유아기와 유년기를 아버지가 잘 떠받치고 있음을 의미한다. 재미있는 건 지지의 술토가 하는 역할이다. 토는 계수에게 관성이다. 병술대운에서는 이 술토 관성이 아버지의 직장, 아버지의 영향력, 아버지의 사고방식으로 표현된다. 일간 계수는 재성인 병화가 귀한 존재다 보니 병화의 활동이 실현되는 술토 작용까지 고스란히 흡수한다.

1900~1901년 (庚子 辛丑 1~2세)

천간은 경금과 신금, 지지는 자수와 축토가 연운으로 왔다.

태어나서부터 2세까지의 연운은 그다지 호의적이지 않다. 온기가 부족한 명식이 거칠고 투박한 환경에 내던져진 꼴이다. 그래도 대운이 병술이다 보니 경제적 어려움은 겪지 않아도 되는 가정에서 태어났다. 다행히 3세 이후부터는 목화 기운이 이어지므로 유년기 동안은 큰 불편 없이 성장할 수 있다.

히믈러는 1900년 10월 7일 독일 뮌헨에서 3형제 중 둘째 아들로 태어났다. 게르만 역사에 관심이 많았던 부친은 하인리히 왕자의 가정교사로도 활동했으며 무엇보다 도덕과 교양을 중요하게 여겼다. 히믈러가 태어났을 당시 부친은 고등학교 교사였다. 숫기가 없고 자주 아프기까지 해 더욱 내성적이었던 둘째는 부모의 보호와 관심 속에 부족한 것 없이 자란다.

1902~1904년 (壬寅 癸卯 甲辰 3~5세)

천간은 임수와 계수, 갑목이 있고 지지는 인묘진으로 연결되는 강한 목이 보인다. 가장 거북한 금이 없으니 훨씬 견딜만하다. 히믈러의 경우는 연운이든 대운이든, 하여간 인성 금이 나타나지 않아야 큰 탈 없이 자랄 수 있다. 연운에서나마 인성이 들어오지 않는 3~8세의 시기는 아주 나쁘지는 않은 시간대이다.

1905~1907년 (乙巳 丙午 丁未 6~8세)

천간과 지지 모두 밝고 화사한 기운이다.

명식의 결핍을 보완해줄 수 있는 연운이다. 히틀러에게 가장 행복한 시절이 찾아들었다. 두 살 위의 형뿐이던 히틀러에게 다섯 살 아래의 동생이 태어난다.

이 시기부터 정규 교육을 받는다.

1908~1909년 (戊申 己酉 9~10세)

병술대운이 끝나가는 시점에 토금 연운이 왔다. 천간으로 온 무기토도 별로 반갑지 않은 마당에 지지까지 내키지 않는 신유금이다. 그래도 일간이 주도적으로 무엇을 결정하고 처리하는 시기가 아니니 괜찮다. 부모나 학교의 가르침에 종속되어 지내는 때이니만큼 당장 큰 변화가 생기지는 않는다. 다만 또래 아이들에 비해 신체발육이 더디고 운동신경이 떨어지는 정도만 드러날 뿐이다. 또 아직은 대운의 기세가 영향을 미치고 있다.

丁亥 戊子 己丑 꽁꽁 얼어붙는 겨울

서늘한 가을에 태어나 따스한 기류의 목화가 절대적으로 부족한 히틀러에게 반갑지 않은 겨울대운 30년이 찾아들었다. 명식의 금수도 버거운 마당에 대운에서까지 무거운 기세가 엄습해온다.

해자축 지지와 쌍을 이룬 천간을 살펴보니 목은 보이지 않고 불길이 약한 정화 하나가 간신히 발견된다.

정해(丁亥)대운 (희미한 빛이나마 비치는 겨울) : 11세~20세 (1910~1919)

겨울대운이 시작되는 시점에 다행히 천간에 정화가 들어있다.

지지의 해수가 썩 반갑지는 않지만 그래도 정화가 있어 견딜만하다. 대운의 정화와 연운의 목화(1914~1917)가 맞물려 작동한 덕에 히틀러는 잦은 결석에도 불구하고 정규교육은 무사히 마칠 수 있었다.

그는 몸이 불편해 학교에 가지 않고 집에서 머문 적이 많았다. 그런 날이면 어김없이 아버지의 관심사였던 게르만 역사책과 자신이 좋아하는 전쟁 관련 이야기를 읽으며 지루함을 달랬다. 히틀러에게는 인성인 모친의 역할보다는 재성인 아버지의 파장이 강한 영향을 미쳤다.

1910~1913년 (庚戌, 辛亥 壬子 癸丑 11~14세)

천간은 금과 수, 지지는 수와 토의 연운이 이어온다.

대운에서 정화가 온기를 불어넣고 있지만 일간 계수의 답답함까지 해결할 수는 없다. 화가 비치니 계수가 얼어붙지 않는 건 고마운 일이다. 그러나 수가 흘러갈 목적지, 木(식상)이 확보되지 않아 계수는 몸도 아프고 마음도 침울하다.

히틀러는 목이 있어야 움직임도 자유롭고 활동반경도 넓어져 건강한 몸을 유지할 수 있다. 지금처럼 출렁이는 물만 가득 차 있으면 병약할 수밖에 없다.

1914~1917년 (甲寅 乙卯 丙辰, 丁巳 15~18세)

천간과 지지에서 목화가 골고루 배치된 조화로운 연운이 계속된다. 이 기간 동안 중등학교와 고등학교를 다녔기에 교과과정을 무사히 이수하고 졸업할 수 있었다.

특히 이 시기는 1차 대전이 발발해 시대 상황은 몹시 어수선했다. 히틀러는 목화가 찾아든 행복한 시절이다 보니 건강도 좀 나아져 여기저기 바쁘게 뛰어다니며 자신의 존재감을 드러낸다.

앞에서 일간의 성정을 무력화시킬 정도로 강력한 힘을 발동하는 요소가 명식에 들어있으면 그것을 따라가는 경우가 있다고 했다. 그러면서 일간이 癸수인 히틀러의 운명 또한 庚금이 무척 강하게 자리 잡고 있다는 설명을 덧붙였다.

히믈러는 왜 전쟁터를 동경했을까?

전쟁이 터지자 히믈러는 학생 신분임에도 전선으로 가고 싶어 안달하더니 마침내 군 장교가 되는 길을 터달라며 아버지를 졸라댄다. 군인이 되더라도 학업이나 끝내고 되라는 아버지의 요청도 거부하고 해군과 육군에 지원한다. 양쪽 다 신체적 요건을 갖추지 못해 입대의 꿈은 좌절된다.

부담스러운 금수의 기운을 잠시나마 상쇄시킬 수 있는 연운이 왔으니 木을 이해하는 방향으로 활동을 넓혀가면 좋으련만 엉뚱하게 살생이 벌어지는 전장으로 가려 한다.

그렇다면 그는 흔히 말하는 것처럼 제복을 멋스럽게 차려입고 위풍당당한 군인의 모습만 상상했기에 전쟁터를 동경했던 것일까? 아직은 덜 자란 10대 소년이 탱크와 폭격기가 날아다니는 현장을 보지 못해서 그냥 꿈꾸듯 헛된 망상을 했던 것일까?

사주를 고려하면 전선으로 가겠다는 그의 의지는 그저 단순한 공상에서 비롯된 것이라 말하기 어렵다. 경금에 휩쓸린 계수의 처지를 감안하면 히믈러의 심연은 죽고 죽이는 살해의 공간에서 전해오는 파장에 진동했을지 모른다.

1918~1919년 (戊午 己未 19~20세)

관성인 토와 재성인 화가 연운으로 왔다.

어둡고 축축한 운명을 타고난 히틀러에게 건조한 토와 화가 왔으니 나쁘지 않다. 일간에게 관성의 기운이 유리하게 미치면 조직이나 단체의 허가나 증명을 얻어낼 수 있다. 입학허가서나 졸업증서, 각종 자격증서는 관성의 작용이다. 물론 관성의 기세가 정반대로 미치면 감옥에 갇히거나 법정에 서거나 사건에 연루되어 고난을 겪는다.

히틀러는 란츠후트 고등학교를 졸업하고 뮌헨 공대에 입학해 농업경제학을 공부한다. 상급학교로 진학해 무난히 학업을 이어갈 수 있었던 것은 대운의 정화가 연운으로 온 관성 무기토, 월지와 시간의 금 인성과 적절히 조응했기 때문이다. 그러는 사이, 그는 또 잠시 장교 교육을 받고 사관후보생이 되어 보병연대에 배치되지만 전쟁이 끝난다.

무자(戊子)대운 (물이 흙을 적셔 질척거리는 겨울) : 21세~30세 (1920~1929)

천간의 건조한 戊토를 지지의 자수가 축축하게 만드는 대운이다.

일반적으로 메마른 토가 습기를 흡수하면 자양분을 가진 비옥한 흙이 된다. 바싹 마른 흙이라도 물을 공급해주면 기름진 땅으로 바뀔 수 있다. 양분이 함유된 촉촉한 흙에 뿌리내린 초목은 햇빛이 비치면 가지와 줄기를 다양한 방향으로 뻗어 나간다.

태양 빛이 약한 계절에는 아무리 기름진 땅에 씨앗을 뿌려 놓아도 자라기는커녕 싹도 틔우지 못하고 썩어버린다. 히믈러처럼 이미 금수가 가득한 사람은 자양분이고 뭐고 간에 차갑고 습한 겨울대운 자체가 몹시 편치 않다. 그 불편함을 덜어낼 방법은 목과 화가 찾아와 금수로 치우친 운명의 무게 중심을 목화 쪽으로 돌려놓아야 하는데 무자대운은 그것이 불가능하다.

일간이 계수인 히믈러에게 토는 관성에 해당한다. 관성이 있으면 사회에 대한 관심과 시각을 갖게 되고 그에 걸맞은 행동을 취한다.

물에 잠겨 허우적거리는 관성

토는 만물을 감싸 안거나 뒤덮는 속성이 있다. 그래서 구성원 전체가 모여 있는 공동체나 집합체를 의미하고 광장이나 거리로 뛰쳐나온 기운들을 한 곳으로 모으는 작용도 한다. 히믈러가 친위대에 들어가 고속 승진을 하고 나치의 실세가 되었던 것도 대운에서 관성이 작동했기 때문이다. 문제는 관성 토가 재성 火와 함께 오지 않았다는 거다. 더욱 나쁜 것은 그 관성이 물에 잠긴 겨울 흙이라는 것이다.

희한한 건 관성이 균형을 잃은 무자대운에 히믈러는 권력의 핵심에 도달했다는 사실이다. 그렇다면 시대도 비정상적 공기를 빨아들이고 있었던 걸까?

1920~1922년 (庚申 辛酉 壬戌 21~23세)

반갑지 않은 무자대운을 천간과 지지 모두 금이 들어찬 연운으로 시작하게 되었다.

당시 독일은 전쟁이 끝났어도 패전국이다 보니 영토까지 축소되고 엄청난 배상금까지 물게 돼 국민들이 느끼는 경제적 고충과 심리적 타격은 극에 달했다. 사회는 불안정하고 정치상황도 급박하게 돌아갔다.

시대 분위기는 어수선했지만 히틀러는 부친이 교사생활을 하고 있어 물질적 궁핍에 직면하지 않고 생활할 수 있었다.

반유대주의 정서와 접속

히틀러는 木을 위협하는 金의 기운을 지나치게 많이 가지고 태어났다. 거기에 엎친 데 덮친 격으로 균형이 깨진 관성대운까지 영향을 끼친다. 이상하게 발을 들여놓으면 안 되는 위험한 방향, 생명의 기운을 압박하는 방향으로 자꾸 휩쓸려 들어간다.

그는 '유대종족을 그냥 두면 게르만 민족은 위험에 처하고 독일제국도 그들의 손아귀에 들어간다. 언젠가는 유대인이 세계도 집어 삼킨다' 같은 황당한 음모를 믿더니 독일이 전쟁에서 패한 것도 그들 탓이라 여긴다. 사회가 혼란스러운 것도 그들의 농간 때문이니 그들과 함께 이웃으로 살아가는 일은 결코 용납해서는 안 된다며 반유대주의를 외치는 집회를 쫓아다닌다.

인성이 많으면 현상에만 매달린다

히믈러는 인성이 지나치게 많다. 이렇게 되면 자신만의 관점인 식상의 기운이 억제돼 비판적 시각이 생길 수 없다. 과정이나 원인을 따져보지도 않고 그저 드러난 현상 자체에만 매달릴 뿐이다.

대학을 졸업하고 비료회사의 영업직 보조 사원으로 입사한다.

1923~1925년 (癸亥 甲子 乙丑 24~26세)

지지의 수는 불편하지만 천간에 목이 있어 아주 불만스럽지는 않은 연운이다. 축축한 기운을 덜어줄 화는 없지만 그래도 목 식상이 보이니 일간 계수가 스며들 목표 지점은 마련된 셈이다.

사람을 만나고 무리 지어 함께 움직이는 모습을 연상할 수 있다.

히틀러에 매혹된 히믈러

23년, 히믈러는 국가사회주의 독일노동자당(나치당)에 입당하고 11월에는 히틀러와 그 추종자들이 일으킨 맥주홀 폭동에도 참여한다. 주동자들 대부분이 투옥되었으나 그는 단순 가담자로 분류돼 훈방되었다.

24년, 히틀러에 대해 막연한 호감만 갖고 있다가 봄에 있었던 재판을 지켜보며 그의 열렬한 추종자가 된다. 이후 히믈러가 히틀러에게 따로 편지를 보낸 것이 계기가 돼 둘의 인연이 시작된다.

25년, 다니던 회사를 퇴사한다. 적성도 맞지 않았지만 회사를 그만둔 직접적 원인은 따로 있다. 대운에서 관성(무토)이 작용하고 있으니 정부, 군대, 경찰 같은 경직된 조직으로 마음이 기운다. 더욱이 폭동 이후 정당으로서의 기능을 전혀 할 수 없었던 나치당이 재창당 되는 바람에 히틀러는 최단시간에 괜찮은 보직을 차지할 수 있었다.

25년, 히틀러는 이념을 달리하는 자신의 적들뿐 아니라 당 내에서도 향후 자신에게 부담을 가할 앙숙으로부터 자기를 지켜줄 사적 군대인 친위대를 조직해 돌격대의 부속기관으로 둔다. 충성을 맹세한 히틀러도 친위대의 부대원으로 받아들인다.

1926~1928년 (丙寅 丁卯 戊辰 27~29세)

천간은 재성과 관성, 지지는 식상과 관성으로, 히틀러로서는 반갑기 그지없는 밝고 환한 연운이다. 모처럼 재성과 관성이 함께 어우러져 얼마간은 어둡고 축축한 기운을 잊고 지낼 수 있다. 조직에서는 자신의 진가를 인정받고 이성과는 연정관계에 빠져드는 즐겁고 바쁜 시기다.

혼인과 승진

26년, 부유한 집안에서 양질의 교육을 받고 자란 7세 연상의 간호사를 만나 사랑에 빠진다.

27년, 친위대의 부사령관격인 친위대장 대리가 된다.

28년, 부친의 반대가 심했으나 자신의 뜻을 관철시켜 결국 간호사와 결혼에 이른다. 아내가 가지고 온 지참금으로 양계장을 꾸려 가축을 키우는 농장주가 된다.

29년 1월(음력 28년), 히틀러의 신임을 얻어 친위대의 수장이 된다.

기축(己丑)대운 (생명을 위협하는 동토의 겨울) : 31세~40세 (1930~1939)

따뜻한 불빛은 보이지 않고 지지에는 얼어붙은 흙이 있다.

계축 일주에 경신시를 타고 난 히틀러가 관성만 가득한 대운을 만났다. 걱정스러운 건 기축 관성이 시주를 차지한 경신 인성으로 나아가고, 인성은 다시 일간을 부추기는 일련의 과정이다.

불편한 金 인성이 다시 작동하는 것도 문제지만 결정적 폐단은 따로 있다. 일간 계수가 나아가야 할 木 식상이 없다는 거다. 그렇다면 대운에는 목이 없으니 어쩔 수 없지만 명식의 월간에 을목이 있는데 왜 식상이 없다고 할까?

너무도 허약한 월간의 을목은 이미 자신의 정체성을 포기하고 금의 세력에 무릎을 꿇었다. 게다가 일간 계수도 일찍감치 생명성을 억압하는 기운으로 접어들었다. 히틀러는 얼어붙은 관성의 운에 비정상적인 권력을 얻어 엄청난 세력을 행사했다. 하지만 광기의 시간이 끝나면 그 역시 희생물이 될 수밖에 없다.

1930~1931년 (庚午 辛未 31~32세)

천간은 금, 지지는 화토의 연운이다.

오화가 나서 금에 대적해보지만 힘을 써보지도 못하고 주저앉는다.

30년, 친위대원 수가 1천 명을 넘었고 나치당 당원도 20만을 넘었다. 제국 의회 선거에서도 상당한 지지를 얻어 나치당 의원 수가 107을 기록한다.

히믈러, 친위대 운영의 적임자

히믈러가 친위대 대장으로 부임하고 나서 친위대를 지원하는 사람들도 급격히 늘었고 지원자의 자질이나 수준도 나아졌다. 그러나 히틀러를 흡족하게 만든 요인은 따로 있었다. 바로 자신을 믿고 따르는 대원들이 보여준 높은 충성도였다.

히틀러는 나치당이 세력을 점점 확장해가는 시점에 자신은 미처 챙기지 못하는 영역까지 살뜰히 살피는 히믈러를 점점 더 신뢰한다.

1932~1934년 (壬申 癸酉 甲戌 33~35세)

천간은 수와 목, 지지는 금과 토가 배치된 연운이다.

술토 위에 놓인 갑목의 상태가 몹시 불안하다. 대운까지 감안하면 더욱 심상찮다. 갑목이 토금의 손아귀에서 벗어나기란 쉽지 않아 보인다. 히믈러에게 이 갑목은 소중한 의미를 지닌 대상이다. 계수 일간인 히믈러에게 갑목은 그냥 식상이 아니다. 자신에게 방향성을 제시하는 훌륭한 스승과 같다. 이 갑목은 오래전 흘러들 곳을 찾지 못해 기웃거리던 계수에게 닿을 곳을 제공한 고마운 나무였다.

도시 경찰권 장악

33년 1월(음력 32년) 히틀러가 제국의 총리 자리를 꿰찬다. 히믈러의 권한도 확대될 것이다.

33년, 히믈러는 뮌헨의 경찰국장 대리에 오른 것을 시작으로 점차 다른 도시의 경찰권도 장악해 나간다. 바이에른 주의 다하우(Dachau)에 처음으로 집단수용시설을 만들고 유대인, 집시, 동성애자, 사회주의자를 색출해 수용한다.

한편 프로이센에서는 내무장관 괴링이 나치당의 첩보활동을 위해 비밀경찰(게슈타포)을 조직한다.

11월, 선거를 통해 제국 의회를 나치당 소속의 의원들로 채울 수 있게 되자, 히틀러의 독재도 본격화된다.

비밀경찰권 인수

34년 4월, 히믈러는 프로이센 비밀경찰권까지 넘겨받는다.

34년 6월, 자신의 부하인 라인하르트 하인리히와 함께 히틀러의 적들 이를테면 돌격대의 일부 지휘관들, 당 내에서 히틀러와 정치적 이념을 달리하는 세력들을 제거하기 위한 음모를 꾸미고 실행에 옮긴다.

희생된 사람 중에는 히믈러가 정치에 발을 들일 수 있게 길을 터 준 스승과도 같은 고마운 사람도 포함돼 있었다. 그는 더 큰 권력자에게 복종하기 위해 오래전에 입은 은혜 따위는 가볍게 무시하고 아무 거리낌 없이 임무를 수행했다.

34년 7월, 돌격대가 군대의 체력훈련을 위한 용도로 축소된 것에 반해 친위대는 당 내의 독립된 조직으로 격상되고 수장인 히믈러는 히틀러와 직접 대면할 수 있는 권한까지 얻는다. 친위대의 위상이 높아진 것과 발맞추어 대원의 수도 5만 명을 넘어선다.

몇 주 뒤에는 힌덴부르크 대통령이 사망하면서 히틀러가 대통령직에 오르고 총리와 대통령을 겸한 총통이 된다.

1936~1939년 (丙子 丁丑 戊寅 己卯 37~40세)

재성(병화 정화)과 관성(축토 무토 기토), 식상(인목 묘목)으로 구성된 연운이다. 일간 계수가 능력을 인정받고 그에 대한 보상이 또 다른 활동을 불러와 지휘권이 막강해지는 시기다.

문제는 계수가 발휘하는 역량이 생명을 억압하는 기운이라는 거다.

스미스 요원이 된 히믈러

36년, 독일 경찰체계가 바뀌어 치안경찰과 비밀경찰로 분리되고 히믈러는 통합국가 경찰조직의 수장에 오른다. 히믈러는 친위대원을 아리안 혈통으로 채우기 위해 신입 지원자의 선발기준에 키와 안면 윤곽을 고려하라는 지시를 내린다.

38년, 나치당의 급진파 당원들이 유대인이 운영하는 가게와 유대교 성전, 유대계 시민들을 공격한 사건(수정의 밤)이 발생해 국제적 비난이 일자, 히믈러는 유대인과 관계된 모든 일 처리는 친위대에 맡긴다. 히믈러의 권력이 더욱 강화된다.

39년, 친위대의 위상을 높이고 대원들의 권한도 강화하기 위해 군사재판권에 견줄만한 별도의 법이 제정된다. 이제 제국 내에서 히믈러에 대적할 유일한 인물은 총통, 히틀러뿐이다. 독일 제3제국의 보안체계는 모두 히믈러의 수중에 들어가고 말았다. 매트릭스 가상세계의 스미스 요원과 비슷해진 것이다.

경인(庚寅)대운 (새싹이 찬 서리에 놀라는 이른 봄) : 41세~50세 (1940~1949)

겨울대운 30년이 지나고 봄대운이 왔다.

언 땅 밑에서 겨우내 숨죽이며 기다리던 인목이 삐죽이 새순을 틔우고 따스함을 기대하며 바깥 기세를 살피지만 분위기가 심상찮다. 이른 봄이니 땅도 아직은 딱딱해 뿌리도 쉽게 내릴 수 없는데 천간은 경금이 버티고 있어 고개를 제대로 쳐들 수 없다.

이런 상황에 히틀러의 일시(계축과 경신)까지 대입하면 인목에게 불어닥칠 사태가 걱정스럽다. 계축은 자라지도 않은 새순을 얼게 만들고 경신은 채 내리지도 않은 뿌리마저 끊어버리겠다며 달려든다.

이름을 뺏기고 번호로 죽어간 사람들

경인대운의 인목은 강제수용소에서 이름조차 뺏긴 채 번호[08]로 죽어갔던 수많은 사람으로 볼 수 있다. 즉 박멸해야 할 존재로 취급당한 유대인들, 자유와 평화를 갈망했으나 생존가치가 없는 열등한 인간이라는 명목으로 희생된 동성애자·장애자·집시·정신질환자, 나치와 다른 이념을 가졌다고 처단된 사회주의자나 공산주의자로 볼 수 있다.

히틀러와 비슷한 명식으로 태어났다고 해서 모두 히틀러와 같은 길을 가지는 않는다. 히틀러도 생명을 억압하는 방향으로 나아갔지만 목을 살려내고 목을 응원하는 쪽으로 가는 것도 얼마든지 가능하다.

08   수용소로 끌려온 사람들은 제일 먼저 자신의 고유성을 증명하는 이름을 박탈당하고 수감번호를 받았다.

수백만 명을 눈 하나 깜짝하지 않고 살해한 히틀러도 만약 다른 시대 다른 공간에 태어났더라면 다른 삶을 살았을 수 있다. 하지만 그는 2차 대전이라는 시공간을 관통하며 살았고 그가 만든 끔찍한 덫에 자신도 걸려들어 생명의 기운이 약동하는 봄대운 중에 삶을 중단하고 말았다.

無의 세계로 빨려든 스미스

히틀러의 죽음은 매트릭스 완결 편의 '스미스와 네오의 마지막 결투 장면'을 생각나게 한다. 스미스(金)는 네오(木)를 완전히 제거해버리겠다는 헛된 집념에 사로잡혀 결국 스스로 죽음의 기운을 불러오고 말았다. 스미스는 생명을 상징하는 대상, 네오를 없애면 자신도 존재할 수 없음을 깨닫지 못하고 네오를 멸절시킨다.

네오가 사라지면 자신의 내면 깊은 곳에 있는 木의 씨앗, 네오와 공유하는 木의 종자까지 함께 없어지는 것을 몰랐던 그는 네오를 죽였다. 그와 동시에 자신도 결국 허물어져 無의 세계로 빨려들고 말았다.

1940~1942년 (庚辰, 辛巳 壬午 41~43세)

천간은 금과 수, 지지는 토와 화가 들어왔다. 대운까지 대입하면 전쟁터가 연상된다.

인종 말살을 전담하게 된 히믈러

　독일이 폴란드를 공격하면서 시작된 2차 대전 초기만 하더라도 우호관계를 유지했던 독일과 소련은 영토분할 문제에서 서로 타협할 수 없음을 확인한 후 히틀러는 소련을 공격하기로 마음을 굳힌다. 또 소련과의 전투는 독일제국군이 수행하는 군사작전 외에 인종 말살을 처리할 특수부대가 따로 필요하다며 그 임무를 히틀러에게 맡긴다.

　41년 6월, 소련을 침공하고 3개월 만에 남서부 전선을 차지했으나 겨울이 되면서 전세는 역전된다. 소련군의 반격은 이듬해 4월까지 계속된다. 나치 수뇌부는 전쟁에서 이겨 소련을 식민지로 만들고 그 땅으로 유대종족을 추방하려던 계획에 차질이 생기자, 42년 1월에는 전쟁이 끝나기 전에 유대인을 완전히 제거한다는 유대인 최종해결책을 내놓는다.

유대종족 학살작전

　이 시기의 친위대는 몇 개로 나뉘어 있었다. 강제수용소를 전담한 해골부대, 전투능력을 갖춘 무장친위대, 일반 시민들이 포함된 일반친위대 등으로 구분돼있었다.

　인종청소 임무에는 주로 무장친위대가 동원되었지만 보안대원들로 조직된 부대도 투입되었다. 히틀러는 강제수용소장인 루돌프 회쓰와 유대인 문제 전담자인 아이히만과 함께 유대종족 학살작전을 짜고 빈틈없이 진행한다.

제3제국 안팎에서 운영된 강제수용소

나치는 2차 대전을 일으킨 다음 해인 1940년부터 유럽에 흩어져 사는 유대인들 전부를 수용할 수 있는 대규모 수용시설을 만들기로 하고 대상 지역을 물색하다 폴란드를 선택했다. 강제수용소의 대명사격이 되어버린 아우슈비츠는 원래 폴란드 남서부에 있는 공업 도시 중의 하나였다. 집단수용시설은 아우슈비츠 외에도 트레블링카, 첼름노, 소 비보르 등의 도시에도 있었다.

히믈러는 강제수용소를 1933년부터 만들기 시작했는데 최초의 수용소는 바이에른의 작은 마을 다하우에 세웠다. 이후에도 시설은 계속 늘어나 1939년까지 제국 내에 세워진 대규모 수용소[09]는 여섯 곳이나 된다. 히믈러는 수감자와 수용시설이 불어나자 수용소를 효율적으로 관리하기 위해 전체 수용소의 구조와 체계를 동일하게 만들었다. 그는 이런 일괄적 운영방식을 제국 밖의 수용소에도 그대로 적용한다.

히믈러가 수용소 관리에 효율성을 따지는 것은 명식에 있는 금의 특성이 발휘됐기 때문이다. 그것이 홀로코스트까지 불러왔다.

40년, 평소 사이가 좋지 않았던 아내와 헤어진다. 연인관계를 유지해 오던 비서와 이듬해 결혼한다.

42년, 히믈러의 아들이 태어난다. 10월에는 소련의 서부 지역, 우크라이나에 거주하던 유대인 집단이 무장친위대에 의해 몰살당한다.

---

09 대규모 학살은 자국민이 눈치챌 수 없게 주로 독일 밖의 수용소에서 집행했다.

1943~1945년 (癸未 甲申 乙酉 44~46세)

천간은 수와 목, 지지는 토와 금의 연운이다.

일간 계수의 식상인 甲乙목이 신금과 유금 위에서 뿌리를 내리지 못하고 위태롭게 쪼그리고 있다. 대운에서라도 도움을 구할 수 있을지 손을 뻗어 보지만 천간은 서슬이 시퍼런 경금이 버티고 있고 지지의 인목은 채 자라기도 전에 이미 꺾여버렸다. 명식을 봐도 가혹한 기운만 잔뜩 도사리고 있다.

무너지는 제국, 흔들리는 지도자

43년, 수용소에서 폴란드계 유대인 150만 명을 가스실에 몰아넣고 치클론b라는 살충제를 투입해 살해한다.

44년, 점령지 헝가리에서 44만 명에 달하는 유대인이 학살당한다. 딸이 태어난다.

45년, 히믈러는 그동안 神에 버금가는 인간이라고 생각한 자신의 지도자가 흔들리는 것을 보며 몹시 실망한다. 히믈러는 히틀러가 독일민족의 구원자라 생각하고 그를 추종하며 그의 손과 발이 되어 그가 바라는 일, 아니 바라기는 하지만 차마 입에 올리기는 어려운, 마음 속 깊은 곳의 신호까지 알아듣고 처리해왔다.

그런데 지시를 내려야할 그가 패전을 예상하며 불안해하는 것을 보게 되자 히믈러는 그로부터 마음이 떠난다. 그래서 자신의 거취 문제를 해결하기 위해 서방 세력과 따로 협상하려 했으나 받아들여지지 않고 대신 협상 사실만 드러나 히틀러로부터 직위해제 당한다.

기계 인간의 최후

히틀러의 자살 소식이 알려진 후 히믈러는 새로 후임자가 된 되니츠를 찾아가 다시 그에게 충성할 의사가 있음을 내비쳤으나 거부당하자, 사태가 심상치 않음을 파악하고 우선 고향인 바이에른으로 가 몸을 숨기기로 한다. 그러나 사병으로 변장하고 도주를 감행한 지 열흘 만에 영국군 순찰대에 발각된다. 그는 상급자와의 면담을 요청하고 그 자리에서 자신의 신분을 밝히며 선처를 기대했으나 자신의 예상과 다르게 전개되는 상황을 감지하자, 어금니 밑에 숨기고 있던 청산가리 앰플을 사용해 자살한다.

히믈러는 왜 살해비용까지 계산하는 치밀함을 보였을까?

나치 정권의 홀로코스트를 얘기할 때 가장 많이 언급되는 부분은 방식의 잔혹성이다. 이것은 인종 말살을 진두지휘한 히믈러의 사고체계와도 관련이 있다.

히믈러는 생명성의 근원인 목을 좇는 대신 그 목을 가해하는 금의 기운을 따라 흘러왔다. 그러다 보니 살아 숨 쉬는 생명체를 처단할 때도 비용 대 효용을 따져 사무적으로 처리한다.

히믈러의 발상은 최종해결책이라는 임무를 수행해야할 대원들에게 고스란히 전해졌다. 간혹 죄책감을 느끼는 부대원이 있으면 독일민족을 위해 마땅히 완수해야할 과제라며 설득했고 그것이 잘 먹히지 않을 때는 격노했다.

죽임을 당한 사람들

나치는 사람을 그냥 죽이지 않았다.

노동력이 있으면 그 노동을 독일제국을 위해 남김없이 뽑아 사용한 다음 가스실로 보냈다. 아이들과 여성은 의약품 개발을 위한 실험대상이 되어 죽어갔다. 또 비용 절감을 위해 가스 살인을 선호했다.

나치 정권에 의해 학살된 유대인의 수는 약 400~600만 명으로 알려져 있다. 유럽 각지에 흩어져 있던 집시들도 50만이나 제거 당했다. 동성애자, 장애자, 노약자도 7만 명이나 죽었다. 소련과 전쟁을 치르는 동안에는 1천만 명 정도의 슬라브인이 학살당했다.

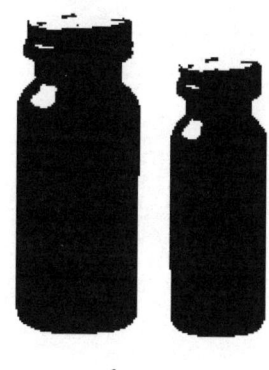

내쫓기는 것들을 살려내고픈 안타까운 마음

3부 | 근심

PROUST MARCEL

프루스트, 기억하는 인간

프루스트 : 예언자 오라클

　예언자는 언젠가 발생할 사태나 사건을 현재시간으로 불러와 알려주는 사람이다. 예언이라는 말에는 신비하고 성스러운 느낌까지 담겨있다. 세월이 흐르면 당연히 알게 될 일을 조금 미리 아는 것일 뿐인데도.
　예언이 특별한 대접을 받는 것은 시간의 문제와 맞닿아 있어서다. 자연과학이 눈부시게 발전한 오늘날도 좀체 장악하기 어려운 영역은 시간이다.

매트릭스의 시간 체계

오라클이 미래를 알 수 있었던 건 매트릭스 가상공간의 시간 체계가 마냥 흘러가는 것이 아니라 어떤 시점에서 재부팅되는 구조여서다.

매트릭스 세계는 왜 흐르는 시간을 단절시키고 다시 시작할까? 오류 때문에 주기적으로 시점을 조정해야 한다면 그 오류는 왜 발생하는 걸까? 아니 제어하고 통제하는 데도 이윽고 다시 생겨나는 것이면 실수나 잘못을 의미하는 오류가 아니라 필수불가결한 요소인 건 아닐까?

이 문제는 존재의 차원에서 생각해보는 것이 좋겠다.

오라클의 정체가 드러나는 순간은 네오가 매트릭스의 설계자 아키텍트를 만났을 때다. 네오는 아키텍트로부터 오라클이 매트릭스 세계에서 중요한 기능의 일부(원초적 기능?)를 담당하고 있다는 얘기를 듣는다. 오라클은 복잡하고도 미묘한 인간의 정서에 침투해 감정이나 기분이 유발하는 문제를 제어하고 조정하는 임무를 맡고 있다. 아키텍트가 한 이야기의 속뜻은 이렇게 이해할 수 있다.

매트릭스를 설계한 나는 프로그램을 운영할 수 있는 방정식을 만들었다. 그런데 매트릭스를 가동하는 과정에서 예측하지 못한 오류가 발생했다. 따져보니 오작동의 가장 큰 원인은 바로 사랑이라는 비합리적 감정이었다. 그것을 바로 잡기위해 오라클이 필요했다. 그래서 매트릭스 방정식을 다섯 차례나 수정하며 부팅을 반복했다.

위의 해명에서도 납득할 수 없는 내용이 있다.

아키텍트는 전체 매트릭스를 관리할 수 있는 막강한 능력을 가졌고 적어도 매트릭스 안에서는 절대적 위상에 있다. 그런 자가 왜 오라클 역할을 하는 프로그램을 직접 만들지 않고 오라클의 도움을 받는 것일까? 그럼 오라클은 또 누가 만들었다는 말일까? 영화에서는 분명히 밝히지 않았지만 그들 바깥에는 더 완벽한 존재가 있다는 암시일까?

火를 관리하는 아키텍트, 水를 주재하는 오라클

이 궁금증은 비단 매트릭스에만 해당되는 것이 아니다.

우주에 있는 존재라면 질량을 가지고 있건 에너지 파동만으로 존재하건 간에 양자적 관점에서 접근해볼 필요가 있다. 모든 존재는 양자 차원에서(즉 보이는 공간과 보이지 않는 공간에서 동시에) 파동처럼 진동하고 있다. 문제는 이 양자적 진동이 허수와 실수 차원에서 일어나는 것이어서 물리적으로 포착하기 어렵다는 거다. 당연히 인간이 감각하기도 쉽지 않다.

물상으로는 근접하기 힘든 양자적 진동이지만 다가갈 방법이 아주 없는 건 아니다. 엠페도클레스의 4원소설[10]에서처럼 수축과 팽창을 통한 기하학적 균형으로 이해하면 된다. 응축하고 확장하는 관계를 고려

---

10 엠페도 클레스는 우주의 수축에 따른 응집을 사랑(필리아)이라 하고 팽창에 따른 분열을 증오(네이코스)로 설명하였다.

하면 매트릭스 가상공간을 받치는 두 캐릭터, 아키텍트와 오라클이 왜 분화돼 있어야 하는지 알 수 있다.

매트릭스 가상세계가 그저 기계장치로만 작동하는 체계가 아니라면, 생명이 깃든 유기체적 시스템이라면 구조와 기능도 양자적 관점으로 설명할 수 있다. 즉 서로 다른 두 공간의 진동에서 수축과 팽창의 오행 코드가 나오고 그에 따른 역할 분담이 일어나는 것이다. 火에 해당하는 아키텍트는 빛을 관리하고 水의 역할을 떠맡은 오라클은 인간의 감성을 제어한다.

어쩌면 매트릭스 설계자 아키텍트는 이런 사실을 잘 알고 있지만 자존심 때문에 오라클의 정체를 일부러 빙빙 돌려가며 설명했을 수 있다.

이제 근현대 유럽에서 오라클 역할을 했던 마르셀 프루스트(Marcel Proust, 1871~1922)의 자취를 추적할 것이다. 그는 태어난 날과 시에 배치된 水의 기능을 일생에 걸쳐 활용했다. 그런 다음 자신이 감각하고 이해한 것을 고스란히 작품으로 변환한 인간이다.

프루스트의 운명방정식

마르셀 프루스트, 병약함이 능력이 된 기이한 인간

프루스트는 보통 사람들은 상상도 할 수 없는 쇠약한 신체로 태어났다. 기질은 예민했고 감수성도 남달랐다. 건강한 사람들은 감각하지 못하는 미세한 현상을 느끼고 감지했다.

그는 자신이 감촉한 것을 글로 풀어내고 싶어 했다. 그러나 자기 안에 작가로서의 재능이나 탁월함이 있다고는 생각하지 않았다. 그의 유년기와 청년기를 살펴보면 돈 잘 쓰고 놀기 좋아하는 한량에 가까웠다. 스스로도 그 시절을 허송세월로 명명했다. 프루스트는 자신이 부르주아 계급이 중요하게 여기는 생산성과는 애당초 동떨어진 존재라는 걸 잘 알고 있었다.

작품이 무덤이 된 인간

변화는 인생 후반기에 일어났다. 부친이 사망하고 모친마저 세상을 떠나자 그는 극심한 충격에 빠져 지내지만 시간이 지나면서 마음을 다잡는다. 그러고는 자신의 남은 삶을 전부 쏟아부어 〈잃어버린 시간을 찾아서〉라는 대하 심리소설을 써나갔다.

프루스트의 관심은 표층에서 확인할 수 있는 것에 있지 않았다. 기억이 고여있고 감성이 가라앉아 있는 내면에 있었다. 그는 심연으로부터 건져 올린 정서의 소소한 흔적을 소설로 변환했고 그것은 예술작품이 되었다. 살아낸 인생을 송두리째 담을 수 있는 그의 작품은 바로 그의 무덤이 되었다.

향기와 날씨, 소리와 인상으로 다가오며 출렁이는 시간

오래된 침대에서 죽음과 맞대결하며 써나간 그의 글에는 우리 것이지만 너무도 깊은 밑바닥에 있어 우리가 좀체 알 수 없었던 감정, 망각해버린 느낌을 탐구하는 과정이 들어있다. 그래서 시간의 깊이와 넓이까지 담보하고 있다.

그에게 시간은 단순히 과거·현재·미래라는 순서로 구현된 것이 아니었다. 시간은 누구나 동일하게 인식할 수 있는 객관적이고 절대적인 것도 아니었다. 어떤 때는 향기로, 어떤 때는 날씨로, 어느 순간은 소리로, 또 다른 순간에는 인상으로 드러났다. 시간은 그에게 시시각각 다르게 다가오는 무의지적 기억들의 출렁임이었다.

시간에 관한 프루스트의 독특하고도 각별한 발상은 〈잃어버린 시간을 찾아서〉 7편 〈되찾은 시간〉에서 현실 세계와 연결고리를 가지며 매우 흥미롭게 펼쳐진다. 시간이 그의 손에 의해 기하학적 구조를 가진 예술작품으로 활짝 피어난다.

시간의 층위를 읽어내는 시간 해석자

미래의 어느 시간에 일어날 사건을 현재 시간으로 당겨와 예언을 내렸던 오라클이 시간의 경계를 넘나드는 시간 여행자라면 자기만의 방식으로 시간의 층위를 읽어내고 그것을 문학적 구조물로 형상화한 프루스트는 시간 해석자인 셈이다.

마르셀 프루스트

1871년 7월 10일 자시 출생

시	일	월	연
壬	癸	乙	辛
子	丑	未	未

水	水	木	金
水	土	土	土

비겁	일간	식상	인성
비겁	관성	관성	관성

대운

癸	庚	辛	壬	癸	甲
丑	寅	卯	辰	巳	午

수	금	금	수	수	목
토	목	목	토	화	화
51	41	31	21	11	01

운명방정식 해부

프루스트의 운명을 이해하기 위해 癸水를 따져보자.

壬水가 강의 본류를 따라 흐르는 물이라면 계수는 본류에서 흘러나오거나 본류로 흘러드는 지류에 가깝다. 계수는 원줄기에서 뻗어 나와 조용히 흐르거나 토양에 스며들어 나무의 뿌리를 적시고 에너지를 공급한다. 목마른 생명들이 즐겨 찾는 습지나 저수지도 지류를 따라 흐르던 계수가 모여서 생긴 것이다.

계수의 흐름은 겉으로 잘 드러나지 않고 비밀스럽고 은밀하게 진행된다. 우리 몸으로 경험하는 생리현상(여러가지 분비물, 성적 욕구)은 계수의 작용에서 생긴다. 내밀한 감성, 깊이 가라앉은 기억이나 무의식 등 마음에서 일렁이는 다양한 활동도 계수가 빚어낸 것이다.

여름에 태어난 계수

프루스트는 무더운 未월에 계수 일간으로 태어났다.

월지와 같은 未토가 연에도 나와 있어 토의 기운이 부담스럽다. 다행히 시에 壬子가 보인다. 연간의 辛금과 합세해 土의 기운을 완화시킬 수 있으니 水의 고갈을 막을 수 있다.

연의 辛금은 인성이니 관계로 따지면 어머니다.

여름에 태어난 약한 癸수가 辛금마저 없었다면 중첩된 토의 공격을 견디기 어렵다. 마른 흙에 둘러싸인 채 이내 말라버렸을지 모른다. 그랬다면 가난한 부모에게 태어나 제대로 성장하기도 전에 고아로 내몰렸을 거다. 이 명식에서 인성 모친의 역할은 절대적이다.

모친 집착 & 천식발작

인성이 연에서 중요한 역할을 하고 있으니 어머니 쪽 집안이 대단했음을 알 수 있다. 그 기세에 의지해 일간도 유복한 가정환경에서 걱정 없이 자랄 수 있다. 그렇지만 위치로 볼 때 인성은 일간 가까이 있는 것이 자연스럽다. 인성이 일간과 바짝 붙어서 일간이 부담스러워하는 토를 처리해주면 좋다.

그런데 인성이 연에 있으니 일간 계수가 느끼기에는 아무래도 불안한 감이 있다. 게다가 金水의 근원인 일지 丑토를 연지와 월지의 메마른 未토가 흠집을 내려 하니 계수로서는 불편하기 짝이 없다. 연간 辛금의 뿌리 역할을 할 수 있는 申酉금이 있다면 물이 흘러갈 연결통로가 마련된 것이니 순환이 일어난다.

申酉를 갖추지 못해서였는지 프루스트는 모친의 보살핌을 충분히 받고 자라면서도 유난히 어머니에게 집착했다. 만약 그의 명식에 있는 2개의 未토 중에 1개를 申이나 酉로 바꿀 수만 있었다면 모친에게 매달리

지도 않았을 거고 일평생 천식발작으로 시달리지도 않았을 거다.

부드럽고 유연한 을목

시	일	월	연
壬	癸	乙	辛
子	丑	未	未

시	일	월	연
水	水	木	金
水	土	土	土

이제 월간의 乙목을 보자.

갑목은 위를 향해 곧게 뻗으려는 특성을 지녔다. 을목은 휘고 구부러지며 방향을 바꾸는 부드러운 꽃나무의 속성이 있다. 癸수는 갑목보다는 유연한 을목을 좋아하고 을목과 힘을 합해 성과를 이루려는 야심이 있다. 계수 일간인 프루스트가 배우고 익히는 활동, 특히 읽기와 쓰기를 게을리 하지 않았던 건 을목[11]의 영향이 있었기 때문이다.

---

11 乙목은 글을 쓰거나 그림을 그리거나 디자인을 하는 등 섬세한 감각이 요구되는 작업에서 능력을 발휘한다. 갑목과 을목의 세세한 차이가 궁금한 독자는 〈운명의 발견〉이나 〈쉽게 풀어 쓴 운명〉의 10간 편을 참고하기 바란다.

하지만 문학에 대한 감수성이나 내적 열망에 비해 실제 글을 써나가는 과정은 쉽지 않았다. 그래서 글쓰기에 대한 갈망은 묻어버리고 아예 다른 일을 하며 살아갈 결심을 한 적도 있었다. 그랬던 그가 무의지적 기억이라는 자신만의 영역을 구축하게 되면서 자연스레 소설 쓰기 작업으로 나아갔고 그 일은 죽는 날까지 지속되었다.

쉽지 않은 글쓰기

저술활동이 힘겨웠던 것은 물이 잘 공급되지 않는 건조한 땅에서 자라야 했던 乙목의 고단함에서도 짐작할 수 있다. 인성 금이 가까이 있지 않음을 불안하게 여기는 계수가 그나마 을목을 통해 자신의 재능을 펼쳐 보이려 하는데 그 나무 역시 말라죽지 않으려 안간힘을 쓰고 있다. 일간인 계수도 지치고 식상인 을목도 목마름을 견디느라 애를 먹고 있다. 여기까지만 보면 너무도 막막한 구조라 더는 어쩔 방안이 없는 듯하다.

시간의 흐름을 역행하는 프루스트 사주

이 사주에는 눈에 잘 띄지는 않지만 해석의 실마리가 될 열쇠가 하나 있다. 대체로 운명을 해석할 때는 삶의 방향을 유아기에서 유년기를 거쳐 청년기와 장년기를 지나 말년에 이르는 것으로 잡는다. 즉 年月日時

순으로 가닥을 정한다. 프루스트의 경우, 시간 흐름을 年時日月로 바꿔 보자. 천간의 진행방향을 辛금에서 시작해 辛壬癸乙로 하면 월간 乙목에서 삶이 끝난다. 천간의 시간이 거꾸로 흐른다. 시간이 흘러가는 방향이 영향을 미쳐서인지 시간에 대한 프루스트의 생각도 매우 특이했다.

솟구치고 가라앉는 수조 속의 시간

그는 〈잃어버린 시간을 찾아서〉에서 시간을 그저 지나가버리고 마는 흐름으로 묘사하지 않았다. 시간을 과거에서 현재를 거쳐 미래로 흐르는 일직선으로 보지 않았다. 지나간 시간이라고 해서 영영 다시 돌아올 수 없다고 여기지 않았던 거다.

그에게 시간은 마디를 가진 단절된 것도 아니고 또 순서에 따라 진행되는 순차적인 것도 아니었다. 그는 세상 사람들이 말하는 균질한 시간, 시계 속 시간을 믿지 않았다. 오히려 한 개인의 무의지적 기억들이 수조 속에서 솟구치고 가라앉는 출렁임을 시간이라 생각했다. 여러 형태의 복잡한 기억들이 수조 속의 물처럼 고여 있다가 떠오르기도 하고 다시 잠기기도 하며 오르락내리락 한다고 생각했다. 그 기억에서 시간과 존재의 의미도 건져 올릴 수 있다고 확신했다.

흥미로운 건 명식의 壬子 癸丑을 수심이 깊은 수조로 볼 수 있다는 점이다. 〈잃어버린 시간을 찾아서〉를 통해 세밀히 묘사해낸 무의지적 기억은 일시가 영향을 미쳤던 것으로 짐작해볼 수 있다.

방역 전문가 아버지 & 병약한 아들

파리 외곽의 시골마을, 일리에 출신인 프루스트의 아버지는 소년시절부터 매우 영특했다. 청년기에 접어들자 파리로 와 의학을 공부하고 의사가 되었다. 그는 특히 공중위생에 관심이 많아 방역 전문가로 명성을 얻었고 소르본 대학의 교수로도 활동했다. 어머니는 독일에서 프랑스로 넘어온 유대계 혈통의 자손이었다. 모친 쪽 집안은 주식중개업으로 엄청난 돈을 벌어들였고 세력도 대단했다. 물질적 풍요로움에 힘입어 음악, 미술, 문학, 공연 등 문화 예술적 소양을 두루 갖출 수 있었다.

프루스트는 사회적 위치가 탄탄한 출세한 아버지와 교양과 감성을 겸비한 어머니 사이에서 장남으로 태어났다. 부모 모두 건강했고 특이한 질병이나 질환을 앓은 적도 없었다. 하지만 아들은 약한 체질에 신경은 예민하고 심성도 유약했다. 엎친 데 덮친 격으로 유년기에는 호흡곤란 증세[12]까지 나타난다. 그는 아버지가 기대하는 성공한 아들의 모습에 자신은 결코 도달할 수 없다며 침울해 한다. 자연스레 아버지와의 관계는 멀어진 반면 병약한 아들을 안타깝게 생각한 모친과는 가깝고도 긴밀한 사이였다.

---

12 이때 생긴 천식은 청년기가 돼도 나아지지 않았고 발작증세는 더욱 심해졌다.

작품이 예술이 되기를 소망했던 프루스트

아들이 글자를 깨치기 전에도 자주 책을 읽어주었던 어머니 덕분에 프루스트는 어려서부터 책을 가까이했다. 자연히 읽기와 쓰기에도 관심이 많아 학창시절에는 꾸준히 문예활동도 했다. 그러나 자신에게는 문학적 소질도 없을뿐더러 주목받는 작가가 되기에는 재주와 능력이 부족하다고 여겼다. 그래서 아예 다른 길을 가기로 작정하고 아버지가 원하는 법률공부를 해보았지만, 그것도 맞지 않아 포기하고 만다.

경제활동을 해야 하는 청년기에도 그는 불편한 몸을 방편 삼아 부모가 주는 돈으로 이름난 살롱을 드나들며 세월을 탕진했다. 그러다 그가 30대에 이르자 부친이 사망하고 그로부터 두 해 뒤 모친마저 세상을 떠나고 만다. 어머니에 대한 애착이 남달랐던 그에게 모친의 죽음은 엄청난 파장을 미쳤다. 한동안은 일상생활을 이어갈 수 없어 요양원에서 지냈다. 그러면서 자연스레 자신의 인생을 돌아보았고 남은 시간은 예술적 가치를 갖는 문학작품을 남기는 데 쏟아야 한다는 결단을 내린다.

인생의 사계절

대운 행로

대운					
癸	庚	辛	壬	癸	甲
丑	寅	卯	辰	巳	午
수	금	금	수	수	목
토	목	목	토	화	화
51	41	31	21	11	01

월주 乙未, 대운 진입 : 1세

프루스트는 신미년에 태어났다.

대운은 여름에서 봄으로 역행하며 흐른다.

이미 메마른 토 때문에 속을 끓이고 있는 마당에 대운에서까지 열기가 들어있다. 토를 해소할 금수의 기운을 기다리고 있는데 난데없이 불길이 찾아든 형세다. 하는 수 없이 일시에 있는 약한 수의 도움이라도 그러모으고 싶지만 아직은 연월의 기세가 더욱 강하게 작용할 때라 그럴 수도 없다. 대운이 金水방향으로 진행했다면 연월의 건조한 토 기운을 해결할 수 있으니 천식발작이나 우울증 때문에 고통받지 않았을 거다.

甲午 癸巳 습기를 말려버리는 여름

갑오 계사의 흐름을 타고 역행한다.
유아기와 유년기를 혹독한 여름대운이 지배하고 있다.

갑오(甲午)대운 (열기가 점점 왕성해지는 한여름) : 1세~10세 (1872~1881)

지지의 오화가 명식의 미토와 합세해 대지를 뜨겁게 달군다.
한창 성장해야 할 일간이 꼼짝도 못하고 갇혀있는 꼴이다.

1873년 (癸酉 2세)

금수가 들어있는 연운에 남동생 로베르가 태어난다. 허약하게 태어난 장남과 달리 둘째 아들은 매우 건강해 부모는 한 시름 놓는다. 동생이 태어났지만 모친은 여전히 병약한 큰아들을 끔찍이 아끼고 세심하게 보살핀다.

프루스트에게 계유생 동생이 생긴 것은 반가운 일이다. 자신에게 부족한 요소를 연에서부터 가지고 나온 이 동생은 아버지의 소망대로 의사가 되었다. 또 프루스트가 세상을 떠나는 날까지 정성을 다해 형을 보살폈다.

1878년 (戊寅 7세)

갑오대운에 건조한 무토와 습기가 없는 인목이 연운으로 왔다. 지지의 인목은 대운의 오화 불길을 더욱 치솟게 한다.

가족과 함께 아버지의 고향인 시골 마을 일리에로 휴가를 떠난다. 이때 일리에서 본 광장과 성당, 시냇물과 강, 오래된 성채와 저택, 별장 등에 대한 감촉과 인상은 훗날 그의 작품 속에서 고스란히 재현된다.

1879년 (己卯 8세)

천간의 기토는 부담스럽지만 지지의 묘목은 인목과 달리 습기를 머금은 나무다. 묘목이 들어오면 연월의 미토를 잠시나마 목의 기운으로 돌려놓을 수 있다.

1880년 (庚辰 9세)

강한 토금 기운이 연운으로 왔다. 경금 자체는 나쁘다고 할 수 없으나 78년~80년 사이 무기경으로 연이어 올 때의 경금은 금이라기보다 토에 가깝다.

천식 판정

건강이 나빠 자주 앓아눕긴 했지만 그래도 꽃과 나무를 좋아해 숲과 거리를 산책하는 것이 즐거움이었던 프루스트가 천식 판정을 받는다. 이 시기부터 일체의 외출이 금지되었고 잠시라도 집밖을 벗어나려면 부모에게 허락을 받아야 했다.

심폐기능이 정상인 사람은 느끼지도 못하고 지나쳐 버릴 적은 양의 먼지와 꽃가루에도 그는 호흡곤란을 일으켰다. 천식발작에서 시작된 죽음에 대한 두려움과 공포는 어린 시절부터 그의 정서 속에 깊이 들어와 있었다. 명식의 분위기를 감안하면 호흡기 질환은 피하기 어려운 질병이다. 천식도 7세부터 이미 진행되었다고 판단된다.

계사(癸巳)대운 (계수 덕에 호흡을 가다듬는다) : 11세~20세 (1882~1891)

후덥지근한 여름에 뿌리는 서늘한 비는 지쳐있는 초목들에게 생명수로 작용한다. 미약하지만 대운 천간에 수가 비치니 연운에서 金水가 오기만 하면 일간은 활동 폭을 넓힐 수 있다.

1882년 (壬午 11세)

계수가 작동하는 대운에 연운 천간에는 임수까지 비친다. 이제껏 물이 말라버릴까 봐 근심하며 움츠리고 있던 일간 계수도 자신에게 힘을 실어줄 반가운 동료가 찾아드니 슬슬 움직이고 싶어진다.

유산계급의 자제들이 주로 다니는 명문 콩도르세 중고등학교[13]에 등록한다. 모친에게 집착하던 성품은 교우관계에서도 드러났는데 그는 마음에 드는 친구를 만나면 집요하게 매달리며 우정을 강요했다.

동성애자였던 그가 자신의 성적 취향을 알아차린 시기가 언제인지 확인할 수는 없지만 적어도 자신이 이성애자와 조금 다르다는 것은 학교를 다니면서 알았을 것이다.

운명으로 헤아려본 동성애

그렇다면 명식에서도 동성애적 요소를 발견할 수 있을까?

있다면 또 어떤 설명이 가능할까?

프루스트의 일시를 유심히 살펴보라. 일간은 계수고 시간은 임수다. 계수와 임수는 정도의 차이는 있지만 모두 수다. 임수는 계수 옆에 바짝 붙어있다. 자신과 속성이 같은 비겁을 못마땅해 하는 구조라면 이 임수를 반길 리 없다. 그런데 인성 금이 약한 프루스트의 경우는 비겁에라도 기대어 힘을 모을 수밖에 없다.

한 집에서 같이 사는 모친에게 자주 징징거리며 보채는 것은 인성인 금에 대한 갈망을 표출하는 것으로 보아야 한다. 반면 친구나 동료에게

---

13 철학자 베르그송, 작가 공쿠르 형제도 이 학교 출신이다.

몰입하는 것은 비겁을 가까이 배치해 자신을 든든히 유지하려는 작용으로 볼 수 있다.

비겁이 도움이 되는 구조라 하여 곧바로 동성애적 특성으로 연결할 수는 없다. 명식을 기준으로 육친 관계와 10간과 12지를 탄력적으로 고려해서 조심스럽게 판단해야 한다. 프루스트의 경우 관성인 토가 많아 몹시 불편하지만 이 부담스런 토를 부실한 금이 제대로 빼내지 못한다. 게다가 재성인 화는 화생토로 토만 강화시킬 뿐이니 명식의 균형을 깨뜨리는 요소가 분명하다. 이런 관계를 두루 고려하면 그로서는 이성 배우자를 만나 결혼하고 자식을 낳고 가정을 꾸리는 것을 처음부터 기피했을 수 있다.

1882~1887년 (癸未, 甲申 乙酉 丙戌, 丁亥 戊子 12~17세)

외조모와 모친의 영향으로 어려서부터 여러 장르의 소설책을 접해왔던 프루스트는 콩도르세를 다니는 동안 문학적 감수성의 폭을 더욱 확장해나갔다. 친구들과 함께 잡지나 동인지를 만들기도 했다.

대운에서 계수의 작용이 있는 데다 천간과 지지에서 토를 처리할 수 있는 수와 목이 번갈아 들어오는 연운이 이어진다. 학교생활도 무난하게 하고 친구와 함께 한 활동도 결실을 맺는다. 그의 일생에서 이 기간만큼은 신체적 고통에 비교적 덜 시달렸다고 볼 수 있다.

1889년 (己표 18세)

천간과 지지에 모두 토가 나와 있지만 그 기세는 다르다. 87년부터 89년까지 지지가 해자축으로 이어진다. 이 축토는 물을 담아둘 저장고 역할도 하지만 대운의 사화와 결합해 취약한 금을 보충하는 기능도 한다. 금수를 끔찍해 하는 사람이라면 도망쳐야 하겠지만 프루스트로서는 있는 힘을 다해 한껏 껴안아야 하는 해다.

12지의 특성상 축토는 통제나 제어가 필요한 체제나 조직, 시설물로 볼 수 있다. 군대나 감옥, 병원처럼 지시나 명령을 내리는 사람이 있고 따르고 수행하는 부서가 따로 있는 모습이다.

중고등학교를 졸업하고 대학입학 자격증을 받는다. 대학에 가기 전 군대에 자원해 오를레앙에서 1년간 복무한다. 그는 병역생활 중에도 고된 훈련은 면제받았고 외출도 하고 살롱도 드나들며 여유롭게 지낸다.

토를 처리할 수 있었던 군대 생활

원래 경찰이나 군대는 금을 상징하는 조직으로 본다. 생명성(자유롭게 뻗어 나가려는 목의 기세)을 억압하는 기운이다. 목이 많은 운명이라면 당연히 목을 숨아내는 금을 좋아할 것이다. 프루스트에게 금이 필요한 이유는 목이 많아서가 아니다. 금이 와야 자신에게 있는 지나친 토 기운을 처리할 수 있다.

그렇게 생각하면 군복무 기간이 표면적으로는 갇혀있는 생활이었지만 프루스트에게는 오히려 도움이 되었던 시간으로 판단할 수 있다.

1890~91년 (庚寅 辛卯 19~20세)

　계사대운이 얼마 남지 않은 시점에 인성과 식상의 연운이 왔다.

　인성은 자신보다 앞선 세대의 기운이나 영향을 의미한다. 식상은 자신의 욕구, 기질, 본성에 따라 행동방향을 설정하려는 기운이다. 인성과 식상이 동시에 들어오는 시기여서 그랬는지 그는 부모의 의견을 받아들이기도 하고 자신의 본질적 욕구에 응하기도 한다.

　군복무를 마친 후 안정된 직업인이 되기를 바랐던 부모 뜻에 따라 파리 대학 법학부에 등록하는 한편 직업작가가 되기 위한 준비도 병행한다.

壬辰 辛卯 庚寅 금과 수와 목이 조화로운 봄

　여름을 지나 봄대운을 맞았다.

　명식에서 금수를 탄탄하게 갖추지 못한 프루스트로서는 인묘진으로 강하게 들어오는 지지의 목 기운보다 건조함을 해결할 수 있는 천간의 금수를 더욱 반길 것이다.

임진(壬辰)대운 (호수와 함께 찾아드는 봄) : 21세~30세 (1892~1901)

봄대운의 첫 10년은 임수와 진토가 차지했다.

메마른 흙먼지의 횡포에 지칠 대로 지친 프루스트에게 습지와 같은 촉촉한 기운이 찾아들었다. 계수 일간이었지만 제대로 흘러가 보지도 못해 답답해했던 프루스트에게 계사대운도 그리 나쁘지는 않은 시간대였다. 하지만 계사는 일간이 기대하는 만큼의 움직임을 지원해주지는 못했다. 임진대운은 확실히 다른 기운을 만들어낸다. 임진에는 계수 일간이 물살의 방향을 조심스럽게 관찰하고 있다가 조금이라도 스며들 공간이 보이면 비집고 들어가 자신도 함께 미끄러져 간다.

살롱을 주유하며 몸으로 기억하는 세상 공부

임진대운은 프루스트의 청년기에 해당한다. 그 시절 그의 주된 관심사는 살롱 순례와 연애(질투)였다. 그는 나비가 꽃을 옮겨 다니듯 이름난 살롱들을 주유하며 한 시절을 보낸다. 그러는 동안 부르주아의 속물근성을 가장 가까이서 꿰뚫어보았다.

세월이 흐른 다음 그는 젊은 날을 아무 것도 이루지 못하고 그저 헛되이 보내버렸다고 자책한다. 하지만 임진대운은 그에게 일어난 낱낱의 체험이 그 어떤 것 하나도 흩어지지 않고 몸 속 깊이 숨어들 수 있게 했다. 의식은 기억하지 못하는 무수한 일들을 감각은 또렷이 상기할 수 있었던 것도 임진대운이었기에 가능했다.

임진대운이 없었다면 드러나지 않은 이면을 섬세히 읽어내는 작가적 훈련도 불가능했을 것이고 질투로 얼룩진 연애사건을 묘사했다하더라도 그저 그런 잡설에 그쳤을지 모른다. 임진이 자양분의 기능을 충분히 해냈기에 명식의 건조함도 해소하고 이후 작가로서의 역량이나 고유성도 키워나갈 수 있었다. 게다가 임진대운이 아닌 다른 시기에 살롱 문을 두드렸다면 쉽게 받아들여지지도 않았을 것이니 섬세한 관찰은커녕 문지기에게 내쫓겨 모멸감만 맛보았을 것이다.

1892~93년 (壬辰 癸巳 21~22세)

대운도 임진인데 연운까지 수가 이어져 금수가 아쉬웠던 프루스트로서는 양분을 확보한 셈이다. 친구들을 모아 잡지를 만들고 글을 발표한다.

르메르 부인이 운영하는 살롱에서 당대의 탐미주의 시인이자 평론가인 몽테스키외를 만난다.

1894년 (甲午 23세)

습기가 충분한 대운이니 연운에서 재성 화가 비쳐도 문제될 것이 없다. 흘러갈 물길이 있으니 스며드는 계수의 재주를 이용해 관계를 왕성히 엮어나간다.

르메르 살롱에서 베네수엘라계 유대인 작곡가 레이날도 앙을 만나고 한동안 그에게 깊이 매혹된다.

드레퓌스 사건[14]이 터지자 드레퓌스의 무죄를 입증하기 위해 서명운동에 동참한다.

1895년 (乙未 24세)

연운으로 식상 목과 관성 미토가 왔다. 수를 확보한 대운이라 토도 감당할 만하다.

소르본 문학부에서 문학사 자격을 취득한다. 파리 마자린 도서관에 무급 사서로 고용되었으나 제대로 근무도 하지 않고 그만둔다.

언제나 자신을 감싸주고 편들어주던 외할머니가 요독증으로 고생하다 세상을 떠난다. 할머니의 임종 장면은 이후 그의 작품에서 상세한 묘사로 되살아난다.

1896~97년 (丙申 丁酉 25~26세)

천간은 병정화, 지지는 신유금이 이어온다.

프루스트의 경우, 금수 기운만 확보되면 화가 나쁘지 않다. 임진대운 중에 만난 병정화(재성)는 자신이 누구인지 어떤 역량을 가졌는지 세상에 알릴 수 있는 기운이다. 또 지지로 온 신유금은 일지 축토와 결합해 건조한 미토를 해결한다.

---

14 1894년 프랑스 군법회의에서 육군대위였던 유대인 드레퓌스에게 독일의 첩자라는 누명을 씌워 종신형을 선고한 사건

연월의 미토가 금을 통해 잘 빠져나갈 수 있다.

96년, 첫 작품 〈즐거움과 나날들〉을 자비로 출판하고 소설 〈장 상퇴유〉를 집필하기 시작한다.

97년, 출간된 책의 서문과 관련해 자신의 성적 정체성을 비아냥거린 장 로랭과 결투를 벌였으나 별일 없이 지나간다.

1898~99년 (戊戌 己亥 27~28세)

임진대운의 기세가 이어져 연운에서 토가 와도 큰 어려움 없이 지나간다. 만약 팍팍하고 건조한 대운이었다면 신체적 고통과 심리적 불편함으로 힘겨워했을 거다.

이 시기에 프루스트는 영국의 사회사상가이자 미술비평가인 존 러스킨(1819~1900)을 발견하고 그의 작품세계와 열정에 깊이 빠져든다. 프루스트는 도시와 건축에 관한 러스킨의 저작물에 관심이 많았다.

러스킨은 추상적인 미를 기준으로 작품을 평가하는 것에 철저히 반대하며 작품은 생명과 자연이 지닌 강한 에너지를 잘 드러내야 한다고 주장했다.

1900~01년 (庚子 辛丑 29~30세)

임진대운이 끝나가는 무렵에 연운에서 깨끗한 금수가 들어왔다.

모친과 함께 베니스를 다녀오고 러스킨에 관한 글을 몇 편 발표한다.

신묘(辛卯)대운 (예기치 않은 서리로 움츠린 봄) : 31세~40세 (1902~1911)

생명의 기운을 품고 여러 방향으로 뻗어가려는 묘목을 신금이 누르고 있다. 이 기세만 보고 나무를 통제하는 금을 탓하면 곤란하다.

프루스트 명식에서 식상 목에 대해 따져보자. 일간은 인성인 금의 지시를 잘 따르면서 자신의 탁월함을 드러낼 경우, 식상 목은 형식을 갖춘 멋진 작품이 될 수 있다. 자신의 재능만 믿고 식상만 따라가다 보면 제대로 된 작품이 나올 수 없다.

생명성을 나타내는 목이 강해지면 문제가 생긴다. 금이 유약한데 목의 기세만 맹렬하면 금이 목을 당해낼 수 없다. 더욱이 왕성한 목은 화로 향하고 화는 다시 토로 이어진다. 결국 명식의 균형을 방해하는 요소로 작용하는 것이다.

신묘대운 중 木이 탄탄한 해에 부모가 차례로 세상을 떠난다.

1902년 (壬寅 31세)

신묘대운의 시작은 임수와 인목이다. 목 기세가 연운에서 계속된다.

벨기에와 네덜란드를 다녀온다. 헤이그에서 얀 베르메르가 그린 〈델프트 풍경〉을 보고 깊은 인상을 받는다. 이 그림을 보고 느꼈던 경탄은 이후 〈잃어버린 시간을 찾아서〉에서 베르고트의 죽음[15]을 묘사할 때 그대로 반영된다.

---

15 프루스트 장이 끝나는 대목에서 미학자 김진영이 번역한 '베르고트의 죽음' 장면을 만날 수 있다.

1903년 (癸卯, 32세)

수목의 연운이다. 대운과 연운에서 일간 계수에 힘을 실어주고 있으니 메마른 토에 쉽게 휘둘리지 않는다. 자의식이 분명해지고 작가로서의 성공 가능성도 발견한다. 그러나 목의 세력 강화는 자신의 능력을 재발견하는 것에서 그치지 않고 부모의 위치까지 흔들어버린다.

남동생이 결혼한다. 프루스트는 〈르 피가로〉지에 살롱에 대한 글을 발표한다. 아버지가 뇌출혈로 쓰러져 사망한다.

1904년 (甲辰, 33세)

연운에 식상 목이 들어있다. 모습도 안정돼 보인다.

프루스트의 재능과 탁월함이 드러나는 해다. 프루스트가 번역한 러스킨의 〈아미앵의 성서〉가 출간된다. 매체에도 그의 글이 계속 실린다.

1905년 (乙巳 34세)

목화의 연운이다. 일간 계수는 활동을 이어갈 수 있지만 인성인 금은 매우 불편해지는 시기다.

몇몇 매체에 그의 글이 지속적으로 소개되고 독자도 늘어간다. 하지만 부친 사망 이후 급속도로 쇠약해진 모친이 세상을 떠나고 만다. 부친이 세상을 떠났을 때와 달리 모친의 부재는 그에게 극심한 우울증을 불러왔다. 정신이상의 기미까지 보여 요양원 신세를 진다.

1906~08년 (丙午 丁未, 戊申 35~37세)

다시 건조한 화토의 연운이다. 신체적 고통이 가중된다.

러스킨의 〈참깨와 백합〉을 번역 출간하고 가족이 함께 살았던 저택을 떠나 아파트로 이사한다. 충격에서 점차 벗어나면서 글쓰기에만 전념하기 위해 주변을 정리하고 여행도 다녀온다

1909~10년 (己酉 庚戌 38~39세)

토금의 연운이다. 수가 확보된 대운이 아니기에 명식에 있는 壬癸수만으로는 답답한 토금을 모두 처리할 수 없다. 연월의 미토가 또 다시 그를 위협한다.

천식이 더욱 심해진다. 신경은 극도로 예민해져 발작 증세가 빈번하게 나타나자, 그는 남은 시간이 그렇게 많지 않음을 직감한다.

건강한 성인이라면 그냥 무시하고 지나칠 사소한 생활소음조차 견디기 어려워진 그는 이제 방 벽면을 코르크로 덧대어 빛과 소리를 모두 차단해버린 채 작품에만 매달린다. 다른 어떤 것에도 기대지 않고 오직 글 자체로 예술이 될 수 있는 작품을 쓰기위해 어머니의 자궁 같은 침대로 들어간다.

경인(庚寅)대운 (겨울 기세가 남아있는 이른 봄) : 41세~50세 (1912~1921)

금과 목이 맞선 대운이다.

신묘대운과 마찬가지로 천간에 인성 금이 들어있다. 현실에서는 모친이 떠나고 없지만 대운으로 온 경금이 집필 중인 프루스트에게 모친이 하던 역할을 그대로 수행한다. 계수가 목으로 나아갈 때(소설쓰기 과정) 적절한 형식을 유지하도록 금이 나서서 제어한다. 제대로 된 작품이 나올 수 있게 지켜보는 애정 어린 감독관 역할을 하는 것이다.

경인대운에서는 특이사항도 보인다. 연운의 지지가 순차적으로 흐른다. 수에서 시작해 목을 향하고 다시 화를 거쳐 토와 금을 경유하는 이 흐름은 생명현상과 닮았다. 태어나고 자라고 활동하고 물러나는 단계가 고스란히 담겨있다.

1912~13년 (壬子 癸丑 41~42세)

4년 넘게 매달린 작업을 완성하고 출판사를 물색한다. 출판비용을 스스로 감당하겠다는 의사를 미리 밝혔지만 접촉한 출판사마다 난색을 표한다. 그는 원고를 앙드레 지드(1869-1951)가 있던 누벨 르뷔 프랑세즈(NRF)에도 보냈다. 지드는 원고를 제대로 검토도 하지 않고 반송시킨다.

잃어버린 시간을 찾아서 제 1편 스완네 집 쪽으로 출판

1913년 11월, 그라세사에서 〈잃어버린 시간을 찾아서〉의 제 1편 〈스완네 집 쪽으로〉가 출판된다. 책이 모습을 갖추기까지의 과정은 무척 험난했다. 다행히 책은 나오자마자, 전문가뿐 아니라 일반 독자로부터도 큰 호응을 얻는다.

작품을 알아보지 못한 지드는 프루스트에게 편지를 보내 정중히 사과한다. 또 호의적인 서평과 함께 2편부터는 자신이 책을 낼 수 있기를 희망한다는 뜻도 분명히 밝힌다.

프루스트 원고의 1차 독자, 셀레스트 알바레

셀레스트 알바레가 가정부로 온다. 그녀는 밤낮 구분이 없어진 프루스트를 극진히 보살피며 원고를 읽고 타자도 대신 쳐주고 의견도 적극적으로 표현하여 그의 신뢰를 얻는다.

1907년 휴가지에서 잠시 운전기사로 고용했던 아고스티넬리(소설에서는 알베르틴으로 등장)가 애인까지 데리고 프루스트를 찾아온다. 프루스트는 아고스티넬리가 자신을 이용하는 것을 잘 알고 있었지만 곁에 두기 위해 많은 돈을 들인다.

1914년 (甲寅 43세)

프루스트 몰래 달아났던 아고스티넬리가 5월에 비행조종훈련을 받다 추락사한다. 7월에는 1차 대전이 발발해 출판이 중단되고 동생과 친구들이 징집된다. 건강 때문에 징집 면제된 프루스트는 요양원에서 지내다 9월에 파리의 집으로 와 다시 원고에 매달린다.

1918~19년 (戊午 己未 47~48세)

병진 정사년(1916~17년)을 지나 다시 무오 기미로 이어지는 건조한 화토 연운이다. 관성과 재성의 기운이 일간을 에워싸고 있다. 이것은 프루스트가 기득권을 가진 조직이나 집단으로부터 작가로서 인정을 받고 확고한 명성도 얻는 걸 의미한다.

하지만 경인대운에서 연운이 수와 목, 화를 거쳐 토에 이른 지금 그의 육신은 만신창이가 되어있다. 금수의 기운이 다급하지만 대운 천간의 경금도 지지의 인목에 밀려 이제 힘을 쓰기 어렵고 명식의 신금도 역할을 할 수 없다. 어쩔 수 없이 일간과 시간의 수에만 의지해 있는 프루스트의 육체는 날이 갈수록 바싹 말라간다.

기미년 여름만 잘 버텨내면 기운을 차릴 수도 있다. 임신 계유월로 넘어가는 가을부터는 다가올 경신년의 기세를 다시 이어받을 수 있으니 말이다. 그렇게 되면 금수의 흐름이 조금은 원활해져 신경계도 안정되고 체액도 순조로운 순환을 보일 것이다. 그때까지 호흡을 이어가는 것이 무엇보다 중요하다.

공쿠르상 수상

　전쟁이 끝나고 지드가 있던 출판사에서 〈잃어버린 시간을 찾아서〉의 제 2편 〈꽃피는 아가씨들의 그늘에〉가 나온다. 〈스완네 집 쪽으로〉도 재출간된다. 〈꽃피는 아가씨들의 그늘에〉가 공쿠르상을 수상한다.

　기미년에 아믈랭가 44번지로 이사한다.

1920~21년 (庚申 辛酉 49~50세)

　금방이라도 숨이 끊어질 것만 같던 무오 기미를 헤쳐나와 어렵사리 도착한 경신 신유다. 실은 정사 무오 기미년을 지나오는 동안에도 그의 생이 바닥날 수 있었다. 끝맺지 못한 작품을 마무리하겠다는 결연함이 없었다면 쉽게 통과하기 어려운 때였다.

　경신 신유 연운도 잠시 잠깐 찾아든 숲일 뿐이다. 이미 병약해질 대로 병약해진 몸이 완전히 치유될 수는 없다. 심신을 추슬러 아직 책으로 나오지 못한 원고들을 재빨리 가다듬어야하는 몹시 절박한 시절이다.

　〈게르망트 쪽 1〉, 〈게르망트 쪽 2〉, 〈소돔과 고모라 1〉을 연이어 출판한다.

기축(己丑)대운 (흙끼리 싸우고 다투는 겨울) : 51세~60세 (1922~1931)

천간은 기토, 지지는 축토로 겨울대운이 찾아왔다.

메마른 술토나 미토와 달리 진토와 축토는 습기를 머금은 흙이다.

축토 자체만 보면 나쁘지 않다. 프루스트는 명식의 일지에도 축토가 나와 있지만 연월의 미토 기세가 워낙 강해 감히 일지의 축토가 미토를 건드릴 생각은 결코 할 수 없었다. 그런데 대운에서 축토가 비치면 상황이 달라진다. 일지 축토가 대운 축토와 합세해 지긋지긋한 연월의 미토를 한번 흔들어보고픈 마음이 요동친다. 일지로서는 인성인 신금도 당연히 편을 들어줄 거라 생각한다.

문제는 일간이다. 숨 쉬는 것조차 힘겨워진 일간 계수에게 습한 축토와 건조한 미토의 한판 대결은 가뜩이나 불안정한 계수를 완전히 흔들어 놓을 수 있다. 더욱 걱정스러운 건 기축대운의 시작이 임술년이라는 거다. 축토와 미토의 분란도 어지러운 판에 연운의 술토까지 끼어들면 상황은 걷잡을 수 없다. 결국 가장 위태로운 건 일간 계수다.

대운이 역행하는 프루스트가 봄대운을 지나 겨울대운에 이르렀다. 계수 일간이었으나 버팀목이 되어줄 금이 부족해 일생을 지병에 시달리며 고통을 맛보았던 한 인간이 자신을 대신해 영원히 살아남을 문학(예술)을 만들었다. 안타까운 건 그가 창조한 그 세계가 바로 자신의 생체에너지를 갉아먹기도 했다는 거다.

1922년 (壬戌 51세)

어수선한 대운만 아니었으면 임술이 문제될 이유는 없다. 마른 술토가 그래도 임수를 이고 왔으니 그런대로 반길 만하다. 축토와 미토의 다툼이 있는 상황에서는 이야기가 달라진다. 술토가 본색을 드러낸다. 팔을 걷어붙이고 싸움판에 뛰어드는 형세다. 임수가 술토를 다독이기도 전에 말이다.

임종의 침상

봄에 〈소돔과 고모라 2〉가 출간된다. 여름을 지나는 동안 천식발작은 더욱 심각해졌다. 9월부터는 침상에 누워 지낸다. 그러다 모임에 잠깐 다녀온 뒤에 기침과 호흡곤란 증세를 보였고 상황이 극도로 나빠져 폐렴으로 진행된다. 몸은 추스르기 어려울 지경이었고 의식도 점점 흐릿해져갔다.

11월 17일 저녁, 프루스트는 혼미해져 버린 정신을 가다듬기 위해 사력을 다한다. '베르고트의 죽음' 장면을 보완하고 싶었던 그는 셀레스트에게 자신이 불러주는 내용을 받아 적으라고 한다. 1902년 네덜란드 헤이그에서 처음 보았던 베르메르의 〈델프트 풍경〉에 대한 느낌과 1년 전 파리에서 기진맥진한 몸으로 다시 본 그림의 인상을 함께 떠올리며, 작가는 떠나도 예술은 영원히 살아 숨 쉴 것이라는 마지막 구술을 18일 새벽까지 계속한다.

그 과정을 끝낸 프루스트는 몰려든 피로감으로 몹시 힘겨워하다가 의식을 잃었다. 11월 18일 오후 4시경 셀레스트와 동생 로베르가 지켜보는 가운데 그의 호흡은 완전히 멎었다.

프루스트는 왜 병원을 싫어했을까?

프루스트는 부친과 동생이 의사였다. 게다가 아버지는 명성을 얻었던 예방전문의였지만 프루스트는 병원시설이나 의료진을 신뢰하지 않았다. 그는 작품에서도 의사를 상당히 우스꽝스러운 속물로 묘사하곤 했다. 이런 생각은 임종 때까지도 유지되었다. 입원을 권하는 동생의 간곡한 부탁에도 그는 끄떡도 하지 않았다.

그가 자신의 운명을 알았다면 발상을 바꾸었을지 모르겠다. 프루스트 명식으로는 잘 갖추어진 의료장비와 예리한 수술 도구, 다양한 주사 물질이나 약품이 들어차 있는 병원을 마다할 이유가 전혀 없다. 금이 불편한 사람이면 의사도 불신하고 의료행위를 꺼리는 것이 이해할만하다. 아마도 명식에 금 기운이 취약하다 보니 금이라는 요소가 복합적으로 구현된 병원을 생소하게 느꼈을 수 있다.

혹시 프루스트가 동생의 간청을 받아들였다면 자신이 쓴 원고가 모두 책의 형태를 갖추고 세상에 나오는 과정을 지켜볼 수 있었을까?

1923~27년 (癸亥 甲子 乙丑, 丙寅 丁卯)

23년 〈갇힌 여인〉, 25년 〈사라진 알베르틴〉, 27년 〈되찾은 시간〉이 출간돼 나오면서 〈잃어버린 시간〉 전편이 모두 발행돼 나왔다.

그의 육신은 책으로 나온 작품을 전부 다 보지는 못하고 떠났다. 그래도 영혼은 다시 찾은 시간으로 돌아와 책장을 넘기는 독자들의 손끝에서 언제까지고 함께 숨 쉴 것이다.

베르고트의 죽음

'베르고트의 임종' 장면을 소개하며 프루스트 편을 끝내는 것이 좋겠다. 이 장면[16]은 〈잃어버린 시간을 찾아서〉의 제 5권 〈갇힌 여인〉에 들어있다. 프루스트는 소설가로 등장하는 베르고트의 임종 장면을 묘사할 때 베르메르의 그림을 끌어왔고 그것은 프루스트의 사유가 고스란히 드러난 '미지의 법률'이라는 주제로 전개된다.

그는 세상에서 말하는 법칙과 상관없이 인간에게는 심성과 육체를 지배하는 미지의 진리가 따로 있으며 그것은 인간내면에 존재하는 영혼의 기억뿐만 아니라 육체에도 하나하나 각인된다고 생각했다.

베르고트가 세상을 하직하는 장면은 프루스트라는 인물을 이해하기 위해 반드시 챙겨야할 결정적 장면이다.

---

16 이 책에 실린 '베르고트 죽음' 장면은 미학자 김진영의 프루스트 강의 자료에서 발췌한 것이다.

"(…)현기증이 더 심해졌다. 그는 마치 노랑나비 한 마리를 붙잡으려고 그 나비를 집요하게 바라보는 아이처럼, 너무도 아름다운 작은 벽면을 바라보았다. '그래, 나도 이렇게 글을 써야 했어.'라고 그는 중얼거렸다. '내 마지막 책들은 너무 건조해, 더 많은 색깔들을 문장들 안에 넣어야 했어. 내 언어들을 더 아름답게 만들어야 했어, 이 작은 노란 벽면처럼 말이야.' 그러는 동안에도 무거운 마비증상은 나아지지 않았다. 베르고트는 문득 허공에서 저울 하나를 보았는데, 그 한쪽 접시에는 그의 삶이 담겼고 다른 한쪽 접시에는 놀랍도록 아름답게 그려진 작은 벽면의 그림이 놓여 있었다. 그는 자기의 모든 삶을 그 벽면과 같은 아름다움을 위해서 아낌없이 주어버렸지만, 그만 신중치 못했음을 깨달았다. '하지만 어쨌든 이 전시회장이 오늘 저녁 신문의 기사가 되게 해서는 안 돼.' 그는 중얼거렸다.

그는 계속해서 여러 번 혼자 되뇌었다. '처마 밑에 그려진 저 노란 벽면, 저 작은 노란 벽면…' 그 순간 그는 소파 위로 쓰러졌다. 하지만 그는 자기의 생명이 위독하다는 생각은 하지 않았다. '그래. 감자 먹은 게 안 좋았어. 소화 불량이 일어났어, 그 밖에는 아무 것도 아닌 거야.'라고 자꾸만 낙관적으로 중얼거렸다. 또 발작이 왔다. 그는 소파에서 바닥으로 굴러 떨어졌다. 사람들이 달려왔다. 그러나 그는 이미 숨을 거둔 뒤였다. 그런데 베르고트는 정말 죽은 걸까? 아니, 아무도 그렇게 단정할 수 없다. (…)

어쩌면 우리가 이 세상에서 살아가면서 해야 하는 모든 일들은 다름 아닌 이전에 우리가 살았던 그 어떤 세상으로부터 가져온 의무들인지도 모른다. 왜냐하면 우리가 당연한 의무로 받아들이면서 행하는 모든 힘든 일들, 그러니까 선한 행동들, 부드러운 마음들, 예의바른 처신들-우리가 힘들게 수행해가지만 사실 아무도 알아주지 않는 그런 일들의 이유를 이 세상 안에서는 아무리 찾아봐도 찾을 수가 없다.

예술가들의 경우도 마찬가지다. 예술가들은 비록 신을 믿지 않아도 그들 스스로가 피할 수 없는 운명이라고 받아들이면서 하고 있는 일들, 말하자면 작품 하나를 스무 번씩이나 고쳐 쓰면서 매번 새로 시작하는 일들, 그 작품이 아무리 놀라운 것이라 해도 마지막에는 구더기의 장소가 되어버릴 신체에 대해서는 사실 아무 것도 변화를 가져올 수는 없는 일들, 타고난 재능으로 온 힘을 다해 공들인 놀라운 세공 때문에 너무도 아름다워 경탄을 금치 못하게 하지만, 결국 아무도 알아주지 않는, 그리하여 Vermeer라는 잘 알려지지 않은 어느 무명 화가의 작품으로 남겨지고 말 저 작고 노란 벽면을 마지막까지 정성을 다해 그리는 일도 마찬가지가 아닐까.

그런 일들은 그 이유를 이 세상 안에서 아무리 찾아도 결코 찾을 수가 없다. 그리하여 우리는 또 하나의 세상, 선함과 정직함과 자기헌신으로 만들어진, 여기 이 세상과는 다른 어떤 세상, 사실은 우리가 먼저 살았던, 그러나 이 세상으로 태어나기 위해 떠나와야만 했던, 그러나

마침내 되돌아가게 될 그 어떤 세상, 그러니까 이 세상은 알지 못하는 그 어떤 미지의 법률이 존재하는 세상, 그 법률의 조문들이 도대체 누가 그렇게 각인했는지는 모르지만, 우리 몸속에 씌어져 있어서 살아 있는 동안 함께 지니고 다니는 그 어떤 법률, 보이지 않는 것들보다도 더 보이지 않아서 바보들은 결코 알아보지 못하지만, 그것이 무엇이든 마음의 깊은 곳까지 내려가서 그 바닥에 닿으려는 정신적 작업들은 알면서 따르고 있는 그 어떤 법률, 그 미지의 법률이 지배하고 그 법률에 따라 우리 또한 살아가는 그런 또 하나의 세상이 있는 건 아닐까. 그렇다면 베르고트는 영원히 죽었다, 하는 생각은 결코 믿을 수도 인정할 수도 없는 일일뿐이다.

베르고트는 땅에 묻혔다. 하지만 사람들이 모여서 애도의 시간을 보내던 그날 밤, 불이 환하게 켜진 거리의 서점 쇼윈도 안에는, 그가 연작으로 발표한 세 권의 책들이 마치 날개를 펼친 천사들처럼 책장이 열린 채로 진열되어 있어서 이제는 세상에 없는 사람의 부활을 말해주는 것처럼 보였다.

Benjamin Walter

발터 벤야민, 발굴하는 인간

발터 벤야민 : 모피어스

모피어스는 매트릭스에 갇혀있는 인간을 구출하기 위해 조직된 저항군의 행동대장이다. 모피어스라는 이름은 그리스 신화에 등장하는 꿈의 신, 모르페우스에서 나왔다. 꿈을 통해 모양을 빚는 자, 미래 세계를 그려내는 사람이라는 의미로 이해할 수 있다. 그래서인지 모피어스는 저항군의 대장임에도 불구하고 예언에 의지해 인류의 구세주, 네오(the one)를 찾아다니며 자신의 신념을 실현하려 한다.

그렇다면 모피어스가 기대하고 바라는 세계는 네오를 통해서 구현

될 수 있다는 말일까?

흥미로운 건 양차 세계대전으로 혼란을 겪고 있던 20세기에도 모피어스와 비슷한 삶을 살았던 인물이 있었다는 거다. 바로 문예 비평가, 역사철학자로 잘 알려진 독일 출신의 발터 벤야민 (Walter Benjamin, 1892~1940)이다. 어떻게 평생 학자의 길만 걸었던 벤야민을 전사인 모피어스에 비유하는지 의문을 품는 독자가 있을 것이다.

벤야민, 정신성을 지키려 한 시대의 투사

벤야민은 전선에서 적들과 직접 대면해 전쟁을 치러지는 않았다.

인생여정을 보면 탱크나 장갑차가 즐비한 전장에서의 비참함과 참혹함에 버금가는 전투를 치렀다고 생각할 수 있다. 벤야민은 인류가 지켜내야 할 정신성을 발굴하기 위해 난폭한 광기의 시대를 그 어떤 전사보다도 맹렬하고 치열하게 관통해 나왔다.

유대인이었던 그는 1933년 독일을 떠났고 파리에 정착했다. 망명자의 신분으로 언제나 신변의 위협을 느끼면서도 계획한 작업, 파사젠 베르크(아케이트 프로젝트)를 완성하기 위해 도심을 관찰하고 파리국립도서관을 드나들며 연구에 몰두했다.

악몽과도 같은 두 번의 대전을 모두 목격한 벤야민은 문제에 대한 답을 자신의 시대에서는 찾을 수 없다고 생각했다. 그는 20세기가 광기에서 벗어나려면 이전 시대를 주목해야 한다고 믿었다. 자연과학의 발달과 더불어 향상된 기술력이 인류에게 희망과 꿈을 가져다주었던 19세기를 제대로 성찰해보지 않고서는 20세기는 광기에서 빠져나올 수 없다고 판단했다.

파사젠 베르크, 도시 탐사보고서

19세기는 앞선 시대의 인간들은 감히 경험하지 못했던 온갖 진귀한 생산품과 기술이 넘쳐났던 때다. 그랬던 시대가 어떻게 전쟁으로 치닫게 되었는지 벤야민은 역사와 문화를 기억하는 도시를 통해 밝혀내고자 했고 그 작업이 파사젠 베르크(Das Passagen-Werk) 이다. 파사젠 베르크는, 19세기를 살았던 인간들이 간절히 이루고자 했으나 이루지 못한, 그러나 꼭 실현되었어야 했던 어떤 열망을 추적해 놓은 연구서다.

판타즈마고리아

연구서에는 역사철학자 벤야민의 사상이 망라되어있다.
벤야민은 인간의 사유작용에는 이성적 판단이나 인식보다 지각이 더욱 큰 영향을 미친다고 보았다. 감각이 상품이나 물질에 매혹당하는 일이 반복되면 우리의 기억이나 생각도 환상에 갇힌다는 것이다.

그는 이것을 판타즈마고리아(phantas-magoria 환등)에 지배당하는 것으로 이해했다.

파사주passage 시간관

벤야민의 사유는 21세기를 사는 우리에게도 여전히 유효하고 또 절실하다. 오늘날은 시장이 모든 걸 움직인다. 과학과 기술도 시장에 예속돼버렸다. 물질이 빚어내는 환등세계를 인간의 정신적 자각만으로 물리친다는 건 불가능하다. 어쩌면 매트릭스 세계에 갇혀 깨어날 수 없는 인간은 바로 우리들인지 모른다.

어느 시대가 되었건 자신이 살았던 시절을 고민하는 인물들은 많다. 또 고민에 맞게 저마다의 해법을 내놓는다. 재미있는 건 벤야민의 경우 그 답을 자신이 살았던 시대와 앞선 시대와의 연결과정, 연결통로(passage)에서 찾으려 했다는 점이다.

그럼 여기서 passage가 무엇인지 잠시 살펴보고 가자.

파사젠 베르크의 파사젠은 영어로는 passage다. 프랑스어로는 파사주로 불린다. 통로, 복도, 연결된 관, 과정 등의 의미로 이해할 수 있다. 벤야민이 도시 탐사작업에 몰입해있을 당시 파리의 상점들은 길을 따라 길게 이어져 있었다. 이쪽 길과 저쪽 길에 늘어선 점포들은 길을 사이에 두고 마주 보고 있었다. 행인이 지나다니는 그 길의 천정은 비나 눈 등을 피하기 위한 목적에서 유리 같은 것으로 둥글게 덮개를 만들어 두었다.

벤야민은 상점을 따라 이어져 있는 통로, 파사주[17]를 자주 산책했다. 그 파사주를 지나며 쇼윈도의 마네킹도 보고 옷걸이에 걸려서 바람에 이리저리 흩날리는 옷도 보았다. 반짝이는 간판과 우뚝 솟은 건물을 마주하며 날마다 바뀌는 도시 이미지를 지켜보았다.

그는 파리에 머무는 동안 옛것과 새것이 어떻게 대체되는지, 내쫓기는 것이 무엇인지, 환대받는 것들은 또 어떤 것인지 하나도 놓치지 않고 찬찬히 살폈다. 우리가 정작 잊고 있는 것이 무엇인지, 꼭 붙잡아두어야 하는데도 서둘러 떠나보내고 있는 것은 어떤 것인지도 하나하나 기록했다. 그러면서 무엇을 어떻게 다시 살려내야 하는지 반성하고 성찰했다. 역사와 문화를 간직한 도시 탐사는 파리와 나폴리, 모스크바 등에서도 계속 진행되었다.

이제 시대와 시대가 맞물리는 지점을 주목했던 벤야민의 운명[18]을 따져볼 차례다.

---

17   아치형으로 된 지붕이 연결된 이 통로를 건축학 용어로는 아케이드라 한다.
18   벤야민은 생시가 알려져 있지 않다. 탄생시간은 추정한 것이다. 추리과정에 대한 소상한 설명은 뒤에 나온다.

발터 벤야민

1892년 7월 15일 출생

시	일	월	연
庚	戊	丁	壬
申	申	未	辰

金	土	火	水
金	金	土	土

식상	일간	인성	재성
식상	식상	비겁	비겁

대운

癸	壬	辛	庚	己	戊
丑	子	亥	戌	酉	申

수	수	금	금	토	토
토	수	수	토	금	금
56	48	38	28	18	08

벤야민의 운명방정식

시	일	월	연
庚	戊	丁	壬
申	申	未	辰
金	土	火	水
金	金	土	土

역사철학자의 특성을 드러내는 구조

 벤야민은 넓은 대지와 같은 戊토로 태어났다. 월지에는 일간과 같은 비겁 未토가 있고 월간에는 인성인 丁화까지 있어 일간의 역량은 대단히 강하다. 무토 일간은 세상 만물을 감싸는 특성이 있다. 그가 역사철학가로서의 임무를 성실히 수행한 데에는 4행(목화금수)을 모두 담아낼 수 있는 무토의 성정이 영향을 미쳤을 거다.
 이 명식은 金水 기운이 충분하고 火 기운도 있다. 기본골격은 갖춘 셈이다. 그렇지만 木이 보이지 않는다. 혹여 생명을 귀하게 여기는 천사가 와서 어린 식물을 정성껏 심는다 해도 땅에 뿌리내리고 자라기가 어렵다. 이 문제를 구체적으로 살펴보자.

생명을 배양하고픈 땅

무더운 未월에 태어난 무토가 水를 마르지 않게 하는 申금 위에 있다. 연간의 임수는 맑은 호수 역할을 한다. 물의 근원이 마련되었으니 생명을 키워낼 터전으로서의 준비는 마쳤다. 그런데 정작 필요한 목이 없다. 辰토와 未토의 지장간에 乙목이 있기는 하지만 시주의 庚申과 일지의 申금이 목의 성장을 방해한다. 여기에 대운도 金水 방향의 가을과 겨울로 흐른다. 이글거리며 불타올랐던 여름날의 丁화도 시간이 흐를수록 약해져 인성 역할을 해내기 어렵다. 대단한 포부를 품었던 戊토가 능력을 발휘해보기도 전에 계획을 접어야할 상황이다.

나무가 없어 황폐해진 토양

과정은 이렇다. 광활한 땅으로 태어난 일간은 풍부한 물이 있으니 당연히 나무를 키우고 싶어 한다. 그런데 시간이 흘러 가을 겨울이 되면서 결국 확인하게 되는 건 수확도 없이 황폐해진 땅뿐이라는 말이다.

木도 없이, 토양이 저 혼자서 산출물을 만들 수는 없다. 목이 없으니 밀려드는 금수를 토가 감당해내기도 어렵다. 목이 있어 금수를 처리할 수 있었다면 궁핍하지도 않았을 것이다. 돈을 벌 기회도 많았을 거고 사회적 명예도 얻었을 거다. 더욱 나쁜 것은 벤야민의 경우 가뜩이나 부담스러운 금수가 대운에도 겹쳐있다는 점이다.

곤경에 처한 무토는 안간힘을 쓰며 버텨보지만 흙의 알갱이들이 물에 허물어져 떠내려가는 사태를 막기는 어렵다.

운명방정식 해부

돈이 돌아가는 경로에 밝았던 아버지

벤야민은 1892년 7월 15일 독일 베를린에서 3남매 중 장남으로 태어났다. 아버지(1856~1926)와 어머니(1869~1930)가 모두 유대인이었지만 종교적 규율에 얽매이지 않는 세속화된 분위기에서 성장했다.

아버지는 돈이 돌아가는 경로를 잘 알고 있었기에 그때그때 상황에 맞는 업종으로 바꾸어가며 부를 축적했다. 주식거래로 막대한 이익을 남겼고 고미술품을 구입해 비싼 가격에 되팔기도 했다. 포도주 유통에도 개입해 큰 재산을 모았다. 그 덕에 벤야민은 호화로운 빌라에서 안락한 유년시절을 보낼 수 있었다.

장남이 법률가가 되거나 대학교수라도 되기를 소망했던 부친은 연구자의 길을 가려는 벤야민을 매우 못마땅해 했고 일정 시기가 되자, 경제적 지원을 끊어버렸다.

현실적 결과물을 원하는 아버지

벤야민 명식에서 아버지는 연간에 있는 壬수다.

원래 흐르는 물 임수는 흙에 스며들어 목을 자라게 한다. 목이 없는 상황에서는 임수가 나무를 향할 수 없다. 그렇다 보니 이 임수는 일시의 金을 받아들이기만 한다. 이것은 아버지가 사업을 통해 돈을 벌지만 주변 사람들을 살펴가면서 관계를 넓혀가는 것이 아니라 오로지 재산축적에만 관심을 두었다고 해석할 수 있다. 아버지가 아들에게 기대하는 역할도 가문을 빛낼 법관이 되거나 실용적이고 실질적인 직업인이 되는 것이지 학문의 길에서 정진하는 것이 아니었다.

木이 부족해 결실이 빈약한 아들

벤야민처럼 木이 꼭 있어야 하지만 부족한 경우는 결과물을 당대에 곧바로 만들어내기는 어렵다. 아버지가 바라는 번듯한 결실, 실용적이고 실질적인 쓸모를 위해 애쓰기보다는 가르치고 배우는 교육현장에 머물며 木의 과정을 거치는 것이 좋다.

명식을 고려하면 아버지의 뜻을 따르지 않는 아들, 시대를 고민하고 인간을 생각하며 연구자의 길을 가려는 벤야민의 선택이 합당해 보인다. 이런 판단은 오행을 통한 분석에서만 가능하다.

유년기에 경험했던 풍요로움은 너무도 빨리 지나갔고 남은 생애 내내 그는 궁핍한 생활을 지속했다. 일시에 차가운 무신과 경신 대신 생장하는 목이 나와 있었다면 중년과 말년도 곤궁하지 않았을 거다. 그래도 월간에 인성 丁화가 있어 학문에 대한 열정은 끊이지 않았다.

파사젠 베르크, 자연사에 대응하는 인간역사

역사철학자 벤야민의 총체적 결과물이라 할 수 있는 아케이드 프로젝트(파사젠 베르크)는 14년이나 걸려 완성한 대작이다. 모스크바, 베를린, 나폴리, 파리 같은 유럽의 대도시를 관찰하고 기록하면서 과거와 현재를 동시에 관통해나간 이 작업은 자연사에 대응하는 인간역사라 불릴 만하다. 특히 파리에서의 작업은 주로 국립도서관에서 진행했는데 그는 9년이 넘는 세월을 같은 책상, 같은 좌석에서 하루에 10시간 가까이 머물며 연구에 매진했다.

자기 시대와 미래 세대를 걱정한 지적 방랑자

1940년 5월, 독일군대가 프랑스로 들어올 때 그는 미국으로 가기를 희망했지만 서류를 갖추지 못해 단념한다. 어쩔 수 없이 피레네 산맥을 통과해 스페인으로 입국하려는 난민 일행과 합류했지만 예측하지 못한 문제가 발생하자, 벤야민은 국경수비대에게 넘겨지면 이젠 정말 끝장이라는 심정으로 1940년 9월 27일(壬子대운 庚辰년 乙酉월 癸亥일), 金水의 기운이 덮쳐오는 날 자살하고 만다. 심장병 환자였던 그가 사력을 다해 산맥을 통과하는 동안 몸은 이미 무너지고 있었다. 그 와중에 또다시 신분이 드러날지도 모를 위험스런 순간을 맞닥뜨리자, 준비해둔 모르핀을 털어 마셨다.

남다른 안목과 윤리적 통찰까지 갖춘 벤야민은 유럽이 지리 정치학적으로 대 격변을 겪던 시기에 곤궁한 지적 방랑자로서의 삶을 살다 떠났다. 시대가 파국으로 치닫는 것을 지켜보며 자기 시대와 미래 세대를 염려했던 그는 보편적 인간 삶을 개선할 수 있는 방안에 대해 끊임없이 생각했다.

흥미로운 건 그가 몹시 힘든 시기에 행복했던 시절을 회고하며 써나간 작품 〈베를린의 유년시절〉[19]에서도 운명적 특징을 발견할 수 있다는 거다.

---

19 박설호가 번역한 〈베를린의 유년시절〉은 1992년에 출판된 책이다. 2007년에는 윤미애가 번역한 〈1900년경 베를린의 유년시절 ; 베를린 연대기〉도 나왔다.

작품으로 접근한 벤야민의 운명

제 3의 영역

베를린은 부유층이 거주하는 서부지역과 가난한 사람들·거지·창녀·유대인·넝마주이들이 모여 살던 동부지역으로 나뉘어 있었다. 벤야민 가족은 서부에 살았는데 부모는 그에게 동쪽으로 넘어가지 말라고 했다. 어느 날 어린 벤야민은 심부름을 다녀오다 길을 잃어 동부지역으로 들어섰다. 처음에는 낯선 곳에 왔다는 불안감으로 몹시 놀라고 두려워했었지만, 시간이 흐르면서 그는 새로운 공간에 대한 호기심이 일었고 덕분에 미지의 경험을 하게 된다. 그러면서 자신은 한정된 공간에 갇혀 있던 존재임을 어렴풋이 느낀다. 속해 있던 지역을 넘어가면 다른 대상을 만날 수 있다는 것도 이해한다. 또 서로 다른 환경이 실은 확연히 구분된 것이 아니라 어떤 경계지점을 통해 서로 연결돼있다는 것도 희미하게나마 알아챈다.

이 겪음은 훗날 그가 중간지점(대립한 두 영역이 서로 맞물려 있는 장소)에 대한 사유를 할 수 있었던 중요한 계기가 되었다. 이곳도 아니고 저곳도 아닌 지점 혹은 이쪽일 수도 있고 저쪽일 수도 있는 영역, 두 공간을 동시에 아우를 수 있는 범위로서의 '제3의 영역'은 그렇게 탄생했다.

이 제3의 영역에서 문지방(threshold), 파사주(passage), 아우라, 미메시스적 능력, 알레고리적 시선 같은 그의 독특한 사유가 나온 셈이다. 그래서 '나'라는 개체와 그 개체 밖에 존재하는 타자의 시간을 함께 조망하고, 보이는 세계에서 보이지 않는 세계를 헤아리며, 과거에서 미래를 건져내고 또 미래에서 과거를 발견해내는 시선이 가능했을 것이다.

〈베를린의 유년시절〉에 들어있는 난쟁이 꼽추[20]를 읽어보면 그의 시선을 더욱 분명히 알 수 있다.

난쟁이 꼽추

어렸을 적 내가 즐겨하던 일 중의 하나는 길가에 서 있는 어느 건물의 지하실 방 안을 몰래 들여다보는 일이었다. 그 지하실에는 나무 살이 박힌 조그만 창문이 있었는데 그 창문이 어두운 지하실 안으로 약간의 바람과 햇빛을 넣어주는 단 하나의 열린 공간이었다. 길을 지나다가 나는 무릎을 조아리고 앉아서 그 통풍구 안으로 지하실 안을 들여다보았는데 그 호기심은 아마도 그 통풍구가 외부로 연결되어 있다기보다는 안쪽 깊숙한 곳으로 끌어들이는 듯싶은 모양새를 지녔기 때문일 것이다. 몰래 지하실 방안을 들여다보면서 어쩌면 나는 카나리아 새나 램프 혹은 그 안에 살고 있는 사람을 볼 수 있을 거라고 잔뜩 기

---

20 박설호 선생의 허락을 얻어 '난쟁이 꼽추' 전편을 실었다. 독일어를 모르는 사람이라도 세심한 번역 덕에 벤야민이 처한 운명적 상황을 그려볼 수 있다.

대를 품었는지도 모른다. 하지만 그 기대는 한 번도 채워진 적이 없었다. 아니 그 기대는 내가 바라는 것과는 정반대의 방식으로 채워지곤 했다. 왜냐하면 밤이 되어 잠이 들면 마치 시선의 창끝이 뒤집어지듯 어떤 시선 하나가 그 어두운 지하실 방안에서 나를 꼼짝 못하도록 노려보는 악몽에 나는 시달리곤 했던 것이다. 꿈속에서 나를 노려보는 건 뾰족한 고깔모자를 머리에 쓴 요정들이었다. 그러나 그 요정들은 내가 놀라서 눈을 뜨자마자 벌써 사라지고 없었다. 나는 그 요정들의 정체가 늘 궁금했었다. 내가 그 요정들이 누구인지를 알게 된 것은 어른이 된 뒤였다. 어느 날 나는 우연히 게오르그 세러의 '독일 동화집'을 읽다가 다음과 같은 노래를 발견했던 것이다.

포도주 한 잔을 가져오려고
어두운 지하실로 내려갔더니
그곳에 살고 있는 난쟁이 꼽추가
포도주 항아리를 내게서 빼앗아가네

나는 이 난쟁이 꼽추를 즉시 알아보았다. 어두운 지하실에 숨어 살면서 어쩌다 마주치는 사람들에게 못된 짓거리로 피해를 주는 그런 종류의 사람들은 모두가 이 난쟁이 꼽추였다. 어린 시절 꿈속에서 나를 노려보던 고깔요정들, 대도시의 게토에서 살아가는 거지들, 밤 깊은 공원의 나무그늘 밑에서 암탉과 수탉처럼 시시덕거리며 서로 희롱하는 불량소년소녀들 – 이들은 모두 이미 오래 전부터 난쟁이 꼽추의 존재를 잘 알고 있었다.

그러나 나는 그렇지 못했다. 나는 아주 오랜 시간이 지난 뒤에야 비로소 난쟁이 꼽추의 존재를 알게 되었던 것이다.

난쟁이 꼽추가 누구인지 알려준 사람은 어머니였다. 내가 실수로 물건을 깨트릴 때마다 어머니는 '재수꾼이 왔구나.'라고 말씀하시곤 했었다. 그때는 그 말이 무슨 말인지 몰랐지만 이제 나는 그 말의 의미를 안다. 어머니가 말한 '재수꾼'이란 난쟁이 꼽추였다. 내가 물건을 깨트렸을 때, 그 난쟁이 꼽추는 나를 노려보고 있었던 것이다. 난쟁이 꼽추는 자신을 알아보지 못하는 사람을 노려본다. 그 사람이 계속 난쟁이 꼽추의 시선을 의식하지 못하면, 혹은 관심을 두지 않으면, 난쟁이 꼽추는 그 사람이 실수를 저지르게 만든다. 실수를 저지른 사람은 그러나 왜 그런 일이 일어났는지를 여전히 알지 못한 채 망연자실한 눈으로 깨어진 물건들의 조각들만 쳐다볼 뿐이다.

부엌으로 가서 스프를 끓이려는데
난쟁이 꼽추가 나타나서
냄비를 부수어버렸네

살아오면서 나는 남달리 자주 난쟁이 꼽추를 만났다. 그때마다 나는 인생에 실패를 맛보았다. 그 실패는 내가 난쟁이 꼽추의 시선을 알지 못했기 때문이었다. 난쟁이 꼽추에 대한 무관심 때문이었다. 그래서 난쟁이 꼽추는 자주 나의 길을 막았고 그때마다 나는 이런저런 일에 실패를 하면서 점점 더 가난해졌다. 해가 지나면서 집이 작아지고, 정원이 작아지고, 벽난로가 작아지고, 책상이 작아지고, 의자가 작아졌다. 나의 물건들은 난쟁이 꼽추가 되었고 내 인생도 난쟁이 꼽추가 되었다.

작은 방으로 들어가서
뮤슬리를 먹으려는데
난쟁이 꼽추가 나타나서
벌써 다 먹어버렸네

얼마나 자주 난쟁이 꼽추는 내게 나타났는지. 혼자 외로이 길을 막고 서서 나를 응시하고 있었는지. 그러나 나는 한 번도 그를 본 적이 없었다. 다만 난쟁이 꼽추 혼자서 나를 바라보고 있었을 뿐이었다. 내가 알아보지 못하면 더 날카로운 시선으로.
그러나 어찌 난쟁이 꼽추를 알아보지 못하고 인생을 보내는 이가 어디 나뿐일까. 인생은 난쟁이 꼽추들을 찍은 수많은 사진들이 모여 있는 앨범인지 모른다. 그리고 죽어가는 사람이 그가 살아온 전 생애를 파노라마처럼 본다면 그 파노라마는 이 난쟁이 꼽추들의 앨범일 것이다. 물론 그 사진들은 쏜살같이 눈앞을 스치며 사라지는 그림들이다. 하지만 그 그림을 포착할 수 없는 것은 아니다. 엄지손가락으로 책장을 눌렀다가 떼면 아주 잠깐 동안 그 흔적이 남지 않던가. 그리고 일련의 그림들을 빠르게 넘기면 정지사진들이 마치 되살아난 것처럼 걸어 다니고 주먹을 휘두르고 헤엄을 치는 듯이 보이지 않던가.

난쟁이 꼽추의 사진들은 나의 초상사진들일 것이다. 이제 난쟁이 꼽추는 나의 사진을 찍는 일을 그만 두었다. 그는 제 할 일을 다 완수했다. 그러나 나는 난쟁이 꼽추가 찍은 나의 사진들을 다시 들추어 본다. 그러면 목소리가 들린다. 가스등이 윙윙대는 것 같은 그 목소리는 수십년이 지난 지금에야 다음과 같은 구절로 들려오는 것이다.

아이야, 귀여운 아이야
제발 부탁하건대
이 난쟁이 꼽추를 위해서도
기도를 해 주렴!

〈베를린의 유년시절〉 발터 벤야민 지음 / 박설호 옮김 / 솔 1992

시대의 주인이 되지 못한 난쟁이 꼽추

난쟁이 꼽추는 무시당하고 외면당하며 내버려지는 모든 존재를 의미한다. 효율성을 중시하는 시대에 사람들은 약하고 못난 사람들을 만나는 것을 꺼린다. 자신의 인생길에 별로 도움이 안 되며 괜한 시간만 낭비한다고 여겨 피하고 본다. 지나간 젊은 날은 벤야민도 그러했을 것이다. 그런데 삶의 시간이 얼마 남지 않았을 때 그는 난쟁이 꼽추를 알아보고 회한에 젖는다.

난쟁이 꼽추는 우리의 시선이 닿지 않는 아니 머물고 싶어 하지 않는 구석지고 어두운 곳에서 살아가는 사람들이다. 그렇지만 빛나는 조명 등 아래 광채를 내뿜으며 전시된 상품들은 그들이 만들었다. 실은 부르주아들이 누리는 물질적 풍요의 상당 부분은 난쟁이 꼽추들의 몫이다. 그러고 보면 난쟁이 꼽추들은 인생의 훼방꾼이 아니라 우리 모두의 인식을 새롭게 만드는 길잡이에 가깝다.

벤야민은 기술이 발달해 생산품이 산처럼 쌓여도 난쟁이 꼽추들이 여전히 헐벗고 멸시받는 세상은 문제가 있다고 보았다. 그는 시대의 주인인 그들이 자기 몫을 찾고 당당히 설 수 있어야만 죽어있던 도시의 에너지도 활성화된다고 판단했다. 이런 발상은 계량화와 효율을 우선시하는 곳에서는 생각하기 어렵다. 자본주의 경제학은 과학을 돈벌이에 유익한 기술과 결합해 엄청난 물질적 번영을 이뤄냈다. 그럼에도 지금 당장 눈에 보이는 결과물을 내놓지 못하면 그 대상이 사물이건 생명체건

기다려주지 않고 가혹하게 내친다.

벤야민은 급격히 변모해버린 현대 대도시에서 영문도 모른 채 뿌리 뽑힌 나약한 존재들을 떠올렸다. 그러면서 초라하고 남루한 행색의 난쟁이 꼽추들, 무능해 보이며 아무것도 할 수 없을 것 같은 사람들의 가치를 우리가 발견해낼 수 있어야 시대가 몰락을 피할 수 있다고 생각했다. 하지만 광기에 빠진 자본주의사회는 문제를 해결하기는커녕 끝도 없이 난쟁이 꼽추들을 배출해낸다며 탄식했다.

난쟁이 꼽추를 품고 있는 벤야민 사주

특이한 건 자본주의의 해악을 간파한 벤야민의 생각을 사주에서도 읽을 수 있다는 거다. 그의 운명에서 辰토와 未토 지장간 속에는 자라나지 못하는 숨은 乙목들이 있다. 이들은 겉으로 드러나지 않아 눈에 쉽게 들어오지 않는다. 그렇지만 이 기운들이야말로 분명 미래의 어느 시점에 벤야민의 못다 피운 꿈을 실현시킬 난쟁이 꼽추, 즉 숨어있는 재능꾼들이다.

무의지적 기억에서는 오래전부터 살고 있었던 난쟁이 꼽추를 벤야민은 눈치채지 못했다. 아니 어쩌면 일부러 외면하고 말았던 건지도 모른다. 그 난쟁이 꼽추를 그는 인생이 무너져가는 말년에 이르러서야 겨우 알아보고 인정할 수 있었다.

발터 벤야민의 출생시간

나무를 위태롭게 만드는 시간

무더운 여름에 태어나면 계절의 열기를 식히고 목마름을 해소하는 과정이 필요하다. 미월에 태어나 金水 기운을 갖춘 벤야민의 명식은 연월일까지만 보면 구성이 잘돼있다. 연월일까지의 원만한 구조를 시간에서 이어가면 된다. 연월일에 木이 없으니 시간에 木이 오면 좋다.

시간에서 木만 확보할 수 있다면 완벽한 순환이 일어난다. 벤야민의 사주에서 가장 긴요한 것은 목 기운이다. 전쟁 아니면 혁명을 떠올리던 시기에 그는 독특한 착상으로 문예비평과 역사철학을 전개하며 연구 성과를 내놓았다. 하지만 당시에는 폭넓은 지지나 인정을 받지 못했다. 자신의 모든 것을 걸고 연구한 결과물을 학계에 제출했는데 잘 받아들여지지 않았던 거다. 이후 깊은 좌절감을 느꼈고 물질적 곤궁함도 경험했다. 벤야민이 돈에 대한 압박 없이 풍족한 생활을 했던 시절은 유년기뿐이었고 나머지 생애는 궁핍과 핍진 그 자체였다.

이런 상황을 감안하면 벤야민이 출생한 시간에는 사회적 인맥을 형성해주는 관성 木이 없었을 거다. 어쩌면 단순히 없는 정도가 아니라 木을 위태롭게 하는 요소가 나와 있을 것이다. 목을 내치는 생시라면 庚申이나 辛酉가 가능하다. 그렇다면 목도 없고 금만 가득해 매우 험악한 환경인데 어떻게 그는 일생 학자의 길을 걸었을까?

학문에 대한 열정을 방해하지 않는 시간

벤야민의 일간은 戊토고 인성은 火다. 금 때문에 명식의 구조적 문제는 발생했지만 금이 화를 직접 방해하지는 않는다. 경제적으로는 매우 어려웠지만 그래도 학문에 대한 열의는 쉽게 꺼지지 않을 것이라 판단할 수 있다.

만약 그의 생시를 土가 매우 강해지는 戊午나 己未로 잡으면 대운이 금수 방향으로 흐르는 말년의 상황을 설명하기 어렵다. 무오나 기미시라면 마지막 몇 해가 가난할 수 없고 또 국경수비대에 쫓겨 죽음이라는 결단을 스스로 내리지 않았을 거다.

아케이드 프로젝트를 내장한 시간

근현대 유럽에서는 과학이 발전하면서 얻은 성과가 기술에 반영되고 곧바로 생산수단에도 이용되었다. 거대한 재화가 흘러넘쳐났다.

문제는 그 엄청난 상품 물량이 대다수 헐벗은 사람들에게 흘러가지 못한다는 데 있었다. 벤야민은 고여있는 생산품이 왜 무수한 인간들을 향해 갈 수 없는지 고민했다. 그러면서 시간과 공간이 남긴 자취를 더듬어보았고 그 결과물이 〈아케이드 프로젝트(파사젠베르크)〉로 남았다.

〈아케이드 프로젝트(파사젠베르크)〉는 벤야민이 오랜 시간 공들여 연구했던 작품이다. 그러나 제대로 된 결과물을 그는 보지 못하고 떠났다. 변화해가는 도시의 흔적을 통해 기억과 망각을 추적한 〈아케이드 프로젝트〉에는 자본주의에 대한 경각심이 담겨있고 인간이 나아가야 할 방향이 제시돼 있다.

작품을 쓰기 위해 유럽의 여러 도시를 주유하고 표류하는 동안 그는 정치·경제·행정적 기능이 총망라된 대도심의 표층만 보지 않았다. 아니 어쩌면 화려하고 웅장한 도시의 외관이나 표면은 애초부터 그의 관심사가 아니었을 수 있다. 그는 도시의 심층을 현미경적 시선으로 해부해 기술이 꾸었던 원래의 꿈, 상품이 품었던 진정한 염원을 읽으려 했다.

명식에서 시간은 한 개체의 종착지로 볼 수 있다.

학자이자 작가였던 벤야민의 생시는 기묘하게도 그가 가장 오래 매달렸을 〈아케이드 프로젝트〉의 이미지와 닮은 구석이 있다. 그의 운명에는 戊토의 넓은 땅, 여름날 강한 丁화, 에너지를 두루 유통시킬 壬수가 있다. 여기에 시간 庚申금을 더하면 잘 구획된 대도시의 모습이 나온다. 여기까지만 얘기하면 문제될 것이 없다.

겨울대운과 접속해 생명에게 고통을 가하는 시간

대운을 감안하면 사태가 매우 심각해진다.

삼십대에 겨울대운이 들어온다. 그렇게 되면 시설물이나 자원은 꽉 들어차 있지만 그 물적 자원을 관리하고 사용할 인간, 즉 생명체가 없다. 그래도 겨울대운이 오기 전에는 진토와 미토 속에 숨어 있는 목 기운들이 간신히 명맥을 이어갈 수 있다.

싸늘한 겨울대운이 닥치면 숨어 있던 목도 이제 더는 견딜 수 없어 죽음을 맞는다. 이 장면에서는 유럽에서 발생한 세계대전으로 두려움과 공포를 느끼며 스스로 삶을 포기하고만 벤야민의 마지막을 그려볼 수 있다. 또 영문도 모른 채 죽어간 전선의 병사들, 살던 땅에서 내쫓겨 신음하며 떠돌던 대다수 난민들도 난쟁이 꼽추의 모습으로 떠올릴 수 있다.

인생의 사계절

대운 행로

| 癸 | 壬 | 辛 | 庚 | 己 | 戊 |
| 丑 | 子 | 亥 | 戌 | 酉 | 申 |

수	수	금	금	토	토
토	수	수	토	금	금
56	48	38	28	18	08

벤야민의 월주는 丁未다.
대운은 8세에 들어온다.

월주가 만들어준 행복한 유년

대운이 들어오기 전에는 월주가 영향을 미친다.

丁未는 일간이 부담스러워 하는 金기를 한 번에 제압하고 호수처럼 차가운 壬수를 따뜻하게 비춘다. 벤야민이 가장 여유로웠던 시절은 바로 이 시기다. 그의 일간은 무토로 차가운 水가 불편하다. 연에 있는 임수는 부친을 의미하지만 그 관계는 매우 부담스럽다.

시	일	월	연
庚	戊	丁	壬
申	申	未	辰

월의 따스한 열기가 작동하면 수와 화도 균형을 이룬다. 당연히 부친이 하는 사업도 잘 풀려나간다. 벤야민의 아버지가 큰돈을 벌었던 때도 이 무렵이다.

1895년 (乙未 3세)

남동생 게오르크 벤야민이 태어났다. 목이 없었던 벤야민에게 을미생 남동생이 생긴 것은 반길 일이다. 우유부단했던 그와 달리 동생은 성격이 급해서 자주 부딪치기도 했지만 그래도 서로 힘이 되는 관계였다.

동생은 훗날 의사가 돼 베를린에서 가장 가난한 지역인 베딩에서 병원을 열고 아파도 병원에 갈 수 없는 열악한 사람들을 도우며 살았다. 공산주의를 열렬히 신봉했던 동생[21]은 1933년 나치에게 끌려갔다. 고문과 구타에 시달리던 그는 1942년에 견디기 어려운 고통을 벗어나기 위해 전선줄에 몸을 묶어 감전사했다.

---

21 연에서 목의 기운을 타고났기에 가난한 노동자를 위해 살았다고 볼 수 있다.

戊申 己酉 庚戌 서늘함이 감도는 가을

가을대운 30년 동안은 土와 金이 함께 들어온다. 금과 금이 배치된 경신, 신유에 비하면 그나마 다행이다. 하지만 시간이 흐를수록 토가 금을 강화시켜 금의 기세가 거세지는 것은 어쩔 수 없다.

입추(立秋; 양력 8월 7일경)에서 열흘 정도 지나면 무덥던 여름의 열기도 조금 누그러진다. 이때가 되면 한여름을 견딘 초목은 단단한 결실을 주렁주렁 매달고 농부를 반긴다.

키워낼 나무도 없이 태어난 벤야민은 가을 들판에 나가도 거둘 것이 없어 마음이 뒤숭숭하다. 태어날 때는 부잣집 아들이었으나 성장해갈수록 빈털터리 신세로 전락해간다.

무신(戊申)대운 (열기가 남아있는 이른 가을) : 8세~17세 (1900~1909)

천간은 무토, 지지는 신금이 작동하는 대운이다. 지지의 금은 불편하지만 일간과 같은 천간 무토는 그런대로 친근하다. 또 아직은 본격적인 가을 기세가 덮친 것은 아니니 기분 좋은 시원한 느낌으로 다가온다. 벤야민의 명식에서는 일간과 같은 기운이 겹쳐오는 것은 문제가 되지 않는다. 나와 의견을 교환할 벗이 끊이지 않고 나를 찾아오는 것이니 마다할 이유가 없다.

10간의 속성으로 따지면 일간 무토는 너른 터전에 해당한다. 벤야민은 무신대운에 아버지가 마련한 저택에서 친구들과 함께 먹고 마시고 토론하며 보낼 수 있었다. 무토의 특성을 발휘해 찾아오는 벗들을 환대한 것이다.

1901년 (辛표 9세)

여동생 도라 벤야민이 태어났다.

훗날 경제학과 위생학을 공부한 도라는 직업과 모성의 문제에 관심이 많아 관련 논문을 여러 편 남겼다. 1940년 이후, 그녀는 프랑스의 여성수용소를 거쳐 스위스로 갔고 1946년 유방암으로 사망했다.

발터 벤야민의 제수, 힐데 벤야민

여기서 게오르크의 아내, 힐데 벤야민의 얘기를 하는 게 좋겠다.

힐데는 도라의 단짝 친구로 유대인이 아니었다. 법학을 공부하던 힐데가 어느 날 도라의 집에 놀러 와 게오르크와 마주쳤다. 힐데와 게오르크는 첫눈에 서로 호감을 느꼈고 열렬한 연애 끝에 결혼하고 아들도 낳았다. 나치가 세력화하면서 남편이 게슈타포에 체포돼 수용소에서 죽고 힐데는 홀로 아들을 키웠다.

2차대전이 끝나고 베를린이 4개국에 분할 점령되었을 때 공산당원이었던 힐데는 소련이 관할하던 동독으로 갔다. 그녀는 동독의 초대 여성 법무부 장관으로 활동하면서 나치의 과거를 철저히 까발리며 가차 없는 청산작업을 수행했다. 게오르크와 힐데의 아들이자 발터 벤야민의 조카인 미하엘은 법학 교수가 되었다.

1902년 (壬寅 10세)

출생 이후 가정교사를 통해 양질의 교육을 받아왔던 벤야민이 부르주아나 상류층 귀족의 자녀가 주로 다니던 프리드리히 황제학교에 들어간다.

1905~06년 (乙巳 丙午 13~14세)

목화가 작동하는 연운이다.

튀링겐에 있는 시골 기숙학교에서 지내며 자유로움을 만끽한다. 규제가 심했던 황제학교의 수업방식에 비해 시골학교는 분위기도 느슨했고 문학과 음악, 철학 등 다양한 교과과정이 들어있어 어린 시절의 벤야민에게 많은 자극이 되었다.

벤야민이 공식적인 학교 교육을 받게 되는 시기는 무척 중요하다. 다행이 연운에서 수목화로 이어져 큰 어려움 없이 과정을 마칠 수 있었다.

기유(己酉)대운 (무르익은 가을) : 18세~17세 (1910~1919)

천간은 기토, 지지는 유금으로 여전히 土金 대운이다. 목이 아쉬운 상태에서 土金 운이 계속된다. 목이 없으니 자유로운 분위기와 성장의 기운을 기대하기 어렵다. 특히 이 기간은 1차 대전과 맞물려있어 부친의 사업도 어려움을 겪는다.

1911년 (辛亥 19세)

작문에 관심이 있었던 벤야민은 〈출발〉이라는 학생잡지에 지속적으로 글을 발표한다.

1912년 (壬子 20세)

대학입학 자격시험을 치르고 베를린이 아닌 프라이부르크의 알베르트 루드비히 대학에 등록해 다음 해까지 철학과 역사를 수강한다.

베를린 집에서 지내는 방학기간(1912~13 겨울, 1913~14 겨울, 1915 여름)[22]에는 베를린 대학에서도 철학과 문학, 예술사를 공부했다.

---

22 이 시기 상당수 젊은이들은 전쟁의 소용돌이에 휩쓸려 전쟁터로 갔지만 벤야민은 전선에 가지 않았다. 대운에서는 목이 없어도 연운에서 목화의 기운이 이어져 공부를 계속 할 수 있었다.

1914년 (甲寅 22세)

1차 대전이 발발하자, 좌파 우파 할 것 없이 전쟁을 지지하는 분위기로 돌아선다. 벤야민은 깊은 시름에 잠긴다. 8월에는 친구 하인레와 그의 약혼녀가 전쟁반대를 외치며 자살한다. 이 일을 계기로 벤야민은 이전까지 활발하게 해 오던 정치활동과 청년운동을 그만둔다.

1915년 (乙卯 23세)

뮌헨에서 생활하며 시인 라이너 마리아 릴케와 알고 지낸다.

을목과 묘목이 들어온 관성 연운에 연장자를 만나 지혜를 얻고 관성의 시선(자신을 객관적으로 볼 수 있는 헤아림의 기운)을 배운 셈이다.

1917년 (丁巳 25세)

독일을 떠나 스위스 베른 대학에서 공부한다. 4월에는 오스트리아 출신의 유대인으로 추리소설 번역가에 잡지 편집인이었던 도라 소피 켈르너(Dora Sophie Kellner, 1890-1964)와 결혼한다.

이듬해 아들 슈테판 라파엘(Stefan Rafael, 1918-1972)이 태어난다.

1919년 (己未 27세)

베른 대학에서 〈독일 낭만주의에서의 예술비평 개념〉으로 박사학위를 취득한다.

스위스에서 머문 3년은 연운이 정사 무오 기미였다. 지지에서 강한 화가 작동할 때다. 그에게 화는 인성의 기운이니 박사학위를 획득할만하다. 게다가 아직은 명식 월간의 정화도 제 몫을 하고 있다. 그렇지만 관성인 목이 나와 있지 않으니 교수가 되는 길[23]은 쉽지 않아 보인다.

경술(庚戌)대운 (막바지 가을) : 28세~37세 (1920~1929)

천간은 경금, 지지는 술토로 아직 토금의 대운이다.
가을이 끝나가는 술월이 되면 한때 초목으로 무성했던 대지도 스산한 사막과 같은 모습으로 바뀐다. 목이 부실한 벤야민이 이처럼 삭막한 대운을 맞이했으니 삶이 고생스러울 수밖에 없다. 이 기간만 무사히 통과하면 괜찮을까? 그렇지 않다. 그를 더욱 힘겹게 몰아세울 금수 기운이 버티고 있다.

1920년 (庚申 28세)

태어난 시간과 같은 기운이 연운으로 왔다. 벤야민의 일간이 무토니 金은 재능이나 능력을 발휘할 수 있는 식상에 해당한다. 식상 자체가 나쁘다고 말하기는 어렵다.

---

23 독일에서 교수가 되려면 박사학위 외에 별도의 자격 논문을 제출하고 통과돼야 한다.

관성 없이 교수가 될 수 있을까?

문제는 식상 금이 재성인 수를 상생한 다음부터다.

강한 식상 금이 재성 수로 이어진다고 해보자. 재성 수가 나아갈 관성 목만 든든하면 걱정할 필요가 없다. 하지만 그렇지 못하니 무토가 품은 원대한 포부도 실현되기 어렵다. 또 재성을 의미하는 부친이나 아내와도 원만한 관계를 유지하기 힘들다. 이런 과정을 생각하면 그의 명식에서 목이 얼마나 중요한 요소인지 실감할 수 있을 거다.

가족과 함께 부모가 있는 베를린 집으로 돌아왔으나 그곳에서 오래 있을 수 없어 분가한다. 부친으로부터 경제적 지원을 중단하겠다는 통고까지 받는다. 생계비를 해결할 방도를 찾지 못한 채, 교수자격취득을 위해 노력한다.

1924년(甲子 32세)

연의 천간은 갑목, 지지로는 자수가 들어왔다. 목이 잠시 비치기는 했으나 대운의 기세를 당해내기 어렵다. 더구나 지지가 해자축(1923~25년)으로 이어져 수 기운이 매우 왕성하다. 벤야민에게 수는 재성을 의미하고, 이 재성 기운이 대운의 식상과 결부되면 연정관계에 빠질 수 있다.

벤야민의 여인, 관계의 재성

아샤

　벤야민은 이탈리아를 여행하던 중에 카프리에 머문 적이 있었다. 그곳에서 라트비아 출신의 아샤 라시스(Asja Lācis, 1891~1979)를 만나 사랑에 빠진다. 부친이 부르주아인 벤야민과 달리 그녀의 아버지는 공장노동자였다. 프롤레타리아 출신에 확고한 사회주의 사상이 몸에 밴 그녀는 당시 연극을 통해 혁명에 기여하겠다는 소신을 가지고 있었다.

　서로 다른 출신 배경에 흥미를 느꼈던 이들은 이후 만났다 헤어졌다 하는 관계를 반복하지만 끝내 가족으로 묶이지는 않았다. 그가 도라와 이혼한 1930년 이후에도 말이다.

도라

　벤야민과 결혼하고 나서 생활비와 양육비의 상당 부분은 아내인 도라가 감당했다. 부부는 자주 다투었고 당연히 사이도 나빴다.

　벤야민은 일간을 제어할 관성 목이 약한 명식이다. 자신의 행동을 스스로 조절하는 기운은 취약할 수밖에 없다. 특히 식상과 재성이 함께 움직이면 더욱 그렇다. 즉 그는 감성이나 욕구가 분출하면 그대로 흘러가게 놔두는 유형이다. 이 부분에서 우리는 문예비평과 역사철학으로 사상사에 대단한 업적을 남긴 그였지만 연인 때문에 고민하고 고뇌하며 힘들어했던 그의 내면도 이해할 수 있다.

관성이 없어 재성을 끝없이 찾아다니는 운명

명식에 관성이 없으면 재성을 끊임없이 갈망한다.

재성을 찾아다니느라 한평생 방황한다. 결혼한 배우자와 가정을 잘 꾸려나갈 생각을 하는 대신, 자신을 잘 이해해줄 다른 대상이 어딘가에 따로 있을 거라 착각하며 헤맨다.

그가 열렬히 구애했던 아샤 라시스를 죽을 때까지 그리워했던 건 결혼에 이르지 않았기 때문일 수 있다. 만약 가정을 이루었다면 아샤와의 관계 역시 도라와 비슷했을 것이다. 물론 아샤와 사귀고 있을 때조차 그는 또 다른 여성, 율라 콘(Jula Cohn)을 만나기도 했다.

1925년 (乙표 33세)

교수자격을 얻기 위해 프랑크푸르트 대학에 제출한 논문 〈독일 애도극의 기원〉이 심사에서 탈락된다. 논문에서 다룬 애도극은 17세기에 유행했던 것이므로 학계에서 기대하는 내용과 달랐고 시대적 분위기와도 잘 맞지 않아 탈락되었을 거라는 분석이 설득력을 얻었다.

그의 명식과 대운을 고려하면 다른 이야기도 가능하다.

주제를 잘 포착했다 하더라도 관성인 목이 없으니 교수가 되기는 어렵다. 대신 강한 식상에 힘입어 여러 매체에 글을 발표하며 자유기고가로 이름을 알렸다.

다양한 요소를 두루 감싸 안으려는 무토의 속성이 반영되어서인지 그는 일생에 걸쳐 여러 방면의 사람들을 폭넓게 만났다. 그런 경험은 그가 쓴 글의 소재나 주제도 그만큼 다채로웠음을 의미한다.

1926년~1928년 (丙寅 丁卯 戊辰 34~36세)

연운만 떼어 생각하면 아쉬운 게 없는 완벽한 시기다. 명식에 없는 목이 인묘진으로 탄탄하게 연결된다. 만약 이런 운이 3년 연운에서 그치지 않고 30년 대운으로 찾아왔다면 아버지가 원했던 대로 법관이나 교수가 되었을 거다.

1926년 아버지가 사망한다.

1926~27년, 몇 달에 걸쳐 모스크바에 머물며 사회주의국가의 일상을 관찰한다.

1927년에는 6개월간 파리에 머문다. 번역 중인 프루스트의 작품을 손보면서 〈파사젠 베르크〉를 구상하고 진행한다.

그는 프롤레타리아가 주도하는 혁명에 찬성하는 입장이었다. 모스크바에 머무는 동안 자연스레 소련의 지나친 권위주위를 지켜볼 기회가 있었다. 또 민중을 위한다는 당이 민중에 대해 폭압을 행사하는 광경도 자주 목격했다. 이후 그는 사회주의 사상에 대해서도 어느 정도 거리를 두고 좌파 아웃사이더로서의 시각을 견지한다.

방송과 출판

짧은 기간이나마 천간에 병정화가 비치고 지지에는 목이 뿌리를 내릴 수 있었던 이 시기에 그는 라디오 방송을 한다. 또 전체 7권으로 구성된 프루스트의 〈잃어버린 시간을 찾아서〉의 2권 〈꽃피는 아가씨들의 그늘에〉를 친구와 함께 번역하고 출판한다.

또 교수자격시험 논문으로 제출해 심사에서 탈락됐던 〈독일 애도극의 기원〉도 책으로 나온다.

1928~29년 (戊辰 己巳 36~37세)

아샤가 베를린으로 오면서 한동안 벤야민과 함께 지내지만 자주 싸운다. 관성 목이 취약한 일간 무토는 재성 수와의 관계가 매끄럽기는 어렵다. 대운과 연운에 비겁이 배치된 지금 같은 경우는 일간의 기질만 강해지니 연인이 되었건 아내가 되었건 사이가 좋을 수 없다.

辛亥 壬子 만물이 얼어붙는 싸늘한 겨울

새싹이 파릇파릇 돋아 산천이 생명의 기운으로 가득하던 봄이 계절의 시작이었다면 이제 그 흐름을 마무리 지을 겨울이 되었다. 벤야민의 명식에서 가장 아쉬운 부분은 목이고 계절로 따지면 봄이다. 살펴본 것처럼 그의 대운은 가을부터 시작했고 이제 겨울에 이르렀다. 서늘한 가을대운을 지나오면서도 고단한 적이 많았다. 시도하는 일도 잘 풀리지 않아 상심이 컸다. 그래도 생명을 위협받을 만큼 극한으로 내몰리지는 않았다.

토금의 대운만 통과하고 나면 한숨 돌릴 줄 알았더니 이제는 엄청난 물의 습격이 기다리고 있다. 건조하게 구성된 운명이라면 너무도 반가울 겨울대운이 그에게는 어떻게 펼쳐지는지 보자.

신해(辛亥)대운 (이른 겨울) : 38세~47세 (1930~1939)

천간은 신금, 지지는 해수로 겨울대운이 시작되었다.
금에서 수를 향해 나아가 보지만 수가 목에 이를 수 없어 몹시 갑갑한 상황[24]이다.
이 기간 중에 그는 생존하기 위해 근거지를 여러 번 옮겨 다녔다.

---

24 만약 지지에 해자축이 오더라도 천간에 甲乙 목이 있거나 丙丁 화가 왔다면 그런대로 대처해나갔을지 모른다.

1930년 (庚午 38세)

어머니가 돌아가시고 아내와 이혼한다. 어수선한 상황에서 사랑하는 아샤까지 그를 떠난다. 아샤와 벤야민은 출신 계급도 다르고 성향도 달랐으니 가정을 이루는 것이 그렇게 쉽지는 않았을 거다.

그러나 그들이 결혼을 하지 않았던 사정은 벤야민의 명식을 보면 알 수 있다. 목이 부실한 일간 무토는 한 여성과의 관계를 지속해나가기 어렵다. 안 보이면 애를 태우며 찾아 나서지만, 함께 있으면 따지고 다투고 대립한다. 이것은 대상을 떠나보내고 나서 연모의 감정을 품고 다시 그리워했던 그의 처지를 설명해주는 부분이기도 하다.

친구 헤셀과 함께 번역한 프루스트의 〈잃어버린 시간을 찾아서〉의 3권 〈게르망트네 쪽으로〉가 출간된다.

1931년 (辛未 39세)

우울증으로 고통 받다 자살을 시도한다.

1932년 (壬申 40세)

명식에서 이미 금수의 압박을 받고 있는 마당에 대운도 금수 기운이 팽배해 있다. 그 와중에 1932~33년은 연운까지 금수다.

4월에 실시한 지방선거에서 나치당이 프로이센 주에서도 승리했다. 부르주아들의 지지만 받던 이전 선거와 달리, 사회민주주의나 공산주의를 응원하던 유권자들마저도 나치당의 손을 들어주었다. 그 결과 9석에 불과했던 의석이 162석으로 늘어났다. 이것은 제국 전체가 국가사회주의자들에게 넘어갔음을 의미한다.

반복되는 자살시도

벤야민은 스페인의 이비사(Ibiza) 섬에서 잠시 머문다.

어린 시절의 기억을 떠올리며 〈1900년경 베를린의 유년시절〉이라는 제목으로 글을 쓴다. 또다시 자살을 기도한다. 몸도 지치고 마음도 더는 추스르기 어려워 남은 삶을 끝장내고 싶었을 거다.

1933년 (癸酉 41세)

연운에서 금수가 이어진다.

나치당이 신문과 방송을 통제하자 벤야민은 글을 발표할 지면도, 강연을 할 방송프로그램도 구할 수 없게 되었다. 하루 빨리 베를린을 떠나지 않으면 목숨도 위태로운 상태에 이르렀다.

4월 초순에 지난해 방문한 적이 있는 이비사에 다시 찾아온 벤야민은 방세가 싼 낡고 지저분한 방에서 글을 쓰며 궁핍하게 지낸다. 가을에는 말라리아에 걸려 고생하다[25] 겨우 살아난다.

다시 파리로 돌아온다. 하루라도 돈 걱정을 하지 않은 날이 없었지만

---

25 달의 기운은 경신 신유 임술로 이어진다.

그래도 진행하던 작업을 멈추지 않는다.

밝고 환한 기운을 기다리며 이어가는 글쓰기 작업

계유년 자체가 힘겹다. 그래도 상반기(갑인월~기미월)가 하반기(경신월~을축월)보다는 수월하다. 월의 기운까지 금수가 덤벼드는 가을과 겨울에 그가 경험했을 피폐함을 짐작해보기 바란다.

하루하루 일상적 삶을 견뎌내는 것도 힘겨웠을 텐데 어떻게 작업을 계속 밀고 나갔을까? 물론 초인적인 의지를 지닌 인물이어서 자신의 정신성을 극한까지 내몰며 글쓰기를 했다고 생각할 수 있다.

이 부분에 대해서는 음양오행에 입각한 설명도 곁들일 필요가 있다. 계유년 가을 겨울을 어떻게든 버티기만 하면 다음해부터는 갑을목과 병정화의 기운이 연에서 순서대로 찾아온다. 혹독한 환경에서도 작업을 게을리 하지 않았던 건 밝고 환한 목화의 기세가 그에게 등대 역할을 했다고 볼 수 있다.

1934년 (甲戌 42세)

얼어붙는 대운 속에서 잠시 숨 고르기를 할 수 있는 시기를 맞았다. 천간은 꼿꼿한 갑목이 나와 있고 지지에는 약하지만 불씨가 깃든 술토가 왔다. 대운이 아닌 연운에 불과해 아쉽기는 하지만 그래도 아예 없는 것보다는 낫다.

34~35년 겨울 동안은 이탈리아에서 지낸다. 이혼한 전처와 아들이 있는 산레모에서 생활하며 잠시 휴식을 취한다. 그러면서 어느 정도 틀이 잡힌 〈파사젠 베르크〉의 원고를 검토한다.

이 시기에 벤야민은 호르크하이머와 아도르노가 운영하는 〈사회조사연구소〉와 인연을 맺었다. 연구소에서 발행하는 간행물 〈사회연구〉에 논문 '프랑스 작가들의 사회적 상황'을 발표하기로 한다.

1935년 (乙亥 43세)

천간에 을목이 보인다. 갑목에서 병정화로 이어지는 과정에서 연결 통로 역할을 한다.

〈사회연구〉에 논문 '언어사회학의 문제들'을 게재한다. 또 독일에서 지낼 때 그에게 중요한 수입원이 되었던 매체, 프랑크푸르트차이퉁에 마지막 원고[26]를 보낸다.

산레모에서 확인했던 〈파사젠 베르크〉 원고를 다시 매만진다. 자신감을 가지고 아도르노에게 보냈지만 범위와 내용을 수정하라는 요청을 받는다.

---

26 나치당이 득세하면서 더 이상 벤야민의 원고를 실을 수 없게 되었다.

1936~37년 (丙子 丁丑 44~45세)

지지에 수가 있어도 천간에 환한 丙丁화 인성이 비쳐서인지 이 시기에 그는 중요한 저술을 계속 쏟아낸다.

〈사회연구〉에 '기술복제 시대의 예술작품'을 싣는다. 이 논문은 불어로도 발표한다. 스위스에 있는 비타 노바 출판사에서는 〈독일인들〉이라는 작품이 나온다. 극작가 브레히트의 소개로 모스크바의 잡지, 〈말〉에도 벤야민의 글 '파리에서 온 편지'가 실린다.

1939년 (己卯 47세)

신해대운이 끝나는 시점에 천간은 기토, 지지는 묘목의 연운이 들어왔다. 반갑지만 이 허약한 목기로는 어찌해볼 도리가 없다. 게다가 조만간 들이닥칠 10년은 매서운 한겨울, 임자대운이다.

시민권 박탈과 수용소 억류

1939년에 스탈린과 히틀러는 불가침 조약을 맺는다.

결코 타협할 수 없다고 보았던 두 세력이 결탁하는 것을 보고 벤야민은 깊은 충격에 빠진다. 와중에 모스크바의 잡지에 실린 글 때문에 독일로부터 국적(시민권)을 박탈당한다.

2차 대전이 발발하자 나치의 추적을 피해 독일을 탈출한 많은 난민들은 프랑스로 흘러들었다. 프랑스 정부에서는 난민들을 간첩으로 여겨 수용소에 가두어버린다. 이 사건으로 벤야민도 9월부터 11월까지 베르뉘슈에 있는 수용소에 억류되었다. 자국 정부에 압력을 행사할 정도의 힘 있는 프랑스 친구들이 노력해준 덕에 겨우 풀려나 파리로 돌아올 수 있었다. 그는 다시 〈파사젠 베르크〉에 매달린다.

임자(壬子)대운 (겨울의 한복판) 48세~57세 (1940~1949)

천간과 지지 모두 수로 가득하다.

세차게 몰아치는 찬 기운으로 만물이 꽁꽁 얼어붙는다. 온기를 불러올 화도 약하고 물을 받아줄 목도 취약한 명식으로 태어난 벤야민이 10년을 어떻게 견딜지 몹시 우려스럽다. 만약 죽을힘을 다해 임자대운을 뚫고 나왔다고 해보자. 그럼 계축대운을 맞닥뜨려야 한다. 또 다시 응축된 찬 공기를 10년 동안 호흡해야 한다.

벤야민은 오행으로 해석한 자신의 운명은 몰랐을 거다. 하지만 식상이 부담스러울 만큼 많았던 그였으니 감각은 대단히 예민했을 것이다. 그래서 어쩌면 자신의 남은 시간(대운)이 비통한 삶으로 이어질 것임을 예감했을 수 있다.

1940년 (庚辰 48세)

경금과 진토로 임자대운이 시작되었다. 그가 태어난 날은 무신이다. 생시는 경신으로 유추한 바 있다. 대운과 연운과 일시의 기운을 모두 펼쳐놓고 일간 무토가 자신을 지켜낼 수 있을지 생각해보자.

금수와 목화가 균형을 갖춘 명식이면 삶을 이어가는 일이 수월하다. 이 균형이 완벽한 평형을 의미하지는 않는다. 조금 치우쳐 있거나 기우뚱한 운명 구조로 태어나도 광폭한 시대만 아니라면 충분히 일상적 삶을 꾸려나갈 수 있다.

토금수가 에워싼 시절

벤야민이 살았던 동안은 시절까지 모질고 혹독했다. 자유의 정신은 지켜지지 못했고 평화는 전쟁 앞에 무참히 짓밟혔다. 자국의 이익만 추구하는 제국주의가 동시대 인간들을 파멸의 진창으로 밀어 넣는 것을 보며 그는 매우 고통스러워했다.

모르핀을 삼켜야 했던 벤야민의 마지막 순간

1940년 4월, 수차례 다듬은 〈1900년경 베를린의 유년시절〉 원고를 여러 출판사에 보내보지만 모두 출간을 거부한다.

1940년 5월, 나치가 프랑스로 온다는 소식이 들리자 벤야민은 유럽

각국에 거주하던 여러 망명자들 틈에 끼어 프랑스 남부로 이동한다. 출국비자를 얻고자 노력하다가 그것이 어려워지자 통과비자라도 구하려 안간힘을 쓴다.

9월, 프랑스와 스페인의 국경인 피레네 산맥을 통과해 스페인으로 입국하려는 사람들과 합류한다. 심장병을 앓았던 그가 일행의 도움을 빌어 산 하나를 겨우 넘고 포르 부라는 작은 마을에 도착했다. 포르 부의 호텔에서 하룻밤만 묵고 날이 밝기 전에 서둘러 마을을 떠나기로 돼 있었다.

그런데 스페인으로 잠입해 들어가기도 전에 그는 경찰과 세관원에 들키고 말았다. 이 사실은 머지않아 국경수비대에게 넘겨질 수 있음을 암시하는 것이다. 지칠 대로 지친 그의 심장이 이제 더는 두려움과 공포로 짓눌릴 수 없다고 절박한 호소를 보냈던 것일까?

9월 27일 새벽, 그는 몸에 지니고 있던 모르핀(그가 삼킨 모르핀은 말 한 마리를 죽일 수 있을 정도로 많은 양이었다)을 털어 마신다. 그리고는 원고뭉치가 담긴 서류가방, 그가 언제나 보물처럼 옆에 끼고 다녔던 그 가방을 미국에 있는 아도르노에게 전해달라는 메시지만 남기고 숨을 거둔다.

발터 벤야민의 죽음에 대한 의혹

2005년에 벤야민의 죽음을 다룬 다큐멘터리 영화 한 편이 나왔다. 아르헨티나계 유대인 영화감독 다비드 마우아스(David Mauas)가 만든 〈누가 발터 벤야민을 죽였는가? Who Killed Walter Benjamin?〉이다.

(...)다비드 마우아스는 〈누가 발터 벤야민을 죽였는가?〉에서, 나치의 게슈타포가 스페인 프랑코 파시스트들과 함께 우연을 가장해 벤야민을 살해했을 거라는 의구심을 갖고 사건을 추적한다. 영화를 보면 사인(死因)을 공증한 의사도, 그가 자살했다고 말하는 작은 호텔의 주인도 스페인 팔랑헤(스페인의 파시스트 정당) 소속 포르부 지구 당원이 그의 죽음에 중요한 역할을 했을 거라고 진술한다.

〈벤야민, 세기의 가문 : 발터 벤야민과 20세기 독일의 초상〉 80쪽,
우베 카르스텐 헤예 지음 / 박현용 옮김 / 책세상 2016

자신이 옳다고 믿는 방향으로 나아가는 마음

4부 | 신념

Rosa Luxemburg

로자 룩셈부르크, 몰락을 선택한 인간

"따라서 인간으로 남으려 노력하라. 그것이야말로 진정 본질적인 것이다. 그리고 그것은 굳세고, 명석하며, 유쾌하다는 것, 그렇다. 어떤 일이 있더라도 유쾌하다는 것이다. 인간으로 남는다는 것, 그것은, 필요하다면 자신의 삶 전부를 '운명의 위대한 저울 위에' 던지는 것이지만, 동시에 태양이 빛나는 하루하루를, 아름다운 구름이 흘러가는 하루하루를 유쾌하게 만끽하는 것이다…. 세계는 온갖 끔찍함들에도 불구하고 너무나 아름답다. 만일 지상 위에 파렴치한 인간들과 비겁한 인간들이 없다면, 세계는 훨씬 더 아름다울 것이다."

- 로자 룩셈부르크, 1916

〈로자 룩셈부르크 평전〉 5쪽, 막스 갈로 / 임헌 옮김 / 푸른숲 2002

여성 전사 트리니티 : 로자 룩셈부르크

트리니티는 저항군 소속의 여성 전사다.

강인한 체력은 기본이고 매 순간 목숨을 걸고 쟁투의 제일선에서 활약한다. 매력적인 용모에 화려한 몸동작을 펼쳐 보이는 트리니티를 불쌍하다거나 애처롭다고 느낀 경우는 많지 않을 것이다. 그녀는 네오와의 사랑에서도 열정적이다. 연인이 위험에 처하면 무슨 수를 써서라도 구해내려 한다. 그렇게 멋진 트리니티가 현실 공간으로 들어오면 어떻게 될까?

영화에서처럼 쫓기는 고비마다 무사히 탈출[27]할 수 있을까? 이제 공상과학영화가 아닌 근현대 역사 공간에서 트리니티로 살다간 한 여인의 자취를 더듬어볼 것이다. 그녀는 19세기 후반, 파리 코뮌[28]이 있던 해에 태어난 폴란드 출신의 사회주의 혁명가, 로자 룩셈부르크(Rosa Luxemburg, 1871~1919)이다.

로자가 살았던 시대는 제국주의가 팽배한 가운데, 인종과 민족을 앞세운 애국주의와 대외팽창이 목적인 군국주의까지 기승을 부리던 때였다. 폴란드계 유대인에 골수결핵을 앓아 한쪽 다리를 심하게 절었던 로자는 인종이나 민족, 계급에서 비롯된 장벽을 넘어서고 싶어 했다. 그래

---

27 매트릭스 1, 2편까지 대단한 활동을 보인 트리니티가 3편에서는 기계 왕국 입구에서 기계 로봇 센티넬의 공격을 받고 문어 다리 같은 쇠파이프가 몸을 관통해 몰락한다.
28 프랑스 파리에서 시민과 노동자가 힘을 합해 혁명을 일으키고 수립한 자치 정부

서 사회적 약자나 멸시받는 인종, 무산자인 노동자들이 물질적 궁핍에서 벗어나 자유를 누리고 인간적 권리를 충분히 행사할 수 있는 사회주의 사상에 깊이 매료되었다.

그녀는 자본주의의 결함이 교묘하게 뒤엉긴 제국주의는 자본의 문제를 바로잡지 않는 한 결코 사라지지 않을 거라 판단하고 자본축적에 대한 이론을 정립하면서 현실정치에도 깊숙이 개입했다.

이제 야만과 광기로 얼룩진 시대를 자신의 방식으로 뚫고 나간 로자 룩셈부르크의 운명 속으로 들어가보자.

로자 룩셈부르크

1871년 3월 5일 신시 출생

시	일	월	연
甲	乙	庚	辛
申	巳	寅	未

木	木	金	金
金	火	木	土

비겁	일간	관성	관성
관성	식상	비겁	재성

대운

丙	乙	甲	癸	壬	辛
申	未	午	巳	辰	卯

화	목	목	수	수	금
금	토	화	화	토	목
56	41	31	21	11	01

운명방정식

사회주의 혁명가 로자 룩셈부르크

　로자 룩셈부르크는 목재상인 아버지, 문화적 소양과 문학적 감수성이 풍부했던 어머니 사이에서 4남매 중 막내로 태어났다. 날 때부터 병약했던 로자는 척추에 감염된 결핵균 때문에 한참 뛰어다닐 다섯 살 때 깁스를 한 채 꼬박 1년을 누워지냈다. 고통스럽고 지루한 그 시간을 로자는 어머니의 안내로 읽기와 쓰기를 익혀 조금은 덜 지겹게 보낼 수 있었다.

　당시 폴란드는 러시아, 독일, 오스트리아의 지배를 받고 있어 정치 경제적으로 매우 힘든 상황이었다. 더욱이 유대인은 반유대법 때문에 조국에서조차 인종적 차별과 멸시를 받고 있었다. 지역 선거권을 행사할 수 없었고 일요일에는 물건을 파는 것도 제한되었다. 거리나 광장에서 집단폭력을 당하는 경우도 많았다. 은행은 이유없이 대출을 거부했고 교육기관은 유대인 학생 입학을 엄격하게 통제했다.

　이것이 한쪽 다리를 절게 된 어린 아이가 경험하게 될 세상이었다.

　로자 룩셈부르크가 태어난 시간은 알려져 있지 않다. 이 책에서는 그녀를 둘러싼 가족관계와 그녀가 맞닥뜨리는 사건이나 사고를 고려해 태어난 시간을 申시로 추리했다. 그 과정은 따로 설명할 것이다.

시	일	월	연
甲	乙	庚	辛
申	巳	寅	未
木	木	金	金
金	火	木	土
비겁	일간	관성	관성
관성	식상	비겁	재성

생장 의지가 강한 을목

부드러운 꽃나무 乙목이 이른 봄에 싹을 틔웠다.

을목도 나무인 점에서는 갑목과 크게 다르지 않다. 음의 기운이 가득한 을목은 양의 특성을 띄는 갑목과는 차이가 있다. 갑목의 본성은 곧고 강직하다. 한창 자라는 도중에 금을 만나면 성장방향을 바꾸는 것이 쉽지 않다. 을목은 성장의 기운을 방해하는 대상을 만나도 여러 방향으로 가지를 뻗어가며 대처해간다.

로자는 따스함이 서서히 번져가는 이른 봄, 생장 의지가 강한 을목으로 태어났다. 꽃나무는 습기를 머금은 촉촉한 흙에 뿌리 내리면 좋다.

거기에 넉넉한 물과 충분한 햇빛이 있으면 마음껏 자랄 수 있다.

나무를 위협하는 운명구조

로자의 연주와 월주를 살펴보자.

연의 지지는 메마른 흙 未토가 있고 월지에는 寅목이 나와 있다. 천간은 辛금과 庚금이 있어 약한 싹을 짓누른다. 자유롭게 뻗어가려는 어린 乙목을 심하게 압박하는 분위기다.

이제 이 사주의 문제점을 구체적으로 찾아보자.

봄이라고는 하지만 아직은 차가운 겨울 공기도 남아 있다. 여기에 나무가 뿌리를 내려야 하는 땅은 건조하다. 을목의 일지 또한 巳화니 그것도 불편하다. 게다가 연월의 庚辛금은 시지의 申금과 합세해 나무를 더욱 못살게 한다. 월지와 시지는 寅申으로 부딪힌다.

을목은 투박한 庚금을 만나면 특유의 섬세함을 발휘해 적당히 피해갈 수 있다. 날카로운 辛금까지 도사리고 있으면 어떻게 해볼 도리가 없다. 이런 처지에 시지의 申은 천간의 경금과 신금을 돕고 있다. 이쯤 되면 제아무리 부드럽고 세심한 을목이라도 신경이 곤두선다. 금의 기운을 내보낼 물도 없고 팍팍한 흙만 덩그러니 있다. 아직 로자의 운명을 본격적으로 파고들지 않았지만 그녀가 헤쳐가야 할 인생이 어떠할지 조금은 짐작해볼 수 있다.

그래도 20대 중반까지는 그런대로 괜찮다. 대운에서 습기를 머금은 辰토와 수(壬癸)가 이어진다. 그 이후는 메마른 대운이 찾아온다. 특이한 건 甲午, 乙未 대운의 천간 甲乙은 그녀와 뜻을 같이하는 정치적 동료로 볼 수 있다는 점이다.

로자의 출생시간

이제 신미년 경인월 을사일에 태어난 로자 룩셈부르크의 출생시간을 왜 신시로 판단한 것인지 추리 과정을 보자.

나무가 손상을 입는 시간

로자는 척추에 결핵균이 감염돼 한쪽 다리를 심하게 절었다.
이것은 木(신경이나 관절, 팔다리의 운동 상태)에 치명적 흠이 생겼기 때문이다. 로자 운명에서 목이 가장 손상을 입을 수 있는 시간대는 갑신시이다.

저술활동과 박사학위를 지원하는 시간

글쓰기와 언변이 탁월했던 그녀는 스위스로 망명한 뒤 대학에서 법학과 경제학을 공부하고 〈폴란드의 산업발전〉이라는 논문으로 박사학위를 받았다. 그녀의 저술활동을 고려할 때 글쓰기와 연관된 木 기운(일간을 제외한 목의 기운)이 시에 확실히 드러날 필요가 있다.

또 연월일까지만 보면 배움을 나타내는 인성 水가 전혀 없다. 시를 갑신시로 잡으면 申금 지장간에 수가 약간 들어있다. 시가 갑신이 아니라면 대운에서 아무리 임수 계수의 인성이 들어와도 박사학위까지 받기는 어렵다.

로자의 생애를 마무리하는 申금 지장간

時는 한 인간이 나아가는 방향을 의미한다.

부모의 보호 속에 있을 때는 시의 영향력이 희미하다. 일간의 삶이 점차 누적되면서 개체의 고유성이 확고해지는데 이것은 시에서 확연히 드러난다.

사회주의 사상을 피력하던 그녀는 몇 번의 투옥과 감금 끝에 정치세력화한 군인들에게 참혹하게 살해되었고 시체는 도심 속 운하에 던져졌다. 도심의 운하, 군인, 정치탄압, 비참한 죽음이라는 요소는 申금에서 모두 유추할 수 있다.

그녀는 감옥에서 지내는 동안도 글쓰기를 게을리하지 않았다. 또 자신을 믿고 의지하는 동지들과 깊은 우애를 나누었고 그들에게 행동방향을 제시했다. 이것을 자연의 형상으로 그려보자. 약한 을목이 申금 위에 앉은 甲목에라도 기대어 어렵게 가지를 뻗어 궁극에는 서로 의지하는 모양새다.

이런 추리 과정을 온전히 신뢰할 수는 없겠지만 그녀의 인생을 조명하고 해석해보는 데에는 도움이 되리라 생각한다. 이제 대운과 연운에 따라 로자가 겪었던 사건과 사고, 사랑과 우정을 함께 살펴보자.

인생의 사계절

대운행로

| 丙 | 乙 | 甲 | 癸 | 壬 | 辛 |
| 申 | 未 | 午 | 巳 | 辰 | 卯 |

화	목	목	수	수	금
금	토	화	화	토	목
56	41	31	21	11	01

1871년 3월 5일 폴란드 자모시치에서 4남매 중 막내로 태어났다. 음년에 태어난 로자의 대운은 순행하며 1세에 바뀐다. 월지가 경인이니 신묘부터 시작한다.

辛卯 壬辰 눅눅한 기운이 감도는 봄

계절은 분명 봄이지만 천간에 辛금과 壬수가 있어 서리가 내리고 비까지 뿌리는 분위기다. 따스한 기운을 전혀 느낄 수 없다.

신묘(辛卯)대운 (생명이 자라기에는 뭔가 부족한 봄) : 1~10세 (1872~1881)

봄이 되어 목 기운이 땅 밑에서부터 강하게 솟아올랐지만 천간의 辛금이 목의 생장을 누르고 있다. 명식에도 연의 천간이 辛, 월의 천간은 庚, 시의 지지도 申이 있으니 금이 많다. 여기에 대운까지 辛卯니 어린 나무를 압박하는 분위기다. 기세가 만만치 않다.

금을 내보낼 水도 없고, 다스릴 火도 없어 金과 木은 날카롭게 대치만 하고 있다. 이때의 금은 외부(신체)를 손상하고 내면(신경)을 긴장시키는 기운이다.

1873년 (癸酉 2세)

가족이 인구 30만의 대도시 바르샤바로 이사한다.

1874년 (甲戌 3세)

척추에 결핵균이 감염되었으나 부모는 알아채지 못한다. 그저 가벼운 탈골 정도로만 생각한다.

사주도 힘겹게 타고난 나무(을목)가 금의 기운을 끌고 온 대운 때문에 쑥쑥 성장하기도 어려운 마당에 연운까지 갑술이다. 건조하고 메마른 술토까지 가세한 것이다. 이미 금 기운이 신경계를 잔뜩 짓누르고 있는데 이젠 팍팍한 술토까지 나무를 불편하게 만든다. 이런 상황에서는 부모도 부주의해진다. 아이의 고통을 감지하기 어렵다.

관계로 볼 때 로자에게 토는 아버지, 수는 어머니를 의미하는데 그녀의 명식에는 축축한 토(진, 축)가 없다. 이것은 아버지가 좋은 작용을 하기 어렵다는 말이다. 갑술년의 술토 또한 아버지의 판단이 그릇될 수 있음을 암시한다. 갑술에서는 수의 기운이 없으니 어머니 역시 로자에게 도움이 되지 못한다.

1875~1877년 (乙亥 丙子 丁丑 4~6세)

연운이 을해 병자 정축으로 이어진다. 지지에서 수의 기운이 짧게나마 연결된다.

5세 때 통증이 나타나 꼬박 1년을 깁스를 한 채 누워 지낸다. 어머니에게서 읽기와 쓰기를 배우며 지루한 시간을 통과한다. 연에서 수가 들어와 인성인 어머니와의 관계도 긴밀해진다. 로자가 감수성과 영민함을 구축할 수 있는 절호의 시기다.

1877년 6세에 바르샤바 학교에 입학한다.

1878~1880년 (戊寅 己卯 庚辰 7~9세)

천간은 토금(무기경)이 있고 지지에는 목(인묘진)이 보인다.

일간 을목이 인묘진 기세에 의지해 틈새를 찾고 가지와 줄기를 뻗어 가는 모습을 떠올릴 수 있다.

로자의 부모는 유대인이었지만 유대공동체와는 거리를 두고 생활했다. 친밀하게 지내는 이웃도 별로 없었다. 로자 가족은 바깥세상과 소통하고 교류하면서 얻을 수 있는 경험을 책을 읽고 글을 쓰면서 보완하고자 했다. 그런 분위기 덕에 그녀는 신체적 결함에서 오는 번민이나 예민함을 사색적 글쓰기로 연결할 수 있었다.

9세 무렵 어린이 잡지에 로자의 글이 실린다. 이 일을 계기로 그녀는 읽고 쓰는 활동에서 자신감을 얻는다. 또 세상에 나가 자신의 존재를 당당히 알리고픈 욕구를 느낀다.

임진(壬辰)대운 (물을 만날 수 있는 봄) : 11~20세 (1882~1891)

水가 부족한 로자에게 늪지 진토에 물이 고이는 임진대운이 찾아들었다. 임진대운은 전체 대운 중 가장 평탄한 시간이다. 壬수가 작동하는 동안, 언젠가 맞닥뜨릴 질곡의 시간에 대처할 준비를 해야 한다. 시대 상황을 파악하고 자신이 걸어갈 행로를 설정할 수 있는 귀중한 기간이다.

강대국들의 먹잇감이 된 폴란드에서 유대계 혈통에 신체적 고통까지 고스란히 껴안은 로자는 부당한 대우를 받으며 학교생활을 한다. 자연스레 사회주의 사상에 심취했고 혁명을 위해 보다 넓은 세상으로 나가기로 마음을 먹는다.

1884년 (甲申 13세)

지지에 금이 있다. 수가 넉넉한 대운이라 문제될 것이 없다.

독일의 황제, 빌헬름 1세의 바르샤바 방문에 즈음해 제국주의를 비꼬는 시 한 편을 쓴다. 로자의 정치의식을 엿볼 수 있는 이 사건으로 경찰의 감시 대상에 오르기는 했지만 별 다른 제재는 받지 않고 넘어간다. 13세 아이여서 경찰 측에서 아량을 발휘했다고 볼 수도 있겠다.

같은 일이 임진대운이 아닌 시기에 발생했다면 다른 상황이 전개될 수 있다. 지금은 임수와 진토가 확보된 상황에 연운이 갑신이다. 대운의 진토와 연운의 신금이 결합하면 수 기운이 강화된다. 이것은 명식 연월에 있는 금까지 달래는 분위기로 흐른다. 이렇게 되면 을목이 자유롭게 한껏 기량을 뽐내도 관성 금이 크게 거슬려하지는 않는다.

1887년 (丁亥 16세)

14~15세를 지나면서 로자는 러시아의 압제에 행동으로 저항한 사회주의자들과 여성혁명가들의 처형을 가까이서 지켜보았다. 16세가 되자, 그들이 몸담았던 프롤레타리아당에 그녀도 입당한다.

1889년 (己丑 18세)

입당 후 불법지하활동에 깊이 개입한 그녀는 구속을 피해 스위스로 망명한다. 임진대운은 지나고 있고 연운은 기축이다. 습토인 축토에는 의지할 수 있지만 천간의 기토는 부담스럽다. 폴란드 국경을 통과하기까지 그녀가 겪은 위태로운 상황은 기토에서 짐작해볼 수 있다.

국경 통과 장면

당시 폴란드는 러시아 지배를 받고 있었다. 사람들은 여권을 보여주고 국경을 넘는 방법을 선호하지 않았다. 여권만 뺏기고 체포되는 경우가 많았기 때문이다. 망명객들은 국경 근처에 사는 농민들의 도움으로 러시아령 폴란드를 빠져나갔다. 로자도 비밀리에 폴란드를 떠나기로 돼 있었다. 도와주겠다는 사람에게 거액의 비용을 지불했다.

로자가 국경을 탈출하기로 한 그날, 약속 장소에 아무도 나타나지 않았다. 상황이 다급해지자 로자의 망명을 추진했던 지하 운동가는 궁리 끝에 로자를 데리고 가톨릭 신부를 찾아갔다. 그러고는 "이 처녀는 유대인이다. 가톨릭을 믿고 싶다. 가족이 허락하지 않는다. 가톨릭 신자가 되려면 폴란드를 떠날 수밖에 없다. 도와달라."고 요청했다. 신부는 퇴비와 사료, 마른풀을 실어 나르는 농부를 불러 로자를 부탁했다. 농부는 수레 바닥에 로자를 태우고 위에는 말린 나뭇가지와 건초더미로 겹겹이 쌓았다. 중간에 또 한 차례 위기가 있었다. 국경을 지키던 보초가 농부의 수레를 막더니 기다란 쇠꼬챙이로 수레에 실린 짐을 여기저기 쑤셨다. 다행히 꼬챙이는 수레바닥에 납작하게 엎드린 로자의 살갗까지는 닿지 않았다.

1890년 (庚寅 19세)

임진대운이 저무는 시기에 천간에 관성 금이 들어있는 연운이다.

스위스로 건너온 로자는 사회주의 사상을 제대로 이해하고 실천하려면 철학적 토대가 필요하다고 판단하고 취리히 대학 철학부에 등록한다. 이해에 운명적 연인이자 혁명동지인 리투아니아 출신의 레오 요기헤스를 만난다.

당시 스위스는 유럽에서 가장 자유롭고 민주적인 곳으로 알려져 있어 망명자들이 많이 모여들었다. 그녀는 독일과 러시아에서 온 사회주의자들과 가깝게 지냈고 그들의 도움을 받았으나 학비와 생활비는 폴란드에 있는 부모가 감당했다.

임진대운 10년과 계사대운 중 수가 작동하는 기간은 모친의 도움이 이어지는 시기라 궁핍하지 않게 지낼 수 있다.

癸巳 甲午 乙未 바짝 마른 여름

30년간 걸쳐있는 여름대운이다.

을목 일간 로자가 자신의 재능을 한껏 발휘할 수 있는 때다. 꽃나무는 태양이 강렬한 여름에 내면의 욕구(식상 火)를 최대로 펼칠 수 있다. 다만 그 과정이 순조로우려면 습기가 충분히 조달돼야 한다.

로자 명식에는 水가 없다. 시의 申금 지장간에 임수가 조금 스며있기는 하지만 천간으로 드러난 수도 아니니 그 영향은 기대에 못 미친다.

水 인성이 부족하면 火 식상을 맘껏 펼쳐내기 어렵다. 자신의 탁월함을 전개하려면 수의 공급이 이어져야 하는데 그렇지 못할 경우 에너지는 고갈되고 생기도 잃는다. 자신을 지지하고 버팀목이 돼 주었던 사람들도 하나 둘씩 떠난다.

재능을 드러내는 화는 왕성하게 이어지지만 인성인 수가 사라지기에 시간이 흐를수록 그녀의 정치적 역량이나 활동은 위축된다.

계사(癸巳)대운 (간간히 비가 뿌리는 초여름) : 21세~30세 (1892~1901)

천간은 水가 있고 지지는 火가 작동하는 여름대운이다.

로자는 이전보다 더욱 맹렬히 정치활동을 한다. 자유와 평화를 위협하는 金에 맞서기 위해 木火를 끌어모으는 과정으로 이해할 수 있다.

민족주의를 불신할 수밖에 없는 로자의 운명

그녀는 제국주의의 폐해 때문에 민족 개념이 중요해지던 시기에 오히려 국제주의를 부르짖었다. 조국 폴란드에서 폴란드 민족의 독립과 폴란드 왕국의 재통일을 위해 폴란드사회당이 창당되었을 때도 운동방향을 민족으로 국한하는 것은 잘못이라고 강하게 비판했다.

민족주의가 국수적 애국주의로 흐를 위험이 있고 또 전체 노동계급이 하나로 단결할 수 있으려면 국제주의가 바람직하다고 본 것이다. 유대인임에도 민족의 가치나 힘을 부정하는 로자를 대중은 이해할 수 없었다. 그녀는 엄청난 비난을 받았다.

로자의 심리나 생각은 명식을 보면 알 수 있다.

과정은 이렇다. 그녀는 연월시에 자리 잡은 금이 몹시 부담스럽다. 이 금에 대항하려면 일간 을목으로는 힘이 부족하다. 이럴 경우 미약한 개체로 맞서기보다는 될 수 있으면 목들을 많이 규합해서 함께 나서야 거대한 금의 기운에 제대로 대처할 수 있다는 발상을 하게 된다.

이런 생각은 정치적 사안에도 고스란히 반영된다. 즉 특정한 목(민족)의 문제를 처리하기 위해 집중하는 건 근원적인 해결책은 아니라고 판단한다. 일시적으로는 상황이 나아질지 모르나 때가 되면 다시 금의 위협에 시달릴 테니 오히려 보편적이고 전체적인 목(인류)의 환경을 개선하기 위해 힘을 쏟는 것이 옳다고 믿는다. 그래서 민족주의보다는 국제주의에 매료되었을 것이다.

1893년 (癸巳 22세)

대운과 연운에서 배우고 익히는 인성 수가 중첩돼 있다.

취리히대학 법학과에 편입한다. 경제학과 사회학을 공부하며 사회주의이론을 체계화한다.

나무의 역량을 드러내는 시간

실천하는 혁명가로 거듭나기 위해 여러 단체나 조직과도 접속하고 연대한다. 레오의 부탁으로 혼자 파리에 머물며 그가 요청한 자료를 조사하고 잡지도 출간한다.

8월에는 취리히에서 열린 국제 인터내셔널 총회에서 연설한다. 총회에서 한 연설을 계기로 그녀는 명성을 얻기 시작한다. 노동계급을 옹호하는 신문기사와 선언문도 발표한다. 로자는 여러 매체로부터 글 청탁을 받는다.

이해에 왕성한 활동을 할 수 있었던 건 水가 조달됐기 때문이다. 을목이 식상의 기량(火)을 표출할 수 있게 대운의 계수와 연운의 계수가 보조를 맞춰 아낌없이 에너지를 제공했다.

1894년 (甲午 23세)

로자는 폴란드 사회주의자들이나 독일 사회민주주의자들로부터 논쟁만 일으키는 불편한 여자라며 공격받는다. 민족이나 애국 개념을 넘어서려는 레오 요기헤스와 정치적 견해를 함께 한 로자는 그와 폴란드 사회민주당을 창당한다.

갑오년부터는 수 에너지가 점차 말라가는 건조한 연운이 이어진다. 이런 시기에 탄생한 조직은 로자의 정치적 입지나 역량 강화에도 도움이 되지 않지만 조직 자체도 힘을 발휘하기 어렵다.

1896년 (丙申 25세)

식상 화와 관성 금의 연운이다.

로자는 독일사회민주당의 기관지에 폴란드 문제를 기사로 발표한다. 천간에 강한 병화가 있으니 섬세하고 영민한 을목이 활동반경을 넓히고 싶었을 거다. 일간의 능력을 일시적으로 부각시킬 수는 있지만 적수들에게 먹잇감이 될 위험도 있다.

1897년 (丁酉 26세)

화와 금이 이어진다. 로자에게 관성 금은 연정을 품은 애인, 극복해야 할 정치적 상황을 의미한다.

파리에서 취리히로 돌아온다. 공적인 자리에서는 연인임을 부정하는 레오의 이중적 태도에 로자는 불만이 많았지만 마음을 다잡고 〈폴란드의 산업발전〉이라는 독창적 논문으로 법학 및 정치학 박사학위를 획득한다. 폴란드의 정치 경제는 지배국인 러시아와 총체적으로 결부

되어 있음을 낱낱이 지적한 로자의 논문은 우수성을 인정받아 출판기회도 얻는다.

빼어난 논문을 쓸 수 있는 시간

　로자 명식에서 금은 을목을 제어하는 관성이다. 그런데 오행의 요소로 따지면 금은 물적 토대, 산업시설이기도 하다. 연운으로 온 천간 정화는 넓게 확산하는 병화와 달리 한정된 범위를 집중적으로 조명한다. 같은 빛이지만 치밀성에서는 정화가 병화보다 우세하니 논문이 통과되는 해에 정화가 온 것은 무척 다행스럽다.

　9월에는 위암으로 투병 중이던 어머니가 세상을 떠났으나 로자는 장례식에 참석하지 못한다. 가족에 대한 미안함과 자책감으로 힘든 시간을 보낸다. 수가 말라가는 현상이 모친의 사망으로도 드러났다고 이해할 수 있다.

1898년(戊戌 27세)

　천간과 지지에 팍팍한 토가 들어있는 연운이다. 대운에서도도 계수보다는 사화가 강렬해지는 시기다.

　일간이 나무인 로자에게 재성 토는 활동할 수 있는 무대가 된다.

　문제는 이해에 들어온 흙은 습기를 머금은 흙이 아니라는 거다. 수가 충분하면 건조한 토양을 적실 수 있으니 걱정할 필요가 없지만 로자의 사주는 수가 부족하다.

화토금만 가득한 이 시기는 위태로운 적지 속에 있는 것과 같다.

갑목의 속성을 표출하는 을목

원래 을목은 갑목에 비해 조심스럽다.

일을 진행하고 결정할 때 신중한 태도를 보인다. 지금 같은 상황에서는 갑목보다도 더한 성급함을 드러내기 쉽다. 촉촉하지도 않고 부드럽지도 못한 공간을 자신이 뿌리내릴 장소(습토)로 착각할 수 있다.

다른 해석도 가능하다.

시대의 공기를 바꾸고픈 나무

습토가 없는 을목이지만 남은 대운이 목화 기운으로 이어오니 약한 존재를 억압하는 토금의 세력들과 한번 맞붙어보겠다는 심리가 발동한다. 특히 인성이 작용하지 않는 때라 일간을 보호해주고 지켜주는 기운이 없다. 자신은 산산이 조각나더라도 시대의 공기를 바꿔보고 싶은 욕망(식상)이 먼저 발동한다.

운명 구조로 따지면 인성없이 식상만으로 관성을 대적하면 일간은 위태로운 상황에 놓이기 쉽다.

5월, 로자는 비교적 안전하게 지낼 수 있었던 스위스를 떠나 독일로 간다. 스위스에서 한 위장결혼 덕분에 프로이센 시민권을 손에 넣은 그녀는 노동자들의 권익을 대변하는 독일사회민주당에 정식으로 가입한다.

9월, 사민당의 우파 실력자였던 베른스타인의 주장(사회 개혁을 통해 사회주의를 점진적으로 도입하고 이후 노동조합이 생산과정을 통제하는 방안)을 공격하는 여러 편의 논문을 잡지에 기고한다. 이것을 계기로 독일의 영향력 있는 매체로부터 글 청탁을 받는다.

10월, 당이 주최하는 여러 대회에서 연설자로 나선다.

로자에게 건조한 무술년은 위태롭고 힘든 시기다. 그럼에도 독일에 무사히 정착했고 베른스타인 논박으로 논쟁의 중심에 서게 되면서 활동 반경도 확대되었다. 더욱이 당내의 좌파와도 더욱 긴밀해졌다.

수에 기대지 않고도 정치적 역량을 강화해나간 무난한 한 해로 비칠 것이다. 얻은 게 있는 듯싶어도 운의 흐름으로 판단하면 이 기간의 활약은 무모해 보인다. 앞으로의 활동을 방해할 정치적 적수만 잔뜩 늘여 놓은 셈이다.

1899년 (己亥 28세)

계사대운 막바지에 다행스럽게 연운에서 수가 조금 비친다.

천간 기토가 불편하긴 해도 무술년에 비하면 잠시나마 숨을 고를 수 있다. 레오와의 관계도 다시 원만해진다.

을목 로자에게 연인 레오는 관성(금)이다. 미약하나마 수가 들어오니 금을 수로 유통시킬 수 있다. 내밀한 감정을 회복하고 매끄러운 관계를 만들 수 있다.

공적 식상과 사적 식상

그녀는 레오에게 아이를 갖고 싶다는 소망을 자주 말해왔다.

자식은 남자에게는 관성이고 여성에게는 식상이다. 자신의 역량을 바깥에서 공적으로 드러낸 것이 정치활동이라면 가정을 이루고 자식을 낳는 것은 가까운 내부관계에서 식상성을 드러내는 것이다. 기해년부터 갑진년까지는 연운이 해자축 인묘진으로 이어오니 그녀가 건강하고 똑똑한 아이를 낳을 수 있다. 로자가 아이를 원했던 것은 무의식으로나마 이런 기운이 전달되었던 것으로 볼 수 있다.

1900년 (庚子 29세)

연의 지지에 수가 있어 그런 대로 평안한 해다.

비록 그녀가 바라는 가정을 꾸리지는 못했지만 가을부터는 자신이 마련한 거처에서 가정부를 두고 보통의 부르주아 여인처럼 지냈다. 멋진 가구와 세련된 식기를 들여놓고 손님을 초대해 음악을 듣고 그림을 이야기하며 정서적 교감을 나누었다.

9월, 사회주의 인터내셔널 대회에 제출할 군국주의 관련 보고서를 준비하느라 자료를 찾고 논문을 쓰며 정신없이 보낸다. 그러는 사이 부친이 사망하고 뒤늦게 소식을 접한 그녀는 몹시 괴로워한다.

갑오(甲午)대운 (태양빛이 강렬한 여름) : 31세~41세 (1902~1911)

계사부터 시작된 여름대운이 절정에 이르렀다. 을목 일간에게 식상인 열기가 제공되니 자신의 신념을 거침없이 뿜어낸다. 개인적 욕구나 취향도 과감히 드러내고 정치활동도 멈추지 않고 이어간다.

대운에서는 수가 사라졌지만 연운에서 수가 작용하면 로자에게 유리한 분위기가 조성된다. 그런 틈을 이용해 사민당 내에서는 발언권도 얻고 폴란드 민족주의와도 잘 싸워 나간다. 일시적이나마 긍정적 평판을 구축할 수는 있다.

연결하고 접속하고 표현하는 나무

로자의 일간은 둥치가 굵고 습토에 뿌리박은 튼튼한 나무가 아니다. 이것은 습기가 말라버리면 누리던 권위도 사라질 수 있음을 암시한다. 자신을 못 마땅하게 여기는 사람들로부터 야비한 기습을 당하고 거센 반격에 시달릴 수 있다. 공들여 쌓은 업적도 정치적 결실로 이어나갈 수 없다.

자본가에게 유린당하는 프롤레타리아가 민족과 국경을 초월한 계급투쟁을 통해 정치권력을 장악해야 한다고 믿었던 그녀의 신념이 구현되기는 어려워 보인다.

그럼에도 20년간의 甲午, 乙未대운은 천간에 木오행이 이어지니 그녀의 기질이 분명하게 드러난다. 생명성을 추구하는 나무의 속성을 지녔기에 그녀는 극도의 불안과 절망을 느끼면서도 목의 연결성을 발휘해 관계를 넓혀나갔고 글쓰기를 통해 예민한 신경을 다스렸다.

1902년 (壬寅 31세)

갑오대운을 여는 첫 해에 연운 천간에 수가 비친다.

대운은 위를 향해 곧게 뻗는 갑목과 화려한 오화로 구성되었다. 이런 상황이면 일간 을목이 목과 연결해 금의 기운을 어느 정도 조절할 수 있다. 연운의 천간에 습한 기운이 비치니 조직이나 집단에서도 다시 로자의 진가를 인정하는 분위기다. 잠시나마 그녀를 중심으로 일이 진행된다. 저술활동도 빛을 발하는 시기여서 로자의 글은 유럽 각국에서 번역 출판된다.

로자에 비해 레오는 정치적 입지도 형편없이 좁아져버린 데다 동생까지 죽어 극도의 예민함을 보이며 우울증을 앓고 있다. 그녀는 그런 레오와 함께 지내며 아들처럼 보살핀다.

1903년 (癸卯 32세)

계묘년도 임인년처럼 같은 수목의 기운이니 별로 다를 것이 없어 보인다. 사람들 사이를 파고드는 침투력, 생각이나 느낌을 전달하는 표현력에서는 섬세한 계수가 임수보다 낫다. 지지를 따져봐도 그렇다. 인목보다는 묘목이 생명력도 강하고 틈새를 파악하는 능력도 뛰어나 관계망을 촘촘하게 엮어나간다.

노동자가 있는 곳이면 어디든 찾아가 호소력 있는 연설로 지지를 이끌어낸 로자의 선거운동 덕분에 독일사민당은 1903년 봄, 국회의원을 81명이나 배출한다. 그녀는 독일뿐 아니라 유럽의 사회주의자들과도 긴밀히 교류하며 명성을 쌓아간다.

양력 1904년 1월 1일(음력 1903년) 친구에게 보낸 편지에서 그녀는 1903년에 이룬 결과들에 대해 스스로도 감격스러워했다.

1904년 (甲辰 33세)

계사대운 후반부인 1899년(기해)부터 갑오대운 초반인 1904년(갑진)까지는 연운에서 수가 이어진다. 그 기운에 힘입어 로자도 머뭇거리지 않고 일을 추진해나간다.

4월, 폴란드 사회민주당 대표로 인터내셔널 사무국의 회원자격을 얻는다.

8월, 암스테르담에서 열린 인터내셔널 대회에 참석한다. 여기서 부르주아 정부에 입각할 수 있다고 주장한 프랑스의 정치인이자 사회주의자인 장 조레스를 공격하면서 개량주의와 기회주의를 비판한다.

국제주의를 표방한 로자는 곧은 직선이 항상 최상이라고 믿는 혁명가였다. 그래서 사회주의에 대한 신념을 가졌더라도 정치가라면 계급보다 민족에 비중을 두고 복잡한 계산을 한다는 것을 그녀는 이해할 수 없었다.

8월 26일~10월 24일

1년 전의 선거운동에서 황제에게 모욕적 발언을 했다는 이유로 츠비카우 형무소에 수감된다. 아직은 갑진 기운이 작용하기에 그런대로 예우를 받으며 지낸다. 책상에 앉아 책을 읽고 이론을 정리하며 기회주의, 수정주의를 격파시킬 궁리를 한다.

당시 로자는 레닌이 이끄는 볼셰비키가 지나치게 권위적이고 과격하며 중앙집권적 권력구조라고 비판했다. 그래서 인터내셔널의 주축은 독일사민당 내 좌파세력이 되어야 한다고 믿고 철저히 준비해나갔다.

1905년 (乙巳 34세)

천간은 을목, 지지는 건조한 사화다.

진토 위에 놓인 갑목과 사화 위에 앉은 을목을 비교해보면 분위기가 확연히 달라졌음을 짐작할 수 있다. 메마른 대운에 연운에서도 습기가 사라져버렸으니 남은 시간을 어떻게 버틸지 우려스럽다.

혁명의 바람에 몸을 맡기는 로자

　러일전쟁에서 러시아 군대가 패하자 오랜 세월 가난에 지친 차르제국의 군중들이 들고 일어났다. 폴란드에서도 러시아 노동자들과 연대하려는 움직임이 있었다. 2월에 레오는 러시아령인 바르샤바의 동태를 살피기 위해 바르샤바와 가까운 크라쿠프로 떠났다.

　로자는 러시아 혁명에 유럽전체가 함께 움직이기를 기대하며 힘을 쏟았다. 특히 독일 노동계급이 노동조합도 없이 시위를 일으킨 러시아 군중과 연대할 수만 있다면 혁명은 가능하다고 믿었다. 로자는 독일에서도 대중 중심의 총파업을 해야 한다고 주장했지만 그녀의 제안은 독일 노동조합대회에서 거부되었다.

　노조 책임자들은 로자에게 안전한 베를린에서 혁명적인 기사나 쓰며 한가롭게 있지 말고 러시아 전선으로 가라고 몰아세웠다. 그녀의 뜻을 따르고 지지했던 동지들도 이젠 폴란드 출신의 로자가 독일 대중의 실상을 모르기 때문에 러시아와 단순비교를 한다고 생각했다.

　여름이 되자, 러시아에서도 혁명의 기운은 점차 퇴조해갔다. 반란도 진압되고 차르체제는 다시 원상 복귀했다. 그런데 가을부터 파업이 확산되면서 혁명의 바람이 다시 일었다.

　11월, 레오는 신분을 위장하고 바르샤바로 들어간다.

　12월, 로자도 혁명에 가담하기 위해 바르샤바행 군용기차에 오른다. 혁명을 지원하는 것이 꼭 전선에 나서야만 하는 것은 아니라는 주변의 간곡한 당부와 만류에도 아랑곳하지 않는다.

당시 폴란드는 철도회사가 파업 중이었다. 바르샤바로 들어가려면 어쩔 수 없이 군용열차를 탈 수밖에 없었다. 하마터면 바르샤바에 도착도 하기 전에 신분이 드러나 총살당할 위험도 무릅써야 했다.

1906년 (丙午 35세)

습기는 없지만 천간에 목이 보였던 을사년도 쏟아부은 기력을 생각하면 성과는 미미했다. 공들여 발표한 정견도 무시당하기 일쑤였다.

병오년은 천간지지 따질 것 없이 이글거리는 불길이다.

을목 로자에게 화는 자신의 역량을 분출하고픈 식상이다. 자신을 공격한 세력과 맞장을 뜨고 싶고 현실도 개조하고 싶다. 그래서 바닥난 수 에너지에 아랑곳하지 않고 혁명가로서의 임무 수행에만 골몰한다. 이때 수는 없다 하더라도 목이라도 촘촘히 배치돼있다면 금(차르체제, 경찰, 군인)과의 대결에서 시간을 끌 수 있다. 그런 다음 화로 금을 제압하면 된다.

냉철함을 압도하는 식상 에너지

명식에서도 대운에서도 연운에서도, 수목의 기운이 허약한 그녀는 이제 일을 진행할 때 명석한 판단력보다는 열정에 사로잡히기 쉽다. 수가 있다면 타오르는 불길에서 잠시 떨어져 나와 생각을 가다듬을 수 있겠지만 지금은 그럴 마음이 생기기 어렵다. 오히려 시대의 기류를 바꿀 수 있다면 걷잡을 수 없는 불길 속으로 뛰어들어 자신도 함께 소멸하고 말겠다는 의지를 발동한다.

가짜 신분증을 만들어 혁명의 소용돌이로 찾아 온 로자는 체포·감시·폭력·처형이 일어나는 바르샤바에서 대중을 움직이기 위한 글을 쓰고, 인쇄업자를 찾아다니며 전단지를 만들어 배포한다.

2월, 독일사민당과 노동조합들은 대중 파업을 하지 않기로 결정한다. 독일 노동계급이 러시아 군중과의 연대를 저버린 이 사건은 독일사민당 내에서 로자의 입지도 흔들린다는 것을 암시한다.

3월, 로자가 레오와 함께 바르샤바에서 체포된다. 군법회의에 넘겨져 처형을 당할 수도 있는 위태로운 상황이 이어진다. 두려움과 공포의 시간을 보낸다.

8월, 독일사민당과 가족의 노력으로 로자는 보석금을 내고 풀려나 핀란드에 머문다. 레오는 8년 노역형을 받고 시베리아로 이송된다.

9월, 만하임에서 열릴 독일사민당 대회에 참석하기 위해 베를린 집으로 돌아온다. 당 대회에서 그녀는 혁명의 기운과는 동떨어진 당의 분위기를 파악한다. 대중의 자발적 운동 가능성을 믿고 있는 그녀와 달리 당시 독일 국민은 계급보다는 민족, 혁명보다는 일상적 평온을 중요시한다는 것을 당은 잘 알고 있었던 거다.

12월, 1년 전 예나에서 열린 당 대회에서의 발언이 공공의 평화를 위협했다며 2개월 징역형을 받는다.

1907년 (丁未 36세)

    강렬한 병화에 비해 정화는 야단스럽지 않은 은근한 불길이다.

    넓은 공간에서 갑작스럽게 달아오르고 빨리 사라지는 불길이 아니라 좁은 범위를 오래 비출 수 있다. 천간에 화가 있다는 점에서는 병오와 정미가 같다. 그런데 병오년이 사건·사고가 벌어지는 현장으로 을목일간의 로자를 이끌었다면 정미년은 좀 다르다.

    이론과 사상을 실천하는 행동가로서의 임무는 여전히 수행하지만 시선은 자신을 향한다. 자신의 욕구나 감수성, 내밀한 관계의 중요성을 인식하는 것이다. 병오가 공적 식상의 기운이었다면 정미는 사적 식상의 기세인 셈이다.

    이 시기에 그녀는 22세의 젊은 연인 코스티아와 연정을 나누었다. 연인이자 제자, 아들 같은 그와 함께 사랑과 정치와 예술에 관한 풍부한 이야기를 주고받는다.

    4월, 감옥에서 탈출한 레오가 로자에게 온다.

    로자와 코스티아를 보며 질투심을 느낀 레오는 한동안 로자를 위협하고 윽박지른다.

    6월, 로자가 모아비트 감옥에 투옥된다. 전쟁을 막기 위한 법률안을 만들고 코스티아의 편지를 기다리며 지루한 시간을 보낸다.

8월, 석방 후 슈투트가르트에서 열리는 사회주의 인터내셔널 대회에 독일과 폴란드의 대표단 자격으로 참석한다. 로자는 사민당 내 온건파의 의견을 수정해 전쟁을 막고 군국주의에 반대한다는 안건으로 상정해 통과시킨다. 이것은 레닌의 노선을 따르는 것을 의미한다.

흔들리는 입지

사민당 내에서 로자의 위상은 심각한 지경에 이르지만 그녀는 정세를 낙관적으로 전망했다. 민족과 국가가 개입된 복잡한 현실에서도 안건이 힘을 발휘할 수 있으리라 기대했기 때문이다.

인성이 끊어지면 판단력이나 예측력에서 균형을 찾기 어렵다. 수가 없으면 겉으로 드러나지 않은 이면의 기세를 알아차릴 수 없어 세심하고 신중한 방향을 설정할 수 없다.

서늘함이 감도는 10월부터 로자는 독일사회민주당 연수원에서 당의 지도자들을 양성하기 위한 정치경제 강좌를 맡는다. 질문과 대화로 구성된 로자의 수업방식을 학생들은 열렬히 환호했다.

수가 부족한 로자는 가르치고 배우는 기운, 인성 수가 작동하는 공간에서 활동하면 행복감을 느낄 수 있다. 명식의 순환을 고려하면 정치가로 나서는 것보다는 교육현장에 머무는 것이 더 나았을지 모른다.

1909년 (己酉 38세)

토금이 지배하는 연운이다. 위장병과 두통에 시달린다. 코스티아와도 연인이 아닌 친구로 남는다.

1910년 (庚戌 39세)

토금의 연운이 이어진다.

빌헬름 2세의 대외팽창정책에 불만을 품고 독일에서 대규모 시위와 파업이 발생했다. 그녀는 집회를 찾아다니며 연설하고 대중이 주도하는 운동이 되도록 노력했다.

당은 국가가 내세우는 제국주의에 맞설 생각이 없었고 대중이 주도하는 공격을 원하지도 않았다. 쇠락하는 그녀의 운세처럼 로자의 기대도 조만간 바스러질 것이다.

4~5월, 이제껏 중요 사안에서만큼은 같은 편이었던 카우츠키와도 정치적 쟁점이 갈리면서 완전히 멀어진다.

1911년 (辛亥 40세)

갑오대운이 끝나가고 있다.

국익을 앞세우고 민족과 애국을 강조하는 시대 분위기에 사민당이 순응하는 태도를 보이자 로자는 반발하고 반대를 외친다.

을미(乙未)대운 (木과의 연대가 일어나는 여름) : 41세~50세 (1912~1921)

갑오대운 동안 가뜩이나 부족한 에너지를 다 쏟아내 버려 몸도 가누기 힘든 상태에서 대운이 바뀌었다. 을미대운의 을목은 부담스럽지 않으나 건조한 미토는 상당히 불편하다. 정치적 입지를 위태롭게 만든다. 그나마 연운이 수로 시작되는 점은 다행스럽다.

1912년 (壬子 41세)

발칸반도에서 전쟁이 발발하자, 군국주의와 쇼비니즘이 독일을 지배한다. 어떻게든 전쟁을 막고 싶었던 로자는 사민당을 위해 선거운동을 지원했지만 우파에 이용당한다.

그녀의 중요 저작인 〈자본축적론〉이 출간된다. 습기가 들어온 때(양력 1913년 1월)에 대운의 을목이 함께 작동해 책이 나왔다. 하지만 기대만큼의 반응을 얻지도 못하고 악의에 찬 비평에 몹시 지쳐있는데 레닌까지 그녀를 비난한다.

비평가들을 탓할 수도 있다. 〈자본축적론〉에 담긴 로자의 의도를 충분히 이해하지 못했다고 말이다. 그러나 저작물이 호평을 얻지 못한 가장 큰 이유는 그녀의 운세가 기울고 있어서다.

1913년 (癸丑 42세)

6월, 사민당이 정부의 세금징수정책에 찬성한다.

9월, 전쟁의 위험을 감지한 로자는 프랑크푸르트에서 전쟁에 휘말리지 말자는 호소를 담은 반군국주의 연설을 한다.

1914년 (甲寅 43세)

1차 대전이 발발하고 로자는 반전집회를 찾아다니며 전쟁을 중단해야 한다고 외친다.

사민당과 노동조합도 전쟁에 반대하지 않는다. 정부로부터 그들의 권리를 인정받을 속셈이 있어서다. 로자는 군대에 불복종하자는 발언이 문제되어 징역 1년형을 선고받는다.

1915년 (乙卯 44세)

천간과 지지가 목기로 이어진 연운이다.

뜻을 같이하는 동료와 연결망을 이룰 수 있다.

2월, 베를린의 여자형무소에 수감된다. 자유를 박탈당한 상태지만 기사와 기고문을 작성하고 몰래 내보내 정치활동을 계속한다. 좌절과 절망 속에서도 일을 진행하는 투지는 높이 평가할만하다. 그러나 일의 성공을 장담하기는 어렵다.

1916년 (丙辰 45세)

연운만 떼어 생각하면 습토가 들어온 병진은 결코 나쁜 운세가 아니다. 건조한 대운만 아니면 목표를 이루고 권력을 잡을 수 있다.

당시 독일사민당은 온건적 성향의 우파세력인 다수파와 중도파(독립파)로 나뉘었다. 로자는 친구인 카를 리프크네히트가 속한 극좌파(스파르타쿠스)에서 활동한다.

2월, 만 1년을 꼬박 채운 후 석방된다.

재주와 능력도 족쇄가 되는 시절

로자는 석방 이후 가명으로 〈유니우스의 팸플릿〉을 발표했다. 이것이 문제가 돼 5개월 뒤 보호수감이라는 구실로 다시 투옥되고 1918년 11월까지 브론케 감옥과 브레슬라우 감옥을 옮겨 다닌다. 수감 중에도 그녀는 면회 온 사람들을 이용해 다수파와 중도파를 공격하는 글을 레오에게 전달했다.

연에 환한 병화가 있으니 나무는 또다시 식상 재능을 분출하려 한다. 같은 활동이라도 좋은 운세에서는 역량이 되지만 불편한 시절에는 자신을 더욱 고립시키는 족쇄로 작용한다.

1917년 (丁巳 46세)

3월, 러시아에서 혁명이 일어나 차르체제가 무너지고 11월에는 볼셰비키 혁명이 발생한다. 형무소에서 극도의 긴장과 무력감으로 위축된 로자는, 자신을 지지해준 친구이자 연인인 한스 디펜바흐의 사망 소식을 듣고 충격을 받는다.

구타당하는 루마니아 야생 물소

이해 겨울 브레슬라우 감옥 앞뜰에서 로자는 끔찍한 광경을 목격한다. 짐마차를 끄는 물소가 병사에게 무참하게 얻어맞고 있었던 거다. 순간 그녀는 직감한다. 자신의 처지가 물소의 그것과 같다는 것을. 구타에 시달리는 물소가 바로 그녀라는 것을. 머잖아 자신의 육신도 물소처럼 피흘리며 찢어질 수밖에 없으리란 것을.

이날의 느낌을 로자는 카를 리프크네히트의 아내에게 편지로 소상하게 전한다.

> 오, 소니치카, 그동안 난 여기서 몸서리치게 고통스러운 일을 겪어왔어요. 앞뜰에 종종 군용 배급 짐마차들이 들어오곤 해요. 배낭이며 낡은 군복 셔츠나 외투가 가득 실려 있는데 대부분 핏자국이 남아있죠.…감방마다 나눠주어 이리저리 깁고 손질시킨 다음 차에 싣고 다시 군대로 보내는 거예요.

어느 짐마차는 말들 대신 물소들이 끌고 왔더군요. 우리가 보던 소보다 힘도 세고 덩치도 크죠. 평평한 머리에 날렵한 곡선으로 뒤로 뻗은 뿔이 한 쌍 달려 있는데 머리 모양은 양과도 비슷해요. 온통 새까만 데다 크고 순한 검은 눈을 가졌어요. 루마니아에서 전리품으로 데려온 녀석들이었어요. 이 야생동물들을 포획하는 것도 힘들었고 수레 끄는 일을 시키는 건 훨씬 더 힘들었대요. 녀석들은 자유에 익숙했을 테니까요. 전쟁에서 진 쪽이라는 개념이 주입될 때까지 혹독한 매질을 당해야 했어요.

하도 높다랗게 짐이 실려 있어서 물소들이 교도소 문턱을 넘질 못했어요. 짐마차에 타고 있던 잔인한 군인은 들고 있던 채찍 손잡이의 뭉툭한 끝으로 가차없이 매를 때리기 시작했어요.…
물소들은 마침내 짐마차를 다시 끌고 문턱을 넘긴 했는데, 한 마리는 피를 흘리고 있었어요.…물소 가죽은 튼튼하고 두껍기로 유명한데 그 단단한 피부에 상처가 난 거죠.
물소들은 아무 소리도 내지 않고 지친 모습으로 그대로 서 있었어요. 그 녀석은 눈앞의 허공을 물끄러미 바라만 보고 있는데 그 얼굴과 순하고 검은 눈이 마치 학대받은 어린아이 같은 표정이었어요. 매를 맞는데도 이유와 근거도 알 수 없고 이 고통과 거침없는 폭력으로부터 벗어날 길도 알지 못하는 바로 그런 표정이었죠.

내 눈에서 눈물이 흘러내렸어요.…

그건 녀석의 눈물이었죠.

루마니아의 그 아름답고 자유롭고 보드랍고 푸르른 초원은 이제 얼마나 멀어져 버렸으며 얼마나 돌이킬 수 없이 잃어버리고 만 것일까!

그리고 여기, 이 낯설고 추악한 도시, 음울한 축사, 구역질나는 것들, 썩은 지푸라기들이 섞인 더러운 건초더미, 기이하고 두려운 인간들, - 온통 구타와 상처에서 흐르는 피…

아, 이 가엾은 물소, 내 가엾은 사랑하는 형제! 우린 둘 다 할 말도 잃은 채 무력하게 여기 서 있고, 똑같은 통증과 무기력과 그리움을 느끼고 있었어요. 전쟁이라는 이 놀라운 파노라마 전체가 그렇게 내 눈앞을 스쳐갔어요.…

〈레드 로자 : 만화로 보는 로자 룩셈부르크〉 143~145쪽

케이트 에번스 지음•그림 / 박경선 옮김 / 장석준 해제 / 산처럼 2016

1918년 (戊午 47세)

천간은 황량한 무토, 지지는 뜨거운 오화가 연운으로 왔다.

수는 고사하고 이제 목도 발견하기 어렵다. 극소수파인 로자가 혼신을 다해 대중에게 건네려는 글이나 말이 제대로 전달될 수 없음을 짐작해볼 수 있다.

7월, 로자가 한때 동지라고 생각한 볼셰비키가 집권한 후 모스크바에서 반대파 사회주의자 200명을 처형한다.

벼랑 끝으로 내몰리는 로자

11월, 독일이 전쟁에서 패하자 혁명이 일어나고 사민당은 빌헬름 2세의 퇴진을 요구한다. 정권을 장악한 사민당 집권파와 군대 해산을 바라지 않는 보수군부세력이 로자를 비방한다. 이들은 로자가 속한 스파르타쿠스단을 독일의 국익에 위협을 가하고 독일을 러시아에 팔아넘길 위험스런 볼세비키 세력으로 몰아세워 제거하려 한다.

석방된 로자는 스파르타쿠스단이 발행하는 일간지 〈로테파네〉를 맡고 리프크네히트와 독일공산당을 만든다.

1919년(음력 1918년)

1월(음력 12월), 집권한 보수파 내각은 로자와 카를 리프크네히트를 잡기위해 10만 마르크의 상금을 건다.

괴테의 파우스트를 챙겨든 로자

로자가 머물던 만하임가 43번지에 있는 어느 아파트의 1919년 1월 15일 오후 9시 무렵의 풍경은 이랬다.

(...)

로자는 자신의 방에서 쉬고 있었다. 그녀의 얼굴에는 주름이 생겨 있다. 잠시도 멈추지 않고 계속되는 심한 편두통 때문에, 그녀는 고통스러워하며 얼굴을 찌푸리고 있다. 숨쉬는 것조차 어려울 정도였다. 군인들의 쉰 목소리와 무거운 군화 소리가 들려왔다.

로자는 〈파우스트〉와 다른 책 몇 권을 챙겨든다. 군인들이 방에 들어섰을 때, 그들은 준비를 끝내고 서 있는 로자를 발견한다. 그녀의 작은 가방은 이미 닫혀 있었다.

군인들이 그녀를 에워쌌다. 그녀는 다리를 심하게 절고, 그들은 그녀를 차에 오르게 했다.(...) 근위대 소속 기병대와 저격대의 사단 참모부로 쓰이고 있는 에덴 호텔 입구에는, 군인들이 대기하고 있었다. 로자는 에워싸고 욕설과 야유를 퍼부어대는 그 군인들로부터는 어떤 인간적인 호의도 기대해서는 안 된다는 것을 알고 있었다.

그들은 브레슬라우 감옥에서 가죽이 터져나갈 정도로 물소들을 두들겨팼던 자들, 동지들의 '머리가 터지고, 뇌수가 철철 흐르게 만들었던' 자들과 같은 부류의 인간들이었다.(…)

로자는 죽었다. 병사 룽에가 개머리판으로 머리를 후려친 다음, 움직임을 멈춘 로자의 몸을 차 안으로 던졌다.(…)

〈로자 룩셈부르크 평전〉 590~593쪽 막스 갈로 / 임헌 옮김 / 푸른숲 2002

로자 룩셈부르크의 마지막 순간

1월 15일

군부세력 중 유격대로 구성된 프라이코르프스(로자는 그들을 군인 깡패라 불렀다)가 리프크네히트와 로자를 체포한다. 사단 사령부로 사용하던 에덴 호텔로 끌고 와 잔인하게 살해한다. 독일사민당과 군부는 스파르타쿠스단이 대중과 접속하면 자신들이 두려워하는 혁명이 확산될 수 있다며 우려해왔다.

비보를 들은 레오는 로자의 저작을 보호하기 위한 조치를 서두른다. 얼마 뒤 그 역시 살해된다.

국경근처 란트베르카날 운하에 버려진 로자의 시신은 1919년 5월 발견되었고 장례는 6월 13일에 치렀다.

로자의 기대와 다르게 전개된 독일의 상황

1918년 11월 민중혁명이 일어나 빌헬름 2세의 제국주의 정부가 끝나고 바이마르 민주공화국이 탄생했다. 감옥에서 나온 로자는 독일혁명이 그녀가 꿈꾸던 사회주의와는 너무도 다르게 엉뚱한 방향으로 흘러가는 것을 목격했다.

보수정치세력과 군부의 입김이 작용한 바이마르 공화국

혁명을 일으킨 민중들은 민족이나 인종을 넘어서는 자유와 평등을 실현하는 것에는 관심이 없었다. 그들은 패전으로 거덜 난 국가 경제와 어지럽고 혼란스러운 사회가 못마땅해 한바탕 분풀이를 했을 뿐이다. 정치적 상황을 제대로 파악하기 어려운 곤궁한 노동자 계급과 전선에서 고생하고도 대접이 없어 불만에 가득 찬 군부, 이해타산에 빠른 기득권 집단과 노련한 정치가들이 합세해 탄생시킨 바이마르 공화국은 겉보기에는 사회민주주의 혁명에 의한 공화국이었다. 내막은 보수정치세력과 무장한 군부의 의도가 철저히 반영된 체제였다.

예정돼 있었던 로자의 추락

1차 대전에 참전한 직업군인들이 대부분이었던 군부세력은 전쟁에서 패배한 후에도 군대를 해체하지 못하게 압력을 행사했다. 또 사회주의자나 유대인, 집시, 유색인종을 국가의 적으로 생각하고 그들이 방해해 전쟁에 졌다고 선전하면서 대중의 분노와 증오를 이용해 테러를 일삼았다.

그런 집단 속에 머지않아 2차 대전을 일으킬 히틀러도 끼어 있었다.

사회주의와 민주주의를 동시에 거스르는 군인 깡패가 득세한 독일에서 로자 룩셈부르크의 추락은 예정돼 있었다. 시기만 정해지지 않았을 뿐.

타협 대신 몰락을 선택해 시대를 증명한 로자

불운한 시대에 불편한 몸으로 태어나 자기 시대를 입증하며 운명 속으로 성큼성큼 걸어 들어간 혁명가 로자. 그녀가 펼치고 싶어 했던 정치적 신념은 흩어지거나 없어지지 않았다. 시대의 공기를 바꾸기 위해 도덕과 윤리를 끝없이 실천한 조지 오웰에게 고스란히 이어졌다.

Orwell
George

조지 오웰, 도덕을 신뢰한 인간

오웰은 1903년부터 1950년까지 길다 할 수 없는 생을 살다 갔다. 가난과 병마가 내내 함께 했던 여정이었다. 그는 최초의 상업적 성공을 안겨준 〈동물농장〉의 인세가 밀려들기 시작할 무렵, 마지막 소설인 〈1984〉가 거둘 놀라운 성공을 미처 누리지 못한 채, 폐결핵으로 세상을 떠났다. 오웰은 인생의 대부분을, 학생, 노숙인, 제국경찰, 반프랑코 공화주의 전사, BBC방송 진행자로서, 권력의 여러 실체와 직접적으로 조우하며 보냈다. 그는 궁핍과 질병이 주는 삶의 신산함에도 불구하고 승자 진영에 편입되고자 안달하지 않았다. 오히려 평생을 피해자 편에 서서 그들의 눈과 입을 빌려 관찰하고 발언하기를 지속했다. (...)

버마행, 런던과 파리에서의 밑바닥생활, 영국북부의 노동실태 탐방, 스페인 내전 참전, 고독과 병고의 고달픔 속에서 마지막 책과 씨름했던 일 등은 모두 스스로 선택한 것이었다. (...)

그에게 중요한 것은 일관된 이데올로기가 아니라 일관된 도덕적 힘이었다. 무릇 이데올로기는 개인의 선택을 강요하지만, 도덕적 힘은 개인의 선택을 추동한다. 오웰의 도덕적 힘은 피해자에 대한 연민 그리고 가해자로서의 수치와 죄의식에 터를 잡고 있다.

<조지 오웰 지식인에 관한 한 보고서> 프롤로그 '권력의 주변을 서성대는 지식인들에게'
34~35쪽/ 고세훈 지음/ 한길사 2012

The One 네오 : 저널리스트 조지 오웰

네오의 자리에 조지 오웰을 놓으면 의아해하는 독자가 있을 것이다. 네오의 이력을 더듬어보자. 그는 컴퓨터 관련 업무에 종사하는 평범한 회사원으로 사이버공간에 관심이 많다. 무엇엔가 이끌려 기이한 정보를 찾아다니며 해킹을 일삼는다. 우리 주변에서 한 번쯤은 스치고 지나갔을 수도 있는 대상이다. 어느 날 불현듯 맞닥뜨린 사건을 계기로 어떤 선택을 했고 그것은 세상을 바라보는 관점, 삶을 대하는 태도를 완전히 바꾸어놓았다. 사건 앞에서의 선택이 곧 그의 운명이 되었다.

미지의 진실 앞에서 드러나는 도덕적 성정

우리는 언제부터인가 과학이라는 말보다는 과학기술이라는 말에 더욱 익숙해졌다. 오늘날 과학은 보편적 진리나 법칙을 발견하는 것에 비중을 두기보다는 첨단기술과 결합해 생활의 편리와 유용성을 도모하는 방향으로 흘러가고 있다.

알고 싶은 것이 있으면 그냥 참고 지나갈 수 없는 존재가 인간이다. 그래서인지 정말 너무도 많은 것을 알아냈다. 또 알아낸 것을 활용해 세상을 바꾸어왔고 지금도 바꿔가는 중이다. 흥미로운 건 그런 세상에서도 어떤 미지의 진실은 느닷없이 우리에게 모습을 드러낸다는 거다.

네오는 모피어스로부터 자신이 그냥 평범한 인간이 아니라 전 인류가 오랫동안 기다려온 구원자 the one이라는 말을 듣고 황당해 한다. 시간이 흐르면서 자신도 몰랐던 잠재력이 드러나고 전투력도 향상된다.

정작 중요한 것은 보통 사람을 뛰어넘는 the one의 우월한 능력이 아니다. 결단의 순간을 만났을 때 드러나는 도덕적 성정이다. 한 인간의 내면 깊은 곳에 깃들어 있던 본성이, 진실 앞에서 내린 선택이 특별한 소명을 만들었고 그것이 탁월한 역량으로 이어진 것이다.

공공선을 내면화한 조지 오웰

　조지 오웰이 살았던 20세기 초반은 평온하지 않았다. 영국인이었던 그는 자신의 조국, 영국이 제국주의의 선봉에 서서 정치·경제·군사적으로 힘이 약한 국가들을 착취하고 약탈하는 과정을 지켜보았다. 제국주의 대열에 뒤늦게 합류한 국가들이 정치적 세력을 구축하기 위해 서로 다투는 상황도 목격했다.

　그는 인간의 보편적 삶이 위협받던 시대의 공기를 호흡하며 살았다. 그 역시 처음에는 남들처럼 안정된 삶을 꿈꾸며 미얀마에서 제국 경찰 공무원으로 근무했지만, 시대의 불안을 외면할 수 없었다.

　인간의 고통을 깊이 자각한 오웰은 개인을 위한 삶을 포기하고 세상 바깥으로 내몰린 고단한 노동자나 노숙자 같은 헐벗은 사람들과 생활하며 그들의 가난과 고통을 함께 고민한다.

　오웰은 네오와 같은 특별한 능력을 가지고 있지는 않았다. 그래도 생애라는 시간 안에서 자기가 할 수 있는 최선의 것들을 하려고 매 순간 노력했다. 파괴되어가는 인류의 공공선을 지켜내고 이름 없는 개체들이 존중받는 사회를 위해 자신이 가진 재능을 아낌없이 쏟아 부었다.

　이제 오웰의 운명방정식을 통해 그의 인생여정을 따라가 보자.

조지 오웰

1903년 6월 25일 오시 출생

시	일	월	연
庚	甲	戊	癸
午	申	午	卯

金	木	土	水
火	金	火	木

관성	일간	재성	인성
식상	관성	식상	비겁

대운

壬	癸	甲	乙	丙	丁
子	丑	寅	卯	辰	巳

수	수	목	목	화	화
수	토	목	목	토	화
56	46	36	26	16	06

조지 오웰의 운명방정식

앞서 소개한 5명의 명식은 음과 양을 따로 나누어 접근하지는 않았다. 전체구조를 분석할 때 음(수축)과 양(팽창)의 균형이 자연스레 드러나기 때문이다. 또 음양의 조화를 따지는 방법을 상세하게 다룬 책[29]이 따로 있으니 여기서까지 반복하고 싶지는 않았.

그래도 책을 마무리하는 인물로 등장한 조지 오웰 편에서는 짧게나마 음양의 비율을 따지는 과정을 설명하는 것이 좋겠다.

음과 양의 균형

제일 먼저 할 것은 사주의 여덟 가지 요소를 따져보며 음양의 무게를 파악하는 것이다. 운명분석에서 제일 중요한 것이 이 단계다. 사주를 구성하는 각 요소를 음과 양으로 나눠 균형을 맞춰보는 것이다.

오행에서 수축하는 힘은 金水로 표현되고 팽창하는 기운은 木火로 나타난다. 사주를 분석할 때는 천간보다 지지를 중시한다.

지지 중에서는 월지의 영향이 가장 크다. 월지를 지배하는 오행을 눈여겨 봐야 한다.

---

[29] 운명기본서로 〈운명의 발견-사주명리로 만나는 스티브 잡스의 생애〉 〈쉽게 풀어쓴 운명-사주명리로 찾아낸 내 일과 내일〉이 있다. 운명활용서로 〈쓰는 운명 이상, 김수영〉 〈스타를 만드는 운명-이수만 양현석 박진영〉이 있다.

시	일	월	연
庚	甲	戊	癸
午	申	午	卯

金	木	土	水
火	金	火	木

목화(연지, 월지, 일간, 시지) : 금수(연간, 일지, 시간)의 비율로 목화가 많다. 사주에서 목화가 우세하다는 것은 팽창하는 힘이 수축하는 기운보다 강하다는 말이다. 균형을 이루려면 금수가 필요하다.

수와 화, 금과 목

이제 목화와 금수를 나누어 수와 화, 금과 목의 관계로 살펴보자.

수와 화를 보면 영향력이 강하다는 월지까지 화가 차지하고 있으니 화가 훨씬 세다. 수는 부족하다.

금과 목의 관계는 어떨까? 개수로 따지면 금과 목은 조화를 이룬 것 같다. 위치를 보면 금이 일간 목을 강하게 압박하는 분위기다.

일간에게 힘을 실어줄 목이 필요해 보인다.

토의 상황

토도 따져보자. 오웰은 무더운 여름에 나무로 태어났다. 축축한 축토나 진토가 있으면 나무가 뿌리를 내릴 수 있다. 명식에는 습토가 없고 월간에 마른 무토가 하나 나와 있다.

음양의 균형에서 나온 결론

이 명식은 양은 더 필요치 않고 음을 보강해야 한다.
팽창하는 목화보다는 수축하는 금수를 반긴다.
세부적으로 접근하면 화보다는 水가, 금보다는 木이 필요한 구조다.
일간이 목이니 자양분이 깃든 촉촉한 흙도 좋다.
구세주 오행은 水, 木, 습토다.

운명방정식 해부

직선으로 곧게 뻗어 나가고픈 나무

조지 오웰의 정체성은 일간 甲목에서 드러난다.

甲木은 곧게 자라는 나무로 미래에 대한 계획과 희망을 품는다. 갑목의 꿈이 구현되려면 넓고 비옥한 땅, 밝은 태양 빛이 확보되어야 한다. 여기에 물길을 끌어오면 나무가 자랄 수 있는 환경이 마련된 셈이다.

수확기가 되면 풍성한 열매를 거둘 수 있다.

척박한 운명구조

조지 오웰(Eric Arthur Blair, 1903~1950)의 명식은 갑목이 갖추어야 할 이상적 조건과는 거리가 있다. 태어난 계절은 태양이 가장 높이 떠 있는 여름이다. 출생한 시간도 한낮이다. 햇볕이 따가울 때다. 나무는 촉촉한 습토에 뿌리를 내리는 것이 자연스럽다.

오웰은 자양분을 기대할 수 있는 축토나 진토는 없고 건조하고 메마른 戊土를 갖고 태어났다. 나무가 무토에 뿌리를 내리고 쑥쑥 자라려면 충분한 물로 무토를 적셔야 한다. 연에 癸水가 있기는 하다.

월주가 가로막고 있어 물을 끌어올 수 없다. 일간 갑목으로서는 뿌리

내릴 곳이 마땅치 않다. 설상가상으로 일간 바로 옆 시간에는 庚금이 갑목의 의지를 꺾어버리려는 듯 버티고 있다.

金과 木의 관계

木 일간에게 金은 조직의 체계나 규율을 인식하게 하는 관성이니 필요한 요소다. 문제는 이 관성이 지치고 약한 갑목으로 태어난 오웰을 부담스럽게 한다는 거다. 일간이 사회에 잘 적응할 수 있게 돕는 울타리 역할에 그치지 않고 일간의 일거수일투족을 압박하고 옥죄려 든다.

이 운명에서 가장 절실한 오행은 水다. 물이 있어야 마른 흙을 적실 수 있고 갑목이 성장할 수 있다. 날카로운 庚금은 나무가 무성해진 다음에나 요구되는 기운이다.

水의 역량

드러난 수는 연간의 癸수다. 이 수는 연지에 있는 쇠약한 卯목의 뿌리를 적시기는 하지만 월주를 차지한 팍팍한 흙과 이글거리는 불 때문에 일간 갑목에게는 흘러갈 수 없다. 다행히 일지 申금의 지장간 壬수가 갈증으로 허덕이는 甲목에게 서늘한 기운은 제공해준다. 그러나 일간의 목마름을 완전히 해결할 수는 없다.

대운의 흐름을 고려하면 더욱 염려스럽다.

46세까지는 여름과 봄으로 흐른다. 수 기운이 오는 가을과 겨울은 46세 이후니 그전까지는 고단하고 곤궁한 삶이 이어질 것이다. 이런 운명적 배경을 알면 오웰의 인생살이가 얼마나 힘겨웠을지 조금은 짐작해볼 수 있다.

나무의 생장 의지

수가 부족했던 그는 金과 火가 날카롭게 대립하는 길을 걸어가야 했다. 다행스러운 건 약한 나무가 그래도 생장하겠다는 의지를 발동할 수 있게 봄대운 30년이 이어졌다는 거다. 힘들고 고달픈 생활 속에서도 삶에 대한 희망과 포부를 단념하지 않았던 건 생명에 대한 목의 갈구가 있었기 때문이다.

土와 金의 작용

재성인 土가 거칠고 황폐한 탓에 아버지와는 대체로 소원하게 지냈다. 그럼 인성인 어머니와는 긴밀한 정을 나누었을까? 수가 부족한 걸 보면 모친과의 사이도 그저 그랬을 것이다.

시에 庚금 관성이 드러나 있어서인지 젊은 시절, 제국 경찰공무원으로 미얀마에서 5년간 복무하였다. 이 경금은 일간 갑목에게 부담으로 작용한다. 가해자로서 제국주의의 실상을 가까이서 목격했던 그가 더는 제국 경찰로서의 직무를 수행할 수 없어 사직하고 만다. 미얀마에서의 경험은 일을 그만둔 후에도 엄청난 죄의식으로 남았다. 그는 글을 써 속죄하기로 마음을 굳힌다.

곧은 나무로서의 결단

오웰의 운명에서 金과 火의 대치는 식상과 관성이 다투는 것을 의미한다. 특이한 건 관성과 식상의 극렬한 싸움에서 오웰이 내린 결정이다. 그는 한 개인의 자유에 무게중심을 두기보다는 보통 사람들의 자유를 확보해내려고 일생 노력했다. 보통 사람들이 하나하나 개체로 존중받으며 살 수 있는 사회를 갈망했기에 그는 스페인 내전에도 참전했다. 2차 대전 중에는 지역방위군에도 합류했다.

잘 알려진 그의 대표작 〈동물농장〉과 〈1984년〉은 통제를 벗어난 거대권력에 대한 경고가 들어있다. 그가 경계한 빅 브러더는 파시즘이나 공산주의 같은 극단적 체제의 독재자만 지칭한 것이 아니다. 보통 사람들인 우리가 방심하는 순간 언제 어디서나 출몰할 수 있는 숨은 권력, 일상 속의 권력까지 포함하고 있다.

인간의 운명에도 빅 브러더, 거대권력은 깃들 수 있다.

오웰의 명식에서 관성 경금은 일간 갑목을 한 평생 긴장하게 만든 거대권력이었다. 그리고 보면 전체주의를 통찰하고 경계한 오웰은 자신의 운명도 어렴풋하게나마 이해했던 것 같다.

인생의 사계절

대운행로

명식의 연월은 앞선 세대가 조성한 환경이다.

10년씩 이어가는 대운은 월에서 시작한다. 남자가 양간의 해에 태어나면 대운은 순행하고 음간의 해에 태어나면 역행한다.

여자의 경우는 정반대다. 음간 해에 태어나면 순행하고 양간 해에 나면 거꾸로 흐른다. 오웰의 경우 음간 해에 태어나 대운은 역행하고 6세부터 시작한다.

대운

| 壬 | 癸 | 甲 | 乙 | 丙 | 丁 |
| 子 | 丑 | 寅 | 卯 | 辰 | 巳 |

수	수	목	목	화	화
수	토	목	목	토	화
56	46	36	26	16	06

대운 진입 전 : 출생~6세 (1903~1908)

1903년 (癸卯 출생)

　인도 북동부 벵갈에서 3남매 중 둘째로 태어났다. 부모는 에릭 아서 블레어라는 이름을 지어주었다. 위로는 누나가 하나 있었다.
　아버지는 영국의 식민지인 인도에서 아편국의 관리로 근무했으며 어머니는 프랑스계 목재상의 딸이었다.

1904년 (甲辰 1세)

　어머니는 6세가 된 딸과 1살짜리 아들을 데리고 남편이 있는 인도를 떠나 영국으로 영구 귀국한다.

정사(丁巳)대운 (열기가 느껴지는 초여름) : 6~15세 (1909~1918)

火가 이어지는 정사대운은 가뜩이나 건조한 운명에 불을 갖다 대는 꼴이다. 부족한 습기를 더욱 말려버린다. 힘겨운 유년기를 보냈을 거다.

1908~1911년 (戊申 己酉 庚戌, 辛亥 5~8세)

연운을 요소별로 따져보자. 천간은 戊己토와 庚辛금, 지지는 申酉금과 팍팍한 戌토가 있다. 亥수가 약간 비치긴 하지만 대운의 기세에 짓눌려 힘을 쓰기 어렵다.

4년간 수녀들이 운영하는 지역 유치원에 다녔다.

1911~1916년 (辛亥 壬子 癸丑, 甲寅 乙卯 8~13세)

천간은 금수목, 지지는 수목으로 이어가는 연운이다.

배움의 기운인 인성이 있고 일간과 같은 목이 있다.

외삼촌의 소개로 세인트 시프리언스 사립 기숙학교에서 학비 절반을 면제받는 장학생으로 선발되어 5년 동안 다녔다.

이 시기에 오웰은 돈밖에 모르는 학교장 부부와 일찌감치 속물근성이 몸에 밴 신흥부유층 자녀들로부터 가난이 안겨주는 고통과 모멸감을 뼈저리게 경험한다. 해진 옷을 입고 구멍 난 양말을 신고 있는 오웰에게 아이들은 아버지 직업을 묻고 연봉이 얼마인지 따지고 들었다.

1912년 (壬子 9세)

오랫동안 떨어져 생활했던 아버지가 영구 귀국해 돌아온다.

기숙학교에 다니느라 방학 때만 잠시 만나는 사이였지만 그에게 아버지는 힘들고 불편한 사람이었다. 일간이 갑목인 오웰에게 부친은 토가 된다. 명식에 축축한 흙 대신 바싹 마른 토가 있다 보니 아버지와의 관계가 어려웠을 것이다.

1917년 (丁巳 14세)

대운도 여름인데 연운까지 화가 겹쳐있다. 목 일간 오웰에게 화는 자신을 표현하고픈 식상의 기운이다. 수가 부족해 생기는 떨어지지만 개의치 않고 관심사를 표출하기 위해 노력한다.

이튼칼리지에 왕립장학생으로 입학하지만 1921년 졸업할 때까지 학과목 공부보다는 시나 소설을 쓰며 시간을 보낸다.

丙辰 乙卯 甲寅 성장의 기세가 맹렬해지는 봄

30년간 이어지는 봄대운은 목이 가장 왕성해지는 기간이다. 일간 나무가 쑥쑥 빠르게 치솟고픈 욕구를 강하게 발동하는 시절이다. 목이 자라려면 수도 충분히 공급되어야 하지만 그 물을 머금을 수 있는 양질의 땅도 필요하다.

나무의 성장 욕구를 해결해줄 수 있는 땅은 辰이 으뜸이다. 오웰이 타고난 명식에는 진이 없다. 대운에서 병진이 찾아들었지만 천간의 병화는 또 부담스럽다. 더욱 안타까운 건 마른 戊토가 이미 월간에 버티고 있는데 운에서까지 화토가 겹쳐오면 토의 세력이 지나치게 강해지는 점이다. 그래서인지 병진대운이 끝나가는 시기에 그는 거리를 떠돌며 비천한 곳을 찾아다녔다. 부랑자, 떠돌이, 거지, 매춘부들과 함께 먹고 마시고 생활하며 고단한 존재들을 가까이서 경험했다.

병진대운 중에 속속들이 체험한 하층민의 실상은 이어지는 木의 대운(卯와 寅)에서 전부 작품 속으로 스며든다.

병진(丙辰)대운 (늦은 봄) : 16~25세 (1919~1928)

역행하는 대운이니 늦은 봄에서 중춘을 지나 이른 봄으로 향한다.
만춘의 辰대운은 천간에 丙화가 있어 신경은 쓰이지만 그래도 여름대운인 정사에 비하면 한결 수월하다. 辰토가 습토라 일지 申금과 어울려 수의 저장고가 된다. 물을 조금 고이게 한다.

인성은 정규 교육의 기회로 볼 수 있는데 그는 1921년 이튼을 졸업하고 대학에 가지 않았다. 이유는 이튼에 머문 기간을 보면 알 수 있다.

입학한 정사년(1917)부터 졸업하는 신유년(1921)까지는 학업을 이어가기 어려운 연운이다. 학과공부에 집중할 수 없는 시기다. 상급학교 진학을 단념할 수밖에 없다. 그는 이튼에서 시나 소설을 쓰며 지냈다고 하지만 그 또한 성과는 없었을 거다.

1920~1927 (庚申 辛酉 壬戌, 癸亥 甲子 乙丑, 丙寅 丁卯 17세~24세)

일간을 제어하는 관성 금과 일간을 돕는 인성 수, 일간의 정체성을 강화시키는 비겁, 일간의 재능을 드러내는 식상이 이어지는 연운이다.

관성은 인성을 상생하고 인성은 일간을 후원한다. 관성과 인성의 흐름에 기대어 공무원이 되겠다는 발상을 한다.

경찰 간부 시절

대학에 진학하는 대신 인도제국 경찰이 되어 미얀마에서 식민지 경찰 간부로 근무(1922년 11월~1927년 12월, 19세~24세)한다.

미얀마에 머물 당시 처음 얼마 동안은 오웰도 가해자가 되어 원주민을 괴롭히고 함부로 대했다. 물론 시중을 드는 하인이나 집안일을 봐주는 가정부와는 친밀하게 지냈다. 그러나 그 역시 평등한 관계는 아니었음을 깨닫고 제국주의 자체가 인간 대 인간으로서의 평등은 배제하고 친밀함을 교묘하게 이용한다는 인식에 이른다. 이것은 그를 깊은 번민에 빠뜨렸고 제국주의 지배체제에 대한 환멸로 이어졌다.

식민지 경찰을 그만둘 수밖에 없었던 운명적 기운

식민통치의 최전선에서 계속 머물 수 없었던 것은 경찰관으로 근무한 시기에서도 파악할 수 있다. 계해 갑자 을축이 지나면 목화가 강해지는 병인과 정묘가 이어진다. 대운에도 식상이 있는데 연운에도 식상이 찾아오면 관성 금에 대한 일간의 자각이 일어난다.

더욱이 연운의 지지는 비겁이 있으니 일간의 정체성도 강화된다. 이렇게 되면 일간 갑목은 자신의 본성인 생명력을 분출하고픈 의지가 샘솟는다. 이제 약한 존재를 억압하는 식민지 관료생활에 회의가 밀려와 더는 직무를 수행해내기 어렵다.

1928년 (戊辰 25세)

병진대운이 끝나가고 있지만 연운에서 토가 또 겹쳐온다. 과다한 토가 수의 공급을 차단한다. 이때부터 을묘대운 초반까지 오웰은 거처도 없이 파리와 런던의 빈민가를 떠돌며 밑바닥 체험을 한다.

을묘(乙卯)대운 (만물이 성장하는 봄의 한복판) : 26~35세 (1929~1938)

목기가 가장 왕성해지는 때다. 이 기간에 오웰이 겪은 사건이나 뛰어든 일에 대해서는 쉽게 길흉을 논하기 어렵다. 이 시기는 수가 공급되지는 않으나 약한 목을 보강해주는 측면이 있다. 다만 나무가 말라죽지 않으려면 스스로 방도를 찾아야 한다. 성장은 다음 문제고, 우선 마실 물을 찾고 숨 쉴 방안부터 마련해야 하는 것이다.

단자적 개인을 넘어선 공적 시선 견지

직장을 스스로 떠난 후 그는 경제적 어려움을 겪었다. 그런데도 생명의 기운이 강하게 찾아든 시기다 보니 자신의 편익에 연연해하기보다는 세상이 나아지기를 갈구했다.

그는 가난이 어떻게 대를 이어 영속하는지, 이론은 또 얼마나 허망한 것인지를 몸소 체험하며 곤궁한 자들의 실태를 관찰한다. 그러면서 결단의 순간을 만나면 하나뿐인 목숨도 아랑곳하지 않고 일을 추진했다.

1929년 (己巳 26세)

토와 화가 배치된 연운이다. 먼지가 날리는 거리에서 갈 곳 없이 떠도는 분위기를 읽을 수 있다.

1928년 봄부터 시작된 방랑생활을 1929년 말까지 계속한다.

파리와 런던에 머물 때는 호텔 주방에서 접시도 닦고 주방보조 일도 경험한다. 파리에서는 각혈 때문에 2주간 병원에서 입원치료를 받았다. 을묘대운이 들어왔지만 연운이 화토가 강한 기사년이라 유랑생활이 이어졌다.

1930~1931년 (庚午 辛未 27~28세)

　천간은 관성 금, 지지는 식상 화와 재성 토가 보인다. 목이 지배하는 대운이라 금도 크게 부담스럽지는 않다. 특히 이때의 금은 목의 형태를 정돈하고 세련되게 다듬는 기능도 하니 금을 무조건 거부할 일은 아니다.

　거리 생활을 접고 영국으로 돌아와 부모가 있는 사우스월드에서 지낸다. 노동자나 걸인을 만나 어울리기도 했지만, 대부분의 시간은 글을 쓰는데 할애한다. 파리와 런던에서 하층민과 함께 보낸 시절의 이야기를 책으로 내기 위해 출판사를 찾아다닌다.

책의 가지와 줄기를 만드는 시간

　을묘대운은 책과 긴밀한 상관성이 있다.

　경오 신미 연운은 책이 출판되는 데 작은 걸림돌로 작용한다. 모습을 제대로 갖춘 책이 나오기에는 미흡한 점이 있다. 실제로 오웰은 이 시기에 편집자들의 요구대로 여러 차례 원고를 수정해 재차 방문했지만, 번번이 거절당했는데 그에게 퇴짜를 놓은 편집자 중에는 T. S. 엘리엇

(1888~1965)도 있었다.

책 출판은 어려움을 겪었으나 진보 문예지 〈어델피〉에 정기적으로 원고를 게재할 기회는 얻었다. 미약하나마 을묘의 기운이 발휘된 것으로 판단할 수 있다.

펼쳐놓은 책을 닮은 묘목

인간이 논리적 사유를 할 수 있었던 건 언어와 문자를 가졌기 때문이다. 이 언어와 문자에도 묘목의 속성이 고스란히 담겨 있다. 특히 문자는 낱낱의 요소로는 끊어져 있어도 서로 연결하거나 조합하면 의미를 창출해내는 특성이 있다. 그런 측면에서 생각해보면 묘목의 기운을 타고난 사람들은 말이나 글의 의미를 확장하고 확충해가는 영역에서 빛을 발할 것이다.

묘의 기운을 타고 나 저술활동을 한 사람들 중에는 〈동물농장〉을 쓴 저널리스트 조지 오웰, 〈사랑의 단상〉을 저술한 에세이스트 롤랑 바르트, 〈예루살렘의 아이히만〉을 쓴 정치 철학자 한나 아렌트 등이 있다. 한자 卯의 모양도 펼쳐놓은 책과 비슷하다.

1932~1933년 (壬申 癸酉 29~30세)

천간은 반가운 수가 있고 지지는 금이 보인다.

가르치고 배우는 인성, 관리하고 제어하는 관성이 작동한다.

임신년 4월부터 이듬해 계유년 7월까지 사립학교에서 임시교사로 근무한다.

1933년 1월(음력은 임신년), 조지 오웰이라는 필명으로 첫 책 〈파리와 런던의 밑바닥 생활〉이 나왔다. 연운에서 습기가 제공되니 그동안 거부당했던 원고가 결실로 돌아왔다.

이 책에 나오는 인물들은 그가 일정 거리를 유지한 채 상상이나 공상으로 채워 넣은 것이 아니라 바닥까지 내려가 함께 부대끼며 호흡한 대상들이다. 그래서 하층민을 단순히 불쌍하고 가여운 존재로 묘사하는 대신 그들의 모순이나 허위까지 세세히 언급했다.

〈파리와 런던의 밑바닥 생활〉은 1933년 6월에는 미국에서 출간됐고 그로부터 2년 뒤에는 프랑스에서도 출판되었다.

1934~1937년 (甲戌, 乙亥 丙子 丁丑 31~34세)

천간은 목과 화, 지지는 토와 수의 연운이다. 뻣뻣한 술토가 조금 걸리긴 하지만 수분을 함유한 축토도 있고 무엇보다 해수와 자수까지 들어있다. 일간이 눈치 보지 않고 자신의 활동을 전개할 수 있다.

1934~1935년 (甲戌 乙亥 31~32세)

미얀마에서 보낸 5년 동안의 기억을 자전적 기록으로 풀어낸 첫 소설 〈미얀마의 나날들〉이 갑술년 10월에 뉴욕에서 출판되었다. 식민제국의 실상을 여과 없이 생생하게 찍어낸 이 작품은 영국에서는 이듬해 6월에 발행되었다.

10월부터 1936년 1월까지 헴스테드에 있는 Bookslover's Corner라는 헌책방에서 시간제 점원으로 일한다. 근무를 하지 않는 시간에는 집필에 매달린다. 또 임시교사 시절을 떠올리며 쓴 소설 〈목사의 딸〉을 출간하고 여러 매체에 서평과 논설도 발표한다.

을묘대운 중에 맞는 1935년 을해년은 수가 들어오니 목의 기세가 더욱 강해진다. 거침없이 일간의 탁월함을 뽐낼 수 있다. 작가로서의 기반도 공고해진다.

1936년 (丙子 33세)

진보단체로부터 부탁을 받고 책방 일을 그만둔다.

1936년 1월 31일(음력은 을해년)부터 3월 30일까지 북부 탄광지대인 위건, 맨체스터, 셰필드 등에 머물며 광부들의 피폐한 삶을 취재한다.

운명적 호출

오웰에게 잉글랜드 북부로의 여행은 상당한 의미가 있다.

따져보지 않으면 좌파지식인 혹은 노동계급에 애착을 가진 작가라서 그에게 먼저 요청했으리라 생각하기 쉽다. 이 기간에 일어난 활동을 10간 12지로 분석해보자. 운명적 필연성을 발견할 수 있을 거다.

그는 기축월 끝부터 경인월, 신묘월에 걸쳐 탄광 노동자들의 처참한 실태를 관찰한다. 건조한 토가 덮쳐왔을 때, 오웰은 떠돌며 걸인이나 부랑자를 만나고 다녔다.

기축은 축축하고 무거운 토가 배치된 시기다. 경인과 신묘는 지지의 목(인, 묘)을 천간의 금(경, 신)이 강하게 내리누르는 분위기이다. 이때의 목은 정처 없이 흘러 다니거나 유랑하는 생명이 아니다. 한정된 장소에서 통제를 받으며 옴짝달싹할 수 없이 억압받고 있는 생명이다.

오웰이 그곳에 가게 된 건 그냥 우연이 아니다. 열악한 삶의 현장에서 겨우겨우 목숨을 이어가던 헐벗은 사람들이 자신들이 처한 상황을 제대로 전달해줄 적격자를 간절히 원했고 그것이 오웰의 무의식에 정확히 도달했던 것이라 생각해볼 수 있다.

4월 초, 조사를 끝내고 돌아온 그는 곧바로 시골 마을 월링턴으로 거처를 옮긴다. 4월 20일에는 헌책방에서의 체험을 녹여낸 세 번째 소설 〈엽란을 날려라〉가 출간된다.

5월부터는 북부탐방의 결과물인 〈위건 부두로 가는 길〉을 써나간다.

결혼과 참전

6월에는 심리학을 공부하는 대학원생 아일린과 결혼한다.

병자년의 자수가 갑신의 신금(일지: 배우자 자리)과 교감이 일어나 배우자를 만난 것으로 이해할 수 있다. 오웰은 공부를 포기한 채 자신을 따라 시골 마을 월링턴으로 내려온 아일린과 함께 좋아하는 동물을 기르며 집필에 몰두한다.

〈위건 부두로 가는 길〉의 원고를 마무리한 12월에는 파시즘에 대항하기 위해 스페인 내전에 뛰어든다. 명식에 있는 무오월과 경오시의 오화가 병자년과 경자월의 자수와 부딪힌다. 그렇다 보니 어수선한 시대가 만들어내는 전쟁에도 쉽게 공명한다. 자국에서 벌어진 전투가 아님에도 자신이 감당해야 할 몫이 있다고 판단하고 참전한다.

1937년 (丁丑 34세)

1월~6월, 영국 독립노동자당 분견대 소속으로 전투에 나선다.

3월에는 〈위건 부두로 가는 길〉이 출간되어 관심을 모은다. 스탈린 체제를 비판한 내용이 있어 좌파지식인들의 원망을 들었다. 또 혁명이론에만 급급했던 좌파지식인의 맹목성을 예리하게 파헤쳤다는 평가도 얻었다.

4월말에는 휴가를 얻어 바르셀로나에 들렀다. 그곳에서 스탈린을 지지하던 세력들에게 탄압을 받는다. 그러면서 좌파 내부의 알력관계를 가까이서 파악한다.

5월에 다시 전선으로 돌아온다. 파시스트 저격수가 쏜 총탄으로 목에 관통상을 입는다. 다행히 연의 축이 건조한 토가 아니라 습토여서 죽음까지는 이르지 않고 두어 차례 수술로 회복했다. 그것 또한 을묘대운 중이라 가능한 일이다.

그러는 사이 오웰 부부는 공산당 경찰로부터 파시스트라는 죄목을 뒤집어쓰고 도망자가 된다. 어렵사리 탈출에 성공한 그들이 영국의 시골 마을로 돌아온 것은 7월 초였다. 이후 스탈린의 권력욕을 강도 높게 폭로한 글을 써 소련공산당의 실상을 까발린다.

정축년의 정화는 은근하면서 예민한 불이다. 시에 있는 경금 관성도 어느 정도 조절할 수 있는 세밀한 식상이니 일간 갑목은 자신의 정치적 소신에 강한 자신감을 얻는다. 그래서 권력과 조직을 상징하는 금에 맞서보겠다는 의지가 발동했을 거다.

1938년 (戊寅 35세)

을묘대운이 끝나가는 시점에 부담스러운 연운을 맞았다. 천간은 건조한 무토가 보인다. 지지에는 명식의 월지(오화)를 강화하고 일지(신금)를 건드리는 인목이 있다.

건강에 문제가 생길 수 있는 기운이 찾아들었다. 작품을 구상하고 원고를 쓰고 책을 출간하지만 부족한 수를 보충할 길이 없어 에너지는 고갈된다. 더욱 나쁜 건 맹렬해진 화가 금을 달구면 폐나 기관지가 타격을 받는다는 거다.

덤벼드는 열기에 쇠약해지는 나무

   3월 중순에는 폐결핵이 심해져 요양병원에 입원한다.

   4월, 스페인 내전에서의 체험을 다룬 〈카탈로니아 찬가〉가 나온다. 소련체제와 좌파 내부를 비판한 내용이 들어있어 원성을 듣는다.

   6월, 파시즘에 맞서기 위해 독립노동당에 정식으로 가입한다.

   7월, 글쓰기에 대한 끊임없는 구상으로 피로감이 누적된다. 건조한 명식으로 태어난 오웰은 사계절 중 무더운 여름이 가장 견디기 어렵다. 무인년 여름은 가뜩이나 메마르고 팍팍한 무오월과 기미월이니 사소한 활동조차 이어가기 어렵다.

   9월, 담당의사의 권고로 모로코의 마라케시로 요양을 떠난다. 건강을 완전히 회복하기도 전에 차기 소설을 진행하며 다음 해 3월까지 그곳에서 머문다. 그나마 서늘한 가을 겨울이 걸쳐있어 글을 쓸 만큼의 기력은 회복했을 것이다.

갑인(甲寅)대운 (이른 봄) : 36~45세 (1939~1948)

갑인과 을묘는 천간과 지지가 모두 목이다. 양목인 갑인은 을묘에 비해 습기를 덜 머금은 나무로 위로 곧게 올라간다. 음목인 을묘는 촉촉하고 부드러운 나무로 가지를 여러 방향으로 뻗는다.

불멸하는 작품과 병약한 육신

오웰은 을묘대운에 상당히 많은 작업을 했다.

을묘에 씨앗(착상)을 뿌려두었기에 갑인대운에도 작품활동이 이어진다(나무가 하늘 높이 뻗어 오르는 형세이니 세계사에 남을 책들은 갑인대운 중에 발간된다). 특히 갑인의 寅과 명식의 午가 결합하면 강한 불기둥을 만든다. 이것은 일간 갑목이 자신의 특출함을 남김없이 뿜어내는 식상(오웰에게는 매체를 기반으로 하는 다양한 활동)으로 작용한다.

걱정스러운 건 이 활동을 떠받칠 수 있는 수목 기운이 다해가는 점이다. 그러지 않아도 수가 아쉬운 사람인데 자신의 역량을 뽐내는 불기둥이 지속되는 것(火克金 현상)은 위태로움 그 자체다. 이 과정에서 그의 죽음을 불러올 폐결핵은 점점 심각해져 간다.

1939년 (己卯 36세)

연운에 습목 묘가 있어 집필을 밀어붙인다. 그렇지만 기토는 여전히 부담스럽고 대운에도 수가 없어 일은 순조롭지 않다.

4월, 휴양지 모로코에서 월링턴으로 돌아온다.

5월, 헨리 밀러의 소설 〈북회귀선〉에 대한 서평 '고래 뱃속에서'를 쓴다.

6월, 모로코 휴양지에서 마무리해온 원고가 책으로 출간되고 부친상을 당한다. 대운과 연운에서 목이 강화돼 토 재성이 흔들린 것으로 이해할 수 있다.

9월, 우려하던 2차 대전이 발발한다. 글을 쓰는 것이 점점 힘에 부친다. 몇 년 전에 가입했던 독립노동당이 자신의 정치적 소신과 반하는 선택을 하자 탈퇴한다.

1940년 (庚辰 37세)

토금운이 왔다. 그나마 지지가 습한 진토인 점은 다행스럽다.

이 기간 동안 그는 책이나 공연, 영화에 대한 평론을 발표하고 강연도 한다. 전쟁 중이라 어수선한 분위기지만 갑목 일간 오웰에게는 진토가 영역을 넓혀갈 수 있는 기회로 작용했다. 분야를 넘나들며 여러 갈래의 글쓰기를 시도한다.

3월, '고래 뱃속에서'를 포함한 몇 편의 에세이들이 단행본으로 발표된다. 깊은 사색과 통찰을 엿볼 수 있는 작품이라는 평을 얻는다.

5월, 런던으로 이사하고 지역방위군에 자원한다.

1941~1943년 (辛巳 壬午 癸未 38~40세)

1941년 8월부터 1943년 11월까지 BBC에서 인도 전담 프로듀서로 일한다. 방송활동은 갑인대운의 寅과 명식의 월지 午화가 함께 이룬 작용이다. 방송 일을 무난히 해내려면 갑인대운의 건조함부터 누그러뜨려야 한다.

방송국 근무가 가능했던 건 41년부터 43년까지 연운 천간에서 金水 기운이 이어졌기 때문이다.

1943년 (癸未 40세)

갑인대운의 기세가 더욱 치솟는 때다. 계미년이 지나가면 당분간 메마름을 적실 운세가 오지 않는다. 폐, 기관지, 호흡기와 관련된 문제가 생길 수 있다.

3월, 어머니가 사망한다.

11월, 건강이 여의치 않아 BBC에서 퇴사하고 방위군 일도 그만둔다. 43년 한 해로 볼 때 오웰이 가장 힘에 부칠 시기는 무오, 기미월이다. 방송국을 떠날 결심은 여름에서 가을로 넘어오면서 굳혔을 거다.

겨울이 시작되는 11월부터 다음해 1월까지는 수 기운을 보충할 수 있는 절호의 시기다. 그는 이 에너지를 글쓰기에 쏟아 붓는다.

〈트리뷴〉지에서 문예 편집장을 제안해온다. 방송 일보다는 시간을 덜 뺏길 거라 생각하고 고민 끝에 수락한다. 소설 〈동물농장〉을 쓴다.

1944년 (甲申 41세)

연운이 갑신이다. 일주(일간과 일지)와 같은 해가 돌아오면 자아가 하나 더 생기는 것과 같다. 약한 일간으로서는 자기의식이나 정체성이 하나로 모아져야 혼란스럽지 않다.

외부에서 나와 동일한 일주가 들어오면 판단력이 흐려진다. 이 시기에 내리는 결정은 합리성과 신뢰성을 담보하기 어렵다. 게다가 갑인대운을 통과하는 오웰에게는 갑인의 인과 연운의 신이 부딪친다. 이런 때는 일이든 관계든, 확장보다는 현상유지나 축소가 더 낫다.

부딪히는 운세에 입양한 아이

오웰부부는 갑신년에 태어난 남자 아이를 입양한다.

갑인대운 갑신년에 그것도 자신의 일주와 같은 갑신생을 자식(관성)으로 불러오는 것은 인간적으로 보면 수긍할 만한 윤리적 선택이다.

운명적으로 판단하면 지지할 만한 결정이 아니다.

1945년 (乙酉 42세)

2월 중순경 〈트리뷴〉의 문예 편집장 직을 그만두고 〈옵저버〉의 전쟁 특파원이 되어 5월까지 프랑스에 머문다. 오웰이 영국을 떠나있는 동안 아내 아일린은 종양 수술을 받다가 사망한다.

8월 〈동물농장〉이 발간된다.

1946년 (丙戌 43세)

갑인대운 중에서도 가장 팍팍하고 건조한 화토(병술) 연운이다.

토는 오웰에게 재성에 해당한다. 수가 부족한 그에게는 습기를 머금은 진토나 축토가 좋다. 그래야 일간 갑목이 걱정 없이 뿌리를 내린다.

병화와 함께 온 뻣뻣한 술토는 그 자체로도 문제지만 명식의 균형까지 망가뜨린다. 이미 마를 대로 말라 타들어가는 목구멍에 먼짓가루를 쏟아 넣는 꼴이다.

나를 순환시킬 수 없는 돈

세상 사람들의 눈에는 지난 해 나온 책 〈동물농장〉이 대중적 관심을 얻고 인기몰이 중에 있으니 더 없이 행복한 시기로 보일 것이다. 오행으로 따지면 너무도 위태로운 순간이다. 이때 덮쳐오는 돈은 메마른 사막에서 불어오는 흙바람과 같다. 돈이라고 모두 같은 돈이 아니다.

나를 순환시키지 못하는 돈은 내가 누릴 수 없는 돈이다.

돈이 내게 오면 잘 유통되어 나의 처지를 개선하고 문제를 해결하는 데 쓰여야 한다. 물기 없이 찾아든 돈, 메마른 술토로 온 돈은 오웰을 둘러싼 주변 사람들에게는 이득이 될 수 있다. 하지만 그 자신에게는 임종을 재촉하는 요소로 작용한다.

5월~10월, 다섯 살 위의 누나가 사망한 후 스코틀랜드의 주라 섬에 집을 구해 입양한 아들과 지낸다.

물이 부족하니 섬이면 지내기에 좋을 것이라 생각하기 쉽다. 또 글을 쓰는 사람이니 사색할 곳이 필요하고 그러려면 시끌벅적한 대도시를 떠나 지내는 것이 좋을 것 같다.

사주를 감안하면 이야기가 달라진다. 일간 갑목을 둘러싼 오행을 따져보자. 월주는 무오, 시주는 경오, 일지는 신금이다. 그나마 지장간에 수를 품은 신금은 좀 낫지만 무오와 경오는 갑목을 힘겹게 한다. 일간을 고립시킨다.

명식의 분위기를 고려한다면 오웰은 근린 시설이 잘 구비된 공간, 시설물이 잘 연결되어 있는 공간, 일상적인 편리함이 잘 갖추어진 도심지에서 지내는 것이 좋다. 외따로 떨어져 있는 섬이나 시골, 별장에서 생활하는 것은 권하기 어렵다.

1947년 (丁亥 44세)

47년부터 3년간 들어오는 연운을 보면 지지는 모두 수로 연결[30]된다.

문제는 갑인대운 동안 몸이 너무 시달려 습윤한 기운이 와도 받아들일 힘이 달린다는 점이다. 없는 힘을 겨우겨우 억지로라도 그러모아 습기를 빨아들여 보지만 연운의 천간은 또 화토(정화 무토 기토)가 작동한다. 만만치 않은 시간들이 이어진다.

4월, 소설 〈1984년〉 집필에 온 정성을 기울인다. 육신과 맞바꾸는 글

---

30 1949년부터는 수가 작동하는 겨울대운(계해 갑자 을축)이 30년간 이어진다. 명식의 건조함을 해결할 수 있는 시간을 많이 남겨놓고 세상을 하직한 점이 아쉽고 안타깝다.

쓰기 작업을 이어간 것이다.

5월~10월, 여름 기운이 강하게 압박해올 때부터 건강은 급속도로 나빠지고 있었다. 매체에 쓰는 글은 대폭 줄였지만 을사 병오 정미월에 걸쳐 어린 시절을 회상한 에세이 〈Such, Such Were the Joys〉를 쓴다.

몸은 이미 허물어지고 있는데도 〈1984년〉의 초고를 완성하기 위해 쓰다가 앓다가를 반복하며 자신과의 참혹한 싸움을 가을까지 이어간다.

12월, 폐결핵이 심해져 다시 입원하고 다음 해 7월까지 병원에서 지낸다. 그동안 지나치게 육신을 혹사하지 않았다면 이달(임자)에 들어오는 수 기운으로 병든 금을 잘 씻어낼 수 있었을지 모른다. 하지만 그는 화의 열기가 맹렬히 작동할 때 글을 쓰며 지냈다. 그러는 사이 금(폐)은 손 쓸 방도도 없을 만큼 손상되고 말았다.

오웰은 왜 폐결핵을 앓았을까?

오행에서 폐는 금으로 본다. 폐에 문제가 생기는 경우는 이렇다.

금이 필요한데 금이 없거나 부족할 때, 금이 있지만 水로 나아가지 못할 때, 강한 火에 금이 녹아내릴 때 등이다.

오웰이 폐 질환에 걸린 건 화가 금을 달구어서일까? 금이 수로 나가지 못해서일까? 그는 두 가지 다 해당한다.

과정은 이렇다. 일지 신금은 월지와 시지의 오화에 시달린다. 시간 경금은 시지 오화가 괴롭힌다. 더욱이 대운도 여름을 지나왔으니 화에

노출된 금의 고충이 심각하다. 만약 그의 명식에 수가 좀 보강되었더라면 화가 금을 압박해도 괜찮다. 수가 넉넉하면 금이 수로 나갈 수도 있고 수와 화의 균형도 이룰 수 있다. 폐에 결함이 발생하지 않을 거다.

1948년 (戊子 45세)

갑인대운이 끝나는 시점에 들어온 연운에 다행히 자수가 있다. 정해년 겨울에서 이어진 수 기운으로 몸 상태가 조금 나아진다. 더욱이 무자년 봄, 음력 1월에서 3월(갑인 을묘 병진)까지 천간은 갑을목의 생명성이 약동하고 지지에도 인묘진으로 연결되는 강한 목이 보인다. 이제 조금만 있으면 소진된 기력을 되찾고 건강을 회복할 것 같다. 회복 정도가 아니라 다시는 병원을 찾을 일이 없을 것도 같다.

관건은 켜켜이 쌓여버린 피로로 생체에너지가 바닥났다는 거다. 이런 상황에서는 그 어떤 활동도 자제하는 것이 좋다. 글을 쓰는 것도 잠시 밀쳐두어야 한다. 글은 서늘한 가을과 겨울에 쓰기로 하고 우선 끓어오르는 열기를 무사히 통과하는 것에 목표를 두어야 한다.

3월(음력으로는 2월, 을묘)에는 건강 상태가 호전되었다고 판단했던지 에세이를 몇 편 완성한다.

7월, 실은 매우 위험한 시기인데 오웰은 병원에서 퇴원해 주라 섬으로 온다. 이때부터 〈1984년〉 탈고에 힘을 쏟아 붓는다.

12월 초에는 타이핑된 원고를 출판사에 보낸다. 원고는 완성돼가지만 몸은 사멸해간다.

    11월~다음 해 1월은 계해 갑자 을축월로 이어지는 겨울이다. 100일이 채 못 되는 이 기간은 오웰에게도 의미가 있지만 세계사적으로도 매우 중요하다. 이 겨울의 분위기를 10간 12지로 그려보면 자궁 속에서 태아가 자리를 잡은 형상이다.

    생명의 씨앗은 그저 커지 않는다. 자리만 잡았다고 끝나는 일이 아니다. 자궁을 제공한 산모는 아이가 제대로 자라 탄생할 때까지 자양분을 공급해주어야 한다. 문제는 산모가 가진 생체에너지가 얼마 되지 않는다는 점이다. 상황이 이럴 때 우리는 어떤 결정을 내릴까?

생명권을 포기한 시간

    대체로 사람들은 이렇게 생각한다.

    태아는 산모 건강이 나아지면 생각하기로 하고 우선 산모가 기력을 되찾아야 한다고 말이다. 우리가 만약 어떤 일에 큰 성공을 거두었는데 우리 몸이 생사의 갈림길에 직면해 있다고 해보자. 그런 지경이라면 대개의 경우, 어떻게든 생명을 유지하기 위해 안간힘을 쓴다.

    오웰은 우리의 예상을 뒤엎는다. 이 아이는 바로 지금 필요한 아이니 자신이 죽어 없어지는 한이 있더라도 이 시기에 탄생시키겠다는 각오를 비친다.

癸丑 壬子 辛亥 휴식과 저축, 채무변제가 일어나는 겨울대운

갑인대운이 지나고 오는 30년간(계축, 임자, 신해)은 수의 부족을 해결할 수 있는 귀중한 시기다.

계축(癸丑)대운 (만물이 얼어붙는 늦겨울) : 46~55세 (1949~1958)

먼저 시작된 계축에는 화에 시달리던 금이 안정감을 찾고 수와 상생할 수 있다. 그런데 현실은 너무도 엉뚱하게 전개된다.

계축대운이 채 들어오기도 전에 오웰은 폐결핵이 악화되어 다시 요양원으로 간다. 그렇다면 사주가 맞지 않는 걸까?

운명이 알려주는 에너지 총량

운명을 이해하는 건 한 사람이 가진 에너지의 총량을 아는 것과 같다. 우리들 각각은 생김새와 성향이 다르듯 저마다 고유한 힘을 발휘하는 시기도 다르고 범위도 다르다.

태어나면서부터 앞선 세대들이 비축해 놓은 원기를 곧바로 뽑아 쓸 수 있는 사람이 있다. 뭐 특별히 이어받은 것은 없지만 그래도 노력하면 어느 정도 성취감을 맛보며 무난하게 사회적 역할을 할 수 있는 사람도 있다.

그러나 어떤 사람들은 불편한 기운이 누적된 상태로 태어난다.

인생살이가 고달플 수밖에 없는 운명으로 이 세상에 나온다. 그런 경우는 자신의 운명을 반드시 알아야 한다. 운명을 척박하게 타고 난 사람이 자신의 고유에너지값을 모르면 에너지를 한꺼번에 소모해버리기 쉽다. 한정된 에너지를 잘 쓰려면 배분 시기와 배분 양을 잘 조절해야 하는데 그러려면 자신의 운명부터 이해해야 한다.

오웰의 사주는 구조도 취약하고 요소도 불완전하다. 그렇더라도 그가 삶의 목표를 개인의 성공과 평안에 두었다면 그렇게 일찍 떠나지는 않았을 거다. 실제로 그는 수 기운이 작동하지 않던 인생의 전반부를 제국 경찰관으로 지냈다. 그렇다면 이렇게 생각해볼 수도 있겠다.

'수가 들어오지 않는 시기는 공무원 생활을 하고, 수를 보충할 수 있는 겨울대운에는 글쓰기를 하면 되겠군.'

시대의 한복판으로 투신한 사람

그럼 여기서 오웰이 부친처럼 제국주의 관료로 정년퇴직했다고 가정해보자. 문학적 재능이 있는 사주니 직장생활을 하면서도 글쓰기에 대한 갈망은 있었을 것이다. 그러니 퇴직 후에 연금을 받고 편안한 생활을 할 때 작가로서의 인생을 다시 시작하는 것도 생각해볼 수 있다.

그러나 그렇게 쓴 글은 혼탁한 시대를 직접 호흡하며 써나갔던 작품과는 분명 달랐을 거다.

역사 속 인물 중에는 자신의 사적 욕구나 편익에는 아랑곳하지 않고 인류의 공공선(公共善)을 지켜내는 것에 더욱 몰두하는 사람들이 있다. 누가 시키지 않아도 시대의 한복판으로 투신하는 사람들이 있다.

에너지값으로만 보면 오웰은 보통 사람들보다 훨씬 열악하게 태어났다. 게다가 전체주의의 그림자가 드리워진 어둡고 캄캄한 시대를 살았다. 초점을 한 개인에만 맞추어 얘기하면 오웰처럼 사는 방식은 어리석기 짝이 없다. 그가 뚫고 나간 길은 너무 혹독했다.

1949년 (己丑 46세)

맑은 물이 고인 계축대운을 기축 연운으로 시작했다.

습기가 확보되니 오웰은 기다렸다는 듯 글쓰기에 매진한다. 지쳐있는 폐가 굳어 가는데도 개의치 않는다. 금과 목의 균형추가 깨지는 형국이다. 목(정신성)을 위해 금(육체성)을 폐기하는 분위기마저 느껴진다.

상승과 하강의 이원성

기축년 봄은 병인 정묘 무진월로 이어진다. 지지에서는 단단한 木기, 인묘진을 느낄 수 있고 천간은 병정화가 있어 분위기도 경쾌하다. 하지만 금은 목화와 보조를 맞출 수 없는 지경에 처해있다. 피폐해진 금은 상승하는 목화의 생기가 하나도 반갑지 않다.

이런 이중성은 책이 진행되는 과정에서도 일어났다. 오웰의 육체는 쇠락해가고 있었지만 출판사로 넘어간 〈1984〉 원고는 책이라는 하나의 완성된 세계를 향해 달려가고 있었다.

1월 초(음력은 무자년)에 폐결핵 증세가 심해진다. 요양원으로 들어간다.

6월, 〈1984〉가 영국과 미국에서 동시에 출판된다. 여러 매체로부터 주목을 받는다.

9월, 대단한 호평과 관심 속에 승승장구해가는 〈1984〉와 달리 오웰의 건강은 점점 나빠진다. 9월 초순(음력 8월 임신월)에 런던에 있는 대학병원으로 옮긴다.

10월에는 소니아 브라우넬(Sonia Brownell, 1918년 8월 25일 출생)과 병실에서 결혼식을 올린다. 무오생 소니아와 갑술월에 부부의 인연을 맺었다.

이 결혼은 오웰 주변의 많은 사람들이 적극적으로 만류했다. 결국 오웰이 강행한 결혼으로 알려져 있다. 무오는 오웰 명식에서 월주와 같은 요소다. 그의 일생을 고단하게 만들었던 바로 그 기운을 연으로 가지고 나온 사람과 결혼한 것이다. 가뜩이나 생명의 기운이 약해지고 있는데 무오생과 혼인을 감행한 것은 현명한 결정이라 보기 어렵다.

연월의 기운을 개선하기 위한 선택?

이 혼인에 대해서는 좀 더 흥미로운 해석의 여지도 있다.

오웰이 월의 분위기를 가혹하게 타고 난 것은 앞선 세대들이 좋은 기운을 마련해두지 않았기 때문이다. 그렇다면 오웰의 조상은 자신들이 해결하지 못한 몫을 후손이 감당해주기를 간절히 바랄 것이다. 그러니까 오웰의 선조들은 자기 세대에서 확보하지 못한 선한 기운, 반듯한 결실, 보배로운 성과물을 어쩔 수 없이 후손이 만들어주기를 희망했을 거다. 그래서 오웰의 무의식에 파고들어 자주 호소했을지 모른다.

멀리 거슬러 올라갈 것 없이 부친의 행적만 따져보아도 선한 기운과는 거리가 있다. 오웰의 아버지는 30년 이상을 제국주의의 손발이 되어 중국에 아편을 실어 나르는 업무를 관리했다. 오웰 역시 제국 경찰이 되었으니 평생을 그와 비슷한 행로로 살아갈 수도 있었다. 하지만 그는 아버지와는 다른 선택을 했고 남은 인생 내내 경찰 시절의 과오를 속죄하며 살았다.

간접적으로나마 목을 가해(아편이 중국인에게 미친 영향)하며 살았던 부친은 자신은 의식하지 못했겠지만 지은 죄가 있을 거다. 또 부친보다 앞서 살았던 조상과 그 조상의 선조들도 빚을 남겼을지 모른다.

언제가 되었건 부채나 채무는 갚아야 한다.

그렇다면 이런 해석은 어떤가? 오웰이 자신의 모든 권리를 무오생 소니아에게 맡기고 떠난 것은 어쩌면 조상들의 빚까지 깨끗이 해결한 것이라고.

오웰의 유서

1950년 1월 18일 오웰은 유서 형식으로 몇 가지 당부를 남긴다.

무더운 여름에 바싹 마른 사주로 태어나 일생을 열기에 시달려온 사람이 남긴 유서에는 다음과 같은 내용이 들어 있었다.

장례는 꼭 성공회 식으로 치러달라.

일대기나 전기를 쓰지 말라.

시신을 화장하지 말라.

임종의 침상, 절대고독의 침상

1950년 1월 21일(음력으로는 기축년 정축월), 오웰이 사망한다.

세상을 떠나던 마지막 순간, 그는 혼자였다.

그가 세상을 하직한 날은 병진일이었다. 태어날 때 가지고 나오지 못했던 습윤한 흙(진토)이 들어온 날 그는 떠났다. 대운은 계축, 연운은 기축, 달은 정축, 날은 병진, 떠난 시간은 기축시로 추정된다.

일간이 나무였지만 촉촉한 땅에 뿌리를 내릴 수 없었던 오웰이 세상을 떠나던 그 순간만큼은 대운부터 시간까지 습토가 고르게 분포돼 있었다.

오웰의 장례는 작은 성공회 교회에서 기독교 의식으로 진행되었다. 목사는 구약의 〈전도서〉 12장 일부를 인용하며 장례식을 이끌었다.

거리의 문들이 다 닫히고
맷돌소리도 잦아지며
한 마리 새소리에도 놀라 잠이 깨고
음악 하는 여자들도 쇠하며

높은 곳을 두려워하고
길을 걷다가도 공포를 느끼며
은빛 아몬드 꽃[백발]이 만발하고

메뚜기 한 마리도 무거운 짐이 되며

욕망도 그치리니

인간은 영원한 집으로

돌아가고

조문객들은 거리로

흩어지리라

〈조지 오웰 지식인에 관한 한 보고서〉 104~105쪽/ 고세훈 지음/ 한길사/ 2012년

고단했던 육신은 장례식이 끝나자 템스 강과 가까운 교회 묘지에 묻혔다. 묘비에는 '에릭 아서 블레어 여기 눕다. 1903년 6월 25일 출생. 1950년 1월 21일 사망'이라는 정보만 들어있다.

떠나지 못한 스위스 여행

조지 오웰은 1월 25일에 소냐와 함께 스위스로 떠날 작정이었다. 그는 병실에서 조촐하게 결혼식만 올린 후 신혼여행도 다녀오지 못했으니 이참에 스위스로 가서 요양도 하고 근사한 시간을 보낼 생각이었다.

결국, 예약한 항공권은 쓸모가 없게 되고 말았다.

오웰 명식의 특유성

뛰어난 언어 감수성

　비평가들은 영미권 작가들 중 상투어와 진부한 표현을 경계하고 명료한 언어를 구사한 작가로 오웰을 꼽는다. 갑목 일간에 식상인 화가 월지와 시지에 겹쳐있다. 표출욕구가 분명하고 또 강할 수밖에 없다.
　그러나 그 정도 열기로 날카로운 묘사와 적확한 표현이 가능할 수는 없다. 운도 거들어야 한다. 때마침 정사, 병진, 을묘, 갑인으로 오는 대운이 오웰을 사건과 사고가 벌어지는 현장에 머물게 했고, 그 결과 생각을 보다 직접적이고 구체적으로 펼칠 수 있었다.

고통 감수성

　일간이 나무라고 해서 누구나 내몰린 타자들의 아픔을 오웰처럼 쉽게 공감하지는 않는다. 사주에 목이 많으면 금이 나서서 나무를 좀 솎아내 주기를 바란다.
　오웰의 경우는 습토가 있어야 할 자리에 신금이 나와 갑목을 바짝 긴장시키고 있다. 게다가 시간에는 경금까지 달라붙어 있다. 수도 부족하고 뿌리도 제대로 내리지 못해 애가 타는 갑목에게 금 역시 감시

카메라 역할을 한다. 이런 불편한 조건이 갑목의 고통 감수성을 섬세하게 만들었다. 그 감수성이 고통받는 뭇 존재에 대한 인식과 자각으로 확장되었다.

떠돎의 정서가 만드는 연대성

마른 먼지가 풀풀 날리는 사주를 갖고 태어난 오웰은 떠돎의 정서가 있다. 그래서 대도시에서 밀려나 거칠고 황폐한 곳을 떠돌며 하루하루를 연명하는 하층민들을 만나도 관계를 형성하고 쉽게 연대를 이룰 수 있었다.

더 나은 세상을 향한 정치 감수성

전체주의든 민주주의든 권력이 1인에게 집중되는 시스템을 혐오했던 오웰은 그 어느 것에도 기댈 데 없는 사람들, 그러니까 자신의 노동에만 의지해 살아가는 사람들이 세상과 세계에서 눈을 뜰 수 있기를, 정치 감수성을 갖기를 간절히 바랐다. 자신의 계급을 인식할 수 있기를 진정으로 염원했다.

그는 물려받은 것 없는 사람들이 자신이 서 있는 곳을 모르면 대항해야 할 집단, 싸워야 할 대상, 멸시해야할 계급을 부러워하면서 어서 빨리 성공해서 그들처럼 되겠다는 망상에 시달린다고 보았다.

    오웰은 가진 것 없는 사람들이 깨어나 연대하기를, 함께 세상을 바꿀 수 있기를 희망했다. 그래서 몸 하나에 의지해 살아가는 사람들이 모멸감을 느끼지 않고 한 개체로서 온전히 존중받을 수 있는 윤리적 세상이 실현되기를 꿈꾸었다.

간단히 확인하는 10간 12지

10간은 5행(목화토금수)에서 나왔다.

10간은 목화(갑을, 병정)와 금수(경신, 임계)로는 시간의 변화를 표현하고 토(무, 기)를 통해서는 공간의 수축과 팽창을 드러낸다.

갑목(甲木) : 타협하지 않는 꼿꼿한 선구자

갑목은 위를 향해 곧게 올라간다.

강하게 치솟는 생명 에너지다.

을목(乙木) : 여러 갈래로 뻗어가는 유연한 협상자

을목은 상하좌우로 뻗어나간다.

부드럽고 섬세한 생명 에너지다.

병화(丙火) : 자신의 빛으로 세상을 밝히는 자원봉사자

태양과 같은 병화는 넓은 공간을 비추고 대상을 훤히 드러낸다.

순식간에 사방으로 퍼져나가는 에너지다.

정화(丁火) : 미세한 영역을 속속들이 드러내는 발견자

병화의 빛이 한 곳으로 모이는 과정에서 정화가 되었다.

무토(戊土) : 터전을 제공하고 중용을 가르치는 공간

광활하고 마른 땅입니다. 멈추어 쉬며 조정하는 기운이다.
활동을 멈추고 쉬고 있는 무토는 광활한 대지와 같다.
木火金水가 깃들 수 있는 안정된 그릇 역할을 한다.

기토(己土) : 생명이 깃들 수 있는 부드러운 공간

생명이 기댈 수 있는 부드러운 흙이다.
우리가 살아가는 일상의 공간이다.

경금(庚金) : 변화방향을 돌려놓기 위해 등장한 뻣뻣한 전사

수축하는 기운이다.
매끄럽지 못한 원광석에 비유하기도 한다.

신금(辛金) : 정리하고 정돈하는 분리수거의 달인

여러 방향에서 정교하게 일어나는 제어작용이다.
빛나는 보석, 결실을 이룬 열매와 같다.

임수(壬水) : 기억과 정보를 싣고 새로운 세계로 나아가는 전령

압축돼 있던 에너지가 움직인다. 유동성이 중요한 임수는 물이 고여 드는 강이나 호수, 출렁이는 바다에 비유한다.

계수(癸水) : 생명을 배양하는 생명천사

흐름이 약해진 에너지다.

습지의 물, 진액(생명현상을 불러오는 액체)로 볼 수 있다.

12지도 5행(목화토금수)에서 나왔다.

12지는 토를 중심으로 12방위로 분산된 공간이다.

열두 개의 지지는 寅 卯 辰(봄)/ 巳 午 未(여름)/ 申 酉 戌(가을)/ 亥 子 丑(겨울)이다. 목화금수로 이어가는 계절의 변화는 지구의 흙이 숨을 쉬는 활동으로 보면 된다. 토를 중심으로 팽창하는 木火와 수축하는 金水의 순환이 일어나는 것이다. 12개의 지지를 살펴보자.

인목(寅木)

생명이 튀어 오를 준비를 하는 곳

태양이 떠오르는 골짜기 숲

묘목(卯木)

생기발랄한 생명의 공간

풀과 꽃으로 뒤덮인 초원

진토(辰土)

생명체의 욕구가 깃든 곳, 남아있던 물이 고여 생긴 늪지

원대한 포부와 야망이 숨어있는 땅

사화(巳火)

축제를 즐기지만 앞날에 대한 계획도 세우는 곳

화려함을 추구하지만 이득을 따진다.

오화(午火)

열정으로 불타오르는 곳, 순수함이 극에 달한 지점

빛이 선사한 알록달록 문명천국, 뜨거운 현장 한가운데

미토(未土)

木火의 결과물을 쌓아두는 곳, 지식과 정보가 보존되는 곳

정신적 산물을 바탕으로 다양한 활동이 일어나는 곳

신금(申金)

정리와 정돈이 시작되는 곳, 봄여름의 결과물을 검사하는 곳

팽창에서 수축으로 기세가 바뀐다.

유금(酉金)

    냉혹한 평가를 내리는 감독관이 머무는 곳

    합리, 절제, 냉철함이 작동한다. 단단한 결실이 들어차는 곳

술토(戌土)

    지나온 시간을 돌이켜보는 사색의 공간

    가을걷이가 끝나고 텅 비어 있는 땅, 삶의 의미를 생각하는 곳

해수(亥水)

    생명에너지가 꿈틀거리는 세계

    삶과 죽음을 이어 붙이는 장소, 영양분이 녹아있는 물

자수(子水)

    은밀하고 비밀스러운 곳, 정제된 물

    생명을 기다리며 기운을 변환하는 마법의 공간

축토(丑土)

    축적된 에너지가 많은 곳, 물적 자원을 비축해 놓은 땅

    물적 자원이 집적되어 있는 자재창고, 냉동고

    감시·단속·경계가 중요한 곳

참고 문헌

아돌프 히틀러

〈히틀러의 뜻대로〉

귀도 크놉 지음 | 신철식 옮김 | 울력 2003

〈히틀러, 여비서와 함께한 마지막 3년〉

트라우들 융에 지음 | 멜리사 뮐러 엮음 | 문은숙 옮김 | 한국경제신문 2005

〈히틀러 최후의 14일〉

요아힘 페스트 지음 | 안인희 옮김 | 교양인 2005

〈독재자들: 히틀러 대 스탈린, 권력 작동의 비밀〉

리처드 오버리 지음 | 조행복 옮김 | 교양인 2008

〈집단애국의 탄생: 히틀러〉

라파엘 젤리히만 지음 | 박정희, 정지인 옮김 | 생각의나무 2008

〈히틀러의 과학자들: 과학, 전쟁 그리고 악마의 계약〉

존 콘웰 지음 | 김형근 옮김 | 웅진씽크빅 크리에디트 2008

〈나치즘, 열광과 도취의 심리학 : 그들은 왜 히틀러에게 매혹되었는가〉

슈테판 마르크스 지음 | 신종훈 옮김 | 책세상 2009

〈히틀러. 1, 의지 1889-1936〉

이언 커쇼 지음 | 이희재 옮김 | 교양인 2009

〈히틀러. Ⅱ, 몰락 1936-1945〉

이언 커쇼 지음 | 이희재 옮김 | 교양인 2009

〈히틀러의 비밀무기 V-2 〉

트레이시 D. 던간 지음 | 방종관 옮김 | 일조각 2010

〈나는 히틀러를 믿었다: 히틀러의 조력자들〉

귀도 크놉 지음 | 신철식 옮김 | 울력 2011

〈히틀러가 바꾼 세계〉

매튜 휴즈,크리스 만 지음 | 박수민 옮김 | 플래닛미디어 2011

〈피의 기록, 스탈린그라드 전투: 히틀러와 스탈린이 만든 사상 최악의 전쟁〉

안토니 비버 지음 | 조윤정 옮김 | 다른세상 2012

〈히틀러의 성공시대. 1〉

김태권 글·그림 | 한겨레출판 2012

〈히틀러의 성공시대. 2〉

김태권 글·그림 | 한겨레출판 2013

〈히틀러의 철학자들: 철학은 어떻게 정치의 도구로 변질되는가?〉

이본 셰라트 지음 | 김민수 옮김 |여름언덕 다빈치 2014

〈히틀러 연설의 진실〉

다카다 히로유키 지음 | 심정명 옮김 |바다 2015

〈히틀러의 비밀 서재: 한 독서광의 기이한 자기계발〉

티머시 라이백 지음 | 박우정 옮김 |글항아리 2016

하인리히 히믈러

〈히틀러의 뜻대로〉

귀도 크놉 지음 | 신철식 옮김 | 울력 2003

〈나는 히틀러를 믿었다: 히틀러의 조력자들〉

귀도 크놉 지음 | 신철식 옮김 | 울력 2011 히틀러의 뜻대로

〈히틀러국가〉

마르틴 브로샤트 지음 | 김학이 옮김 | 문학과지성사 2011

마르셀 프루스트

〈프루스트와 지드에서의 사랑이라는 환상〉

이성복 지음 | 문학과지성사 2004

〈프루스트는 신경과학자였다〉

조나 레러 지음 | 최애리, 안시열 옮김 | 지호 2007

〈그림과 함께 읽는 잃어버린 시절을 찾아서〉

마르셀 프루스트 지음 | 에릭 카펠리스 편집 | 이형식 옮김 | 까치글방 2008

〈프루스트의 화가들: 『잃어버린 시간을 찾아서』를 읽는 새로운 방법〉

유예진 지음 | 현암사 2010

〈프루스트가 우리의 삶을 바꾸는 방법들〉

알랭 드 보통 지음 | 박중서 옮김 | 청미래 2010

〈잃어버린 시간을 찾아서 1〉

마르셀 프루스트 지음 | 민희식 옮김 | 동서문화사 2012

〈잃어버린 시간을 찾아서 2〉

마르셀 프루스트 지음 | 민희식 옮김 | 동서문화사 2012

〈잃어버린 시간을 찾아서 3〉

마르셀 프루스트 지음 | 민희식 옮김 | 동서문화사 2012

〈프루스트가 사랑한 작가들: 잃어버린 시간을 찾아가는 열 갈래의 길〉

유예진 지음 | 현암사 2012

〈잃어버린 시간을 찾아서. 1, 스완네 집 쪽으로 1〉

마르셀 프루스트 지음 | 김희영 옮김 | 민음사 2013

〈잃어버린 시간을 찾아서. 2, 스완네 집 쪽으로 2〉

마르셀 프루스트 지음 | 김희영 옮김 | 민음사 2013

〈독서에 관하여〉

마르셀 프루스트 지음 | 유예진 옮김| 은행나무 2014

〈잃어버린 시간을 찾아서. 3, 꽃핀 소녀들의 그늘에서 1〉

마르셀 프루스트 지음 | 김희영 옮김 | 민음사 2014

〈잃어버린 시간을 찾아서. 4, 꽃핀 소녀들의 그늘에서 2〉

마르셀 프루스트 지음 | 김희영 옮김 | 민음사 2014

발터 벤야민

〈베를린의 유년 시절〉

발터 벤야민 지음 | 박설호 편역 | 솔 1992

〈발터 벤야민〉

베른트 비테 지음 | 윤미애 옮김 | 한길사 2001

〈발터 벤야민과 아케이드 프로젝트〉

수잔 벅 모스 지음 | 김정아 옮김 | 문학동네 2006

〈1900년경 베를린의 유년시절; 베를린 연대기〉

발터 벤야민 지음 | 윤미애 옮김 | 솔 2007

〈발터 벤야민〉

몸메 브로더젠 지음 | 이순예 옮김 | 인물과사상사 2007

〈일방통행로; 사유이미지〉

발터 벤야민 지음 | 김영옥, 윤미애 최성만 옮김 | 길 2008

〈역사의 개념에 대하여. 폭력비판을 위하여. 초현실주의 외〉

발터 벤야민 지음 | 최성만 옮김 | 길 2008

〈벤야민의 마지막 횡단: 발터 벤야민 전기소설〉

제이 파리니 지음 | 전혜림 옮김 | 솔 2010

〈발터 벤야민이 들려주는 복제 이야기〉

강용수 지음 | 2010

〈아이스테시스: 발터 벤야민과 사유하는 미학〉

강수미 지음 | 글항아리 2011

〈발터 벤야민 또는 혁명적 비평을 향하여〉

테리 이글턴 지음 | 김정아 옮김 | 이앤비플러스 2012

〈부서진 이름(들): 발터 벤야민의 글상자〉

조효원 지음 | 문학동네 2013

〈발터 벤야민의 공부법: 사소한 것들에 대한 사유〉

권용선 지음 | 역사비평사 2014

〈벤야민과 브레히트: 예술과 정치의 실험실〉

에르트무트 비치슬라 지음 | 윤미애 옮김 | 문학동네 2015

〈발터 벤야민의 모스크바 일기〉

발터 벤야민 지음 | 김남시 옮김 | 길 2015

〈벤야민, 세기의 가문: 발터 벤야민과 20세기 독일의 초상〉

우베-카르스텐 헤예 지음 | 박현용 옮김 | 책세상 2016

로자 룩셈부르크

〈로자 룩셈부르크의 재인식을 위하여〉

이갑영 지음 | 한울 1993

〈로자 룩셈부르크 생애와 사상〉

파울 프뢸리히 지음 | 최민영 | 책갈피 2000

⟨자유로운 영혼 로자 룩셈부르크⟩

로자 룩셈부르크 지음 | 오영희 옮김 | 예담 2001

⟨로자 룩셈부르크 평전⟩

막스 갈로 지음 | 임헌 옮김 | 푸른숲 2002

⟨마르크스주의와 당⟩

존 몰리뉴 지음 | 이진한 옮김 | 북막스 2003

⟨불멸의 여인들: 역사를 바꾼 가장 뛰어난 여인들의 전기⟩

김후 지음 | 청아출판사 2009

⟨로자 룩셈부르크의 사상⟩

토니 클리프 지음 | 조효래 옮김 | 책갈피 2014

⟨레드 로자: 만화로 보는 로자 룩셈부르크⟩

케이트 에번스 지음·그림 | 폴 불 편집 | 박경선 번역 | 산처럼 2016

조지 오웰

⟨조지오웰: 조지 오웰 평전⟩

박홍규 지음 | 이학사 2003

⟨코끼리를 쏘다⟩

조지 오웰 지음 | 박경서 옮김 | 실천문학사 2003

⟨뉴턴에서 조지 오웰까지⟩

윌리엄 L. 랭어 엮음 | 박상익 옮김 | 푸른역사 2004

〈1984년〉

조지 오웰 지음 | 박경서 옮김 | 열린책들 2009

〈동물농장: 파리와 런던의 따라지 인생: 조지 오웰 소설〉

조지 오웰 지음 | 김기혁 옮김 | 문학동네 2010

〈나는 왜 쓰는가: 조지 오웰 에세이〉

조지 오웰 지음 | 이한중 옮김 | 한겨레출판 2010

〈런던이 사랑한 천재들: 찰리 채플린에서 버지니아 울프까지〉

조성관 지음 | 열대림 2011

〈조지오웰: 지식인에 대한 한 보고서〉

고세훈 지음 | 한길사 2012

〈1984〉

조지 오웰 지음 | 김기혁 옮김 | 문학동네 2012

〈동물농장〉

조지 오웰 지음 | 박경서 옮김 | 열린책들 2012

매트릭스 운명
히틀러에서 오웰까지 사주명리로 풀어쓴 인생 이야기

© 정문교 2016

발행일 2016년 10월 1일 초판 발행 | **지은이** 정문교
펴낸 곳 봄꽃 여름숲 가을열매 겨울뿌리 | **등록** 2015년 6월 16일 제 2015-00189호
주소 서울시 마포구 월드컵북로 31길 26, 301호 | **대표전화** 02-308-2461
팩스 0505-312-3116 | **블로그** blog.naver.com/seasonsinthelife
이메일 seasonsinthelife@naver.com
ISBN 979-11-955785-6-6(03100)

이 책의 저작권은 저자에게 있으며 저작권법에 따라 보호를 받는 저작물이므로 무단전재와 복제를 금합니다. 정가는 뒤표지에 있습니다. 잘못된 책은 구입하신 곳에서 교환해 드립니다.
이 도서의 국립중앙도서관 출판예정도서목록(CIP)은 서지정보유통지원시스템 홈페이지 (http://seoji.nl.go.kr)와 국가자료공동목록시스템(http://seoji.nl.go.kr/kolisnet)에서 이용하실 수 있습니다. (CIP 제어번호 : CIP2016022241)